능력과 가치를
높이고 싶다면
된다!

인프런 추천 1위!

최반장의 엑셀 마스터 클래스

된다!

최반장의
실무
엑셀

with
피벗 테이블

데이터 분석의 90%는 피벗으로 끝난다!

KB191657

동영상 강의
88개 무료!

최재완(최반장) 지음

이지스 퍼블리싱

능력과 가치를 높이고 싶다면
된다! 시리즈를 만나 보세요.
당신이 성장하도록 돕겠습니다.

데이터 분석의 90%는 피벗으로 끝난다!
된다! 최반장의 실무 엑셀 with 피벗 테이블
Gotcha! Captain Choi's Business Excel with Pivot Table

초판 1쇄 발행 • 2022년 2월 25일
초판 3쇄 발행 • 2024년 11월 1일

지은이 • 최재완(최반장)
펴낸이 • 이지연
펴낸곳 • 이지스퍼블리싱(주)
출판사 등록번호 • 제313-2010-123호
주소 • 서울시 마포구 잔다리로 109 이지스빌딩 3층
대표전화 • 02-325-1722 | **팩스** • 02-326-1723
홈페이지 • www.easyspub.co.kr | **페이스북** • www.facebook.com/easyspub
Do it! 스터디룸 카페 • cafe.naver.com/doitstudyroom | **인스타그램** • instagram.com/easyspub_it

총괄 • 최윤미 | **기획 및 책임편집** • 임승빈 | **IT 1팀** • 임승빈, 이수경, 지수민
교정교열 • 안종군, 박명희 | **표지 디자인** • 정우영 | **본문 디자인** • 트인글터 | **인쇄** • 보광문화사
마케팅 • 권정하 | **독자지원** • 박애림, 김수경 | **영업 및 교재 문의** • 이주동, 김요한(support@easyspub.co.kr)

• 잘못된 책은 구입한 서점에서 바꿔 드립니다.
• 이 책에 실린 모든 내용, 디자인, 이미지, 편집 구성의 저작권은 이지스퍼블리싱(주)와 지은이에게 있습니다.
• 이 책은 허락 없이 복제할 수 없습니다. 무단 게재나 스캔본 등을 발견하면 출판사나
  한국저작권보호원에 신고해 저작권자와 출판권자를 보호해 주십시오.
  (한국저작권보호원 불법복제물 신고 전화 1588-0910, https://www.copy112.or.kr)

ISBN 979-11-6303-339-4 13000
가격 17,000원

측정할 수 없다면 관리할 수 없다.

피터 드러커(경영학자)

측정할 수 있는 모든 것을 측정하라.
그리고 측정하기 힘든 모든 것을
측정할 수 있게 만들어라.

에드워즈 데밍(통계학자)

회사 실무의 필수 능력, 엑셀!
내 팀원에게 알려 주는 마음으로 집필했습니다

관세 법인부터 스타트업에 이르기까지 십수 년 동안 팀장으로 일하면서 매 순간 팀원들이 '엑셀을 잘했으면 좋겠다'고 생각했습니다. 그 작은 바람에서 출발하여 사내 스터디를 운영했고, 행동을 이끌어 냈고, 온라인 강의와 외부 기업 강의로 연결되었으며, 오늘 이 책의 탄생이라는 결실에 이르렀습니다. '지금 내 노트북 건너편에 팀원이 앉아 있고, 팀원에게 우리 업무에 꼭 필요하고 지금 당장 활용할 수 있는 엑셀의 중요하고 강력한 기능부터 알려 준다'고 상상하며 원고를 집필했습니다.

회사 공용어는 데이터이니 엑셀을 잘해야 합니다

우리는 왜 엑셀을 배워야 할까요? 회사의 언어는 데이터이고, 데이터를 다루는 최고 도구는 엑셀이기 때문입니다. 회사에서는 데이터를 다룰 수 있어야만 소통할 수 있고, 또한 데이터로 소통해야만 목표와 방향을 알 수 있습니다. 데이터의 기본인 엑셀을 다룰 줄 모르면 아무 것도 할 수 없습니다. 엑셀을 다룰 줄 모르는 사람에게 중요한 업무를 맡기지도 않을 뿐더러 큰 성과를 기대하기는 어렵습니다. 그래서 우리는 엑셀을 잘해야 합니다.

피벗 테이블만 다룰 줄 알아도 회사 일의 90%는 해결합니다

회사 업무는 더하기, 빼기, 곱하기, 나누기를 쉽고 빠르게 그리고 정확하게 할 수 있는 것만으로도 엄청나게 많은 문제를 풀 수 있고 목표를 달성할 수 있습니다. 이러한 엑셀 기능은 신기하게도 하나의 공식처럼 다양한 분야에서 사용할 수 있는데, 이 공식을 풀 수 있는 최고의 도구가 바로 엑셀 피벗 테이블입니다. 이것이 제가 팀원에게 가장 먼저 알려 주고 싶은 엑셀 기능으로 피벗 테이블을 꼽은 이유입니다. 엑셀 피벗 테이블로 어떤 일을 할 수 있는지 직접 경험해 보기 바랍니다.

실무에서 사용하는 피벗 테이블 기능만 쏙쏙 골라 담았습니다

이 책은 1장부터 6장까지 총 6개 장으로 구성되었습니다. 1장에서는 우리가 회사에서 하는 일을 생각해 봅니다. 우리는 매일 같은 패턴과 일정한 순서대로 일을 합니다. 우리는 그 일들을 왜, 어떻게 해야 하는지, 그리고 엑셀 피벗 테이블이 왜 적합한지 이해해 봅니다. 이어서 2장에서는 엑셀 피벗 테이블을 이용해 데이터 분석을 할 때 반드시 알아야 하는 데이터의 기본 원칙과 엑셀 데이터 전처리 필수 기법을 살펴봅니다.

3장부터는 피벗 테이블을 만들고 다루는 방법을 본격적으로 배웁니다. 복잡한 함수는 필요하지 않습니다. 마우스로 몇 번만 클릭하고 끌어다 놓으면 멋진 분석 보고서를 완성할 수 있습니다. 3장에서 피벗 테이블의 기본 사용법을 익혔다면, 4장에서는 레이아웃과 서식을 조정해서 데이터를 시각화하는 방법을 알아봅니다. 5장에서는 데이터를 입체적으로 분석하는 데 필요한 값 표시 형식을 중심으로 피벗 테이블의 고급 사용법을 배웁니다. 6장에서는 앞에서 학습한 모든 기능을 활용해서 나만의 엑셀 보고서와 대시보드를 만들어 봅니다.

책마다 머리말 마지막에 감사 인사가 빠지지 않는 이유를 집필해 보니 알게 되었습니다. 이 책이 세상에 나오기까지 저 역시 한 명의 프로젝트 참여자였을 뿐 이렇게 많은 분들의 도움과 협업이 있을 거라고는 생각지도 못했습니다. 인생에서 손가락에 꼽을 만큼 큰 경험 기회를 주신 이지스퍼블리싱 대표님을 비롯해서 모든 관계자 분들께 진심으로 감사를 드립니다. 그리고 출간까지 함께 달려 주신 임승빈 편집자님께 고마운 마음을 전합니다.

마지막으로 집필 기간 내내 넓은 이해심과 마음 깊이 응원의 메시지를 보내 준 아내에게 지면을 통해서나마 크게 감사하고 사랑한다는 말을 전하고 싶습니다.

최재완(최반장) 드림

회사원뿐만 아니라 데이터를 다루는 모든 사람이
알아야 할 내용이네요!

스포츠 음료 같은 최반장님의 책!

기록의 스포츠로 알려진 프로 야구에서 데이터를 가장 필요로 하고, 또 적극적으로 활용하는 사람들이 누구인지 아시나요? 바로 선수들입니다. 당장 오늘 그라운드에서 최고의 플레이를 하기 위해서, 그리고 어제의 패배를 반복하지 않기 위해서 선수들은 늘 데이터에 목말라 합니다.

이번 최반장님의 책은 프로 선수들이 치열한 경기 속에서 데이터에 대한 갈증을 직접 해소할 수 있는 시원한 스포츠 음료 같다는 생각이 강하게 들었습니다. 여기서 말한 프로 선수는 바로 여러분입니다. 보통 프로 야구 선수는 팀 내 전문 부서에서 데이터를 분석해서 가져다 주지만, 회사에서 여러분은 직접 경기를 뛰면서 데이터도 분석해야 하는 선수와 같은 상황일 것입니다. 최반장님의 책을 통해서 여러분만의 강력한 구종을 장착하고 회사라는 치열한 경기에서 승리하기를 응원합니다.

김정준 _SSG랜더스 데이터센터장

저자의 풍부한 실무 경험을 내 것으로 흡수해 보세요!

이제 데이터 이해, 데이터 분석은 전문가만 다룰 수 있다고 생각하는 시대는 끝났습니다. 데이터를 이해하고 분석할 수 있는 프로그램은 많지만, 일반인에게 가장 익숙한 프로그램은 엑셀입니다. 이 책은 엑셀을 이용하여 데이터를 가공하고, 데이터를 분석하고, 분석 보고서를 작성하는 데에 뛰어난 피벗 테이블과 슬라이서 기능을 어떤 책보다 친절하고 쉽게 잘 설명합니다. 이 책을 따라 실습하다 보면, 저자의 풍부한 데이터 관련 실무 경험이 바로 독자들의 경험으로 저절로 흡수될 것입니다.

이부일 _㈜인사이트마이닝 대표이사

실무자에게 유용한 책이 나와 기쁩니다!

엑셀은 프로그래밍의 가장 기초 언어라고 합니다. 그만큼 엑셀은 회사 생활에서 기본으로 갖춰야 할 기능이고 많은 실무자들이 사용하지만, 함수나 수식을 어떻게 사용하냐에 따라 손쉽게 풀수 있는 값도 무척 복잡해지기도 합니다. 이 책은 스타트업에서 커리어를 시작하는 주니어 친구들도 잘 이해하고 실무에 적용할 수 있도록 쉽게 풀이되어 있네요. 많은 실무자들에게 유용한 책이 나와 기쁩니다. 감사합니다 최반장님!

허세일 _비주얼㈜ 대표

데이터 분석으로 업무 효율을 높이고 싶은 사람을 위한 책!

회사에서 주로 사용하는 데이터 분석 도구는 R, 파이썬, SQL, Power BI, 태블로 등 너무나도 많습니다. 각각의 장점이 있으니 잘 쓸 수 있다면 모두 좋은 도구입니다. 하지만 실무자라면 어렵게 다른 도구를 공부하기 전에 엑셀만 잘 알아도 아주 쉽게 데이터 분석을 할 수 있습니다.

최반장님의 책은 엑셀만 잘 알아도 아주 쉽게 데이터 분석을 할 수 있도록 구성되어 있습니다. 분석에 적합한 데이터를 생성하는 데이터 분석 시작 단계부터 피벗 테이블의 다양한 기능을 활용해서 분석 보고서와 대시보드를 만드는 마지막 단계까지 아주 쉽고 상세하게 다룹니다. '팀원들이 엑셀을 잘했으면' 하는 바람으로 최대한 쉽게 꼭 필요한 내용을 담으려 노력한 저자의 마음이 여러분께 전해져서, 이 책을 읽는 누구나 데이터 분석을 손쉽게 할 수 있길 바랍니다.

송윤희 _마이크로소프트 Power BI MVP

인프런 누적 수강생 약 2만 명, 평점 4.8!
숫자로 증명하는 최반장의 인생 엑셀 강의를 책으로!

인프런에서 극찬받은 엑셀 인기 강좌, 최반장의 엑셀 강의를 책으로 담았습니다. 실제 강의에서 느낄 수 있는 감동을 이 책을 통해서 얻기를 바랍니다!

일잘러를 위한
데이터 분석 도구,
엑셀 피벗 테이블

데이터 분석 준비
— 데이터 전처리

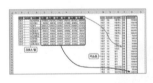

03
데이터 분석 시작

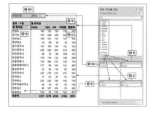

레이아웃, 서식과
피벗 차트로 완성하는
데이터 시각화

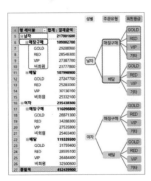

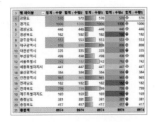

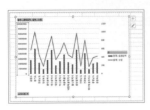

05
입체적 분석을 위한
**피벗 테이블의
계산 활용**

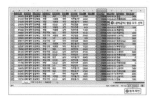

06

피벗 테이블을 활용한
보고서와 대시보드

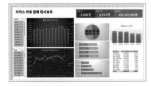

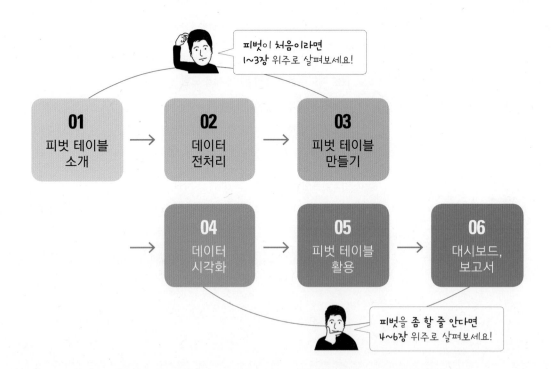

최반장의 꿀팁을 모아 두었습니다!

강의를 하면서 자주 받았던 질문, 실무자를 위한 꿀팁만 골라 [최반장의 꿀팁] 코너에서 쉽게 설명합니다. 평소 궁금했던 내용이 있다면 여기서 확인해 보세요. 자신에게 지금 꼭 필요한 내용부터 공부하는 것도 좋은 방법이니까요. 책을 다 읽었더라도 엑셀 실무를 하면서 궁금증이 생길 때마다 필요한 부분을 찾아 한번씩 살펴보기에도 좋아요.

❶ 실습 파일은 여기에 있어요!

공부하기 전에 실습 파일을 내려받으세요. 이지스퍼블리싱 홈페이지의 [자료실]에서 책 이름을 검색하면 실습 파일을 내려받을 수 있습니다.

- 이지스퍼블리싱(www.easyspub.co.kr) → [자료실] → '피벗 테이블' 검색 → 실습 파일 내려받기

❷ 공부도 목표를 세워 달성해 보세요!

엑셀 피벗 테이블에 빠르게 입문할 수 있는 방법! 공부 계획을 세워서 하나씩 공부해 보세요. 학습 목표를 알고 스스로 날짜를 채워 가며 공부하면 학습 효과 2배!

날짜	학습 목표	범위	쪽수
1회차 (월 일)	**데이터 전처리** — 데이터 유형 및 표 구조의 이해	1, 2장	17~81쪽
2회차 (월 일)	**피벗 테이블 기본** — 피벗 테이블 만들기, 정렬, 필터, 슬라이서	3장	82~148쪽
3회차 (월 일)	**데이터 시각화** — 레이아웃, 조건부 서식, 피벗 차트	4장	149~197쪽
4회차 (월 일)	**데이터 활용** — [값] 필드 수정, 계산 필드	5장	198~248쪽
5회차 (월 일)	**보고서 활용** — 대시보드	6장	249~280쪽

❸ 동영상 강의와 함께 공부하세요!

이 책은 실습마다 동영상 강의가 첨부되어 있습니다. 책
만 봐도 충분하지만, 생생한 강의를 시청하면서 공부하
고 싶다면 동영상을 참고하세요!

- **강의 목록:** bit.ly/easys_pivot
- **저자 유튜브 채널(넵TV):** youtube.com/넵TV

❹ 회사 업무 '능력자 시험'에 도전하세요!

6개 장이 끝날 때마다 문제를 준비했습니다.
이 책에서 배운 내용으로 어디까지 스스로
할 수 있는지 점검해 보세요. 이 시험만 통과
해도 회사에서 '엑셀 능력자'라는 이야기를
들을 수 있어요. 어려운 부분이 나오면 참고
할 수 있는 동영상 강의도 준비했으니 안심
하세요!

> **이 문제 풀면 나도 능력자!** | 보고서에 차트와 슬라이서 삽입
>
> - 실습 파일 능력시험[6장].xlsx · 완성 파일 능력시험[6장]_정답.xlsx
>
> 6장에서는 1~5장에서 학습한 피벗 테이블의 기능을 모두 활용해 실무에서 응용하는 방법을 배웠습니다. 특히 엑셀 대시보드를 만드는 기본적인 방법을 배웠습니다.
>
> [원본 데이터]는 서울시의 교통사고 통계 공공 데이터입니다. 이 데이터를 활용해 슬라이서가 포함된 교통사고 현황 대시보드를 만들어 보세요. 특히, 슬라이서는 모든 피벗 테이블과 피벗 차트를 제어할 수 있어야 합니다.
>
> **힌트**
>
> **1단계** [행: 시군구], [값: 건수]인 피벗 테이블 1을 만든 후 세로 막대형 피벗 차트를 삽입합니다.
>
> **2단계** [행: 발생월], [값: 건수]인 피벗 테이블 2를 만든 후 꺾은선형 피벗 차트를 삽입합니다.
>
> **3단계** [사고유형] 슬라이서를 삽입한 후 모든 피벗 테이블과 연결합니다.
>
> **정답 및 풀이는 동영상을 참고하세요!**

힌트와 **동영상 강의**가 있으니 걱정하지 마세요!

오늘도 열심히 공부하는 당신을 위해 알려 드립니다!

궁금한 점은 저자에게 직접 물어보세요

엑셀이 급할 때 엑셀 고수들의 힘을 빌릴 수 있습니다. 저자가 직접 운영하는 엑셀 집단 지성 오픈채팅방 [엑셀 119]에서 실시간으로 엑셀 지식을 나눠 보세요.

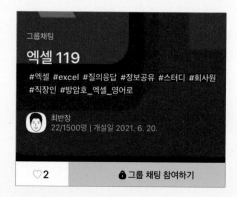

- 엑셀 119: bit.ly/excel119_kakao

스터디룸에 방문해 보세요!

함께 성장하는 멋진 사람들이 모인 공간! 함께 공부하며 함께 성장해요!

책으로 공부하다 보면 질문할 곳이 마땅치 않아 고민했던 적 많았죠? 질문도 해결하고 친구도 사귈 수 있는 'Do it! 스터디룸'을 소개합니다. 함께 공부하면서 일취월장으로 발전하는 자신을 발견할 것입니다.

- 카페 주소: cafe.nver.com/doitstudyroom

알립니다

- 이 책은 엑셀에서 사용하는 용어를 기준으로 표기했으며 '엑셀 2021' 버전을 기준으로 집필했습니다.
- 이 책은 2007 버전부터 2010, 2013, 2016, 2019, OFFICE 365 버전까지 모두 해당하지만, 버전에 따라 사용할 수 없는 기능도 다룰 수 있습니다. 궁금한 점이 있다면 저자가 운영하는 오픈채팅방 [엑셀 119]를 통해 저자에게 문의해 주세요.

01

일잘러를 위한 데이터 분석 도구, 엑셀 피벗 테이블

우리가 매일 하는 모든 업무는 목표를 달성하기 위한 과정입니다. 이 과정에는 수많은 문제가 있는데, 문제를 해결하는 것은 곧 목표를 달성하는 과정이라고 할 수 있습니다. 크고 복잡한 문제를 해결하기 위해서는 데이터로 잘게 쪼개봐야 하는데 이 과정을 '데이터 분석'이라고 합니다. 데이터 분석은 업무에서 해결해야 하는 문제를 정확하게 측정, 분석해 목표를 달성하게 하는 최고의 도구입니다. 작게는 오늘의 업무를 해결할 수 있고, 크게는 조직과 개인의 성장을 도모할 수 있죠.

데이터 분석을 위해 어려운 프로그래밍 언어를 배울 필요는 없습니다. 우리는 이미 직장인이 사용하기에 적합한 도구를 알고 있으니까요. 1장에서는 누구나 쉽고 빠르게 데이터를 분석하고 지표를 관리할 수 있는 데이터 분석 도구인 '엑셀 피벗 테이블'로 데이터 분석의 능력자가 되는 길을 소개하겠습니다.

일을 잘하기 위해서는 피벗 테이블을 알아야 합니다!

01-1 "평범한 저도 데이터 분석을 배워야 하나요?"

01-2 엑셀 피벗 테이블을 소개합니다

01-1 "평범한 저도 데이터 분석을 배워야 하나요?"

대답은 "네."입니다. 어느 회사든, 직책이 무엇이든 회사는 '목표'를 달성하기 위해 모인 집단이고, 이 목표는 데이터로 측정됩니다. 무슨 말인지 잘 이해되지 않는다면 다음 이야기를 읽어 보세요.

회사는 측정할 수 있는 '목표'를 원한다

우리는 회사에서 다양한 일을 합니다. 회사 안에서 자주 마주치고 인사도 살갑게 나누지만, 정확히 어떤 일을 하는지 모르는 동료도 많습니다. 이렇게 다양한 일의 공통점은 '목표를 달성하기 위한 활동'이라는 것입니다. 부서, 직급, 직위 등에 따라 업무는 다르더라도 목표를 세우고, 그 목표를 달성하기 위해 일을 합니다.

목표는 정성적일 수도 있고, 정량적일 수도 있습니다. 정성적인 목표는 '좋다.' '멋있다.'와 같이 개인의 주관적인 판단에 따라 다르게 설정되고, 정량적인 목표는 '100억 원', '1위'와 같이 수치화된 객관적인 지표로 설정됩니다. 예를 들어 어느 회사 인사팀의 목표는 '직원들이 행복한 회사를 만들자.'와 같이 정성적일 수도 있지만, '퇴사율 10퍼센트 이하', '근무 만족도 80점 이상'과 같이 정량적일 수도 있습니다.

목표가 달성됐는지 또는 달성 중인지, 즉 나와 우리의 조직이 맞는 방향으로 일을 하고 있는지를 알기 위해서는 일의 결과를 끊임없이 확인해야 합니다.

세계적인 경영학자 피터 드러커의 "측정할 수 없으면 관리할 수 없고, 관리할 수 없으면 개선할 수 없다."라는 명언은 많은 것을 시사해 줍니다. 정량적인 목표는 결과를 정확하게 측정할 수 있을 뿐만 아니라 목표를 달성했는지, 달성하지 못했는지를 단순명료하게 알려 줄 수 있습니다. 그렇다면 어떻게 일의 정량적인 지표를 측정하고 관리할 수 있을까요? 답은 데이터 분석에 있습니다.

목표를 달성하는 출발점은 바로 '데이터 분석'

실무에서의 목표는 대부분 크고 복잡하며 어렵습니다. '매출 100억 원 달성', '불량률 20% 감소', '구매 전환율 5% 향상' 등 언뜻 보면 목표가 매우 뚜렷하고 분명한 것 같지만, 어디서부터 어떻게 실마리를 풀어야 할지 막막한 경우가 많습니다. 목표는 앞으로 해결해야 하는 문제이기도 합니다. 문제를 해결하려면 먼저 문제를 이해해야 합니다. 현재 어떤 상태이고 어떤 흐름으로 바뀌어 왔으며 이 변화에 영향을 미친 근본 원

여러분 회사의
목표는 무엇인가요?

인이 무엇인지를 알아야 하는데, 이때 가장 좋은 방법은 데이터를 분석하는 것입니다. 예를 들어 연 매출 20% 성장이 목표라면 연 매출이 얼마인지 분석해야 하고, 불량률 20% 감소가 목표라면 현재 일별, 작업자별 불량률이 몇 퍼센트인지를 분석하는 데서 출발해야 합니다.

이처럼 실무에서 우리가 달성해야 하는 목표, 해결해야 하는 문제의 시작과 끝은 바로 '나누고 쪼개는 과정'입니다. '분석'이라는 단어가 나눌 분(分), 쪼갤 석(析)이라는 한자로 조합된 한자어라는 것만 봐도 그 의미를 쉽게 알 수 있습니다. 문제의 본질을 찾을 때까지 나누고 또 쪼개야 합니다.

데이터를 활용하는 업무에도 '공식'이 있다

최근 회사에서 지시를 받았거나 요청받은 업무를 잠시 떠올려 보세요. 데이터 분석을 활용하는 업무에는 문법과 같은 일정한 패턴이 존재하는데, 이를 하나의 짧은 공식으로 표현하면 다음과 같습니다.

$$X + Y = Z$$

이 공식에서 중요한 항목은 Z입니다. Z는 우리가 실무에서 구해야 하는 매출액, 판매량, 이익률과 같은 최종 결괏값입니다. 결괏값 Z는 X와 Y라는 일정한 조건, 즉 변수에 따라 변화하고 계산됩니다. 여기서 적용되는 변수는 상황에 따라 하나가 될 수도 있고, 여러 개가 될 수도 있습니다. 대표적인 예로는 연, 월, 일, 시 등의 시간적 요소와 성별, 상품군, 거래처, 부서 등의 구조적 요소가 결합되는 것을 들 수 있습니다. 위에서 소개한 수식을 실무에 적용하면 다음과 같이 나타낼 수 있습니다.

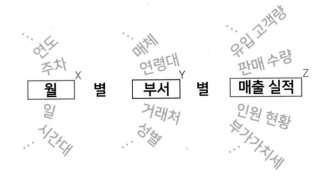

어떤가요? 여러분도 위 그림의 빈칸에 자신의 업무에 따라 필요한 구조 요소를 대입해 보세요. 실무에서 데이터 분석 능력은 바로 이 공식을 얼마나 자유자재로 빠르게 다룰 수 있느냐에 달려 있다고 해도 과언이 아닙니다. 이 공식은 거의 모든 업무에 적용할 수 있는 기본적이면서도 강력한 데이터 분석 유형이며, 앞으로 우리는 이 공식을 누구보다 쉽고 빠르게 푸는 방법인 엑셀 피벗 테이블을 학습할 것입니다.

 **데이터 분석의 종류**

데이터 분석은 과거 또는 현재 상황을 요약, 집계하는 '설명·진단적 분석'과 아직 발생하지 않은 일을 예상하는 '예측·처방적 분석'으로 구분할 수 있습니다. 통계학에서는 전자를 '기술 통계', 후자를 '추리 통계'로 구분합니다.

설명·진단적 분석	예측·처방적 분석
• 현재 상황을 요약, 집계 • 기술 통계	• 아직 발생하지 않은 일을 예상 • 추리 통계

실무에서는 설명·진단적 분석을 빈번하게 사용합니다. 오늘 상품의 판매량이 얼마인지, 광고 이후 구매 전환율이 변화했는지, 시간대별로 잘 팔리는 메뉴가 무엇인지 등 현재 상황을 집계하고 파악해야 하는 업무는 셀 수 없이 많습니다. 이러한 업무가 바로 데이터 분석이고, 우리는 이 업무를 빠르고 정확하게 처리할 수 있어야 합니다.

01-2 엑셀 피벗 테이블을 소개합니다

일을 위한 최고의 데이터 분석 도구 '엑셀 피벗 테이블'

최근 몇 년 사이에 성능이 좋은 데이터 분석 도구가 많이 등장했습니다. 특히 파이썬(Python)과 R이 많은 사람에게 사랑받고 있죠. 하지만 우리는 이미 최고의 데이터 분석 도구를 사용하고 있습니다. 바로 '엑셀'입니다. 엑셀의 무수히 많은 기능과 내장된 함수는 현실에서 일어나는 복잡한 문제도 간단히 해결할 수 있어서 30년 넘게 최고의 업무 도구로 자리매김하고 있습니다.

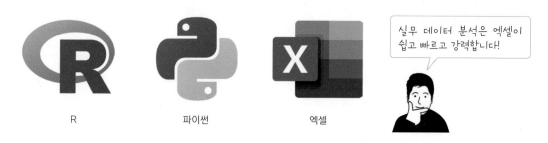

실무 데이터 분석은 엑셀이 쉽고 빠르고 강력합니다!

R　　　　파이썬　　　　엑셀

물론 모든 유형의 데이터 분석에서 엑셀이 최고라고 할 수는 없습니다. 하지만 업무의 목표를 위한 지표를 측정하고 분석하기 위한 도구, 즉 실무 데이터 분석을 위한 최고의 도구는 바로 엑셀 피벗 테이블입니다.

엑셀 피벗 테이블을 사용하는 4가지 이유

왜 전 세계의 엑셀 사용자는 한결같이 피벗 테이블을 엑셀의 최고 기능이라고 하는 것일까요? 그리고 피벗 테이블은 우리의 업무에 어떻게 활용할 수 있을까요?

실무 데이터 분석 도구가 갖춰야 할 중요한 특징은 쉽고 빨라야 한다는 것입니다. 분석 과정이 고통스러우면 한두 번 하다가 흐지부지되고 결국 그만둘 가능성이 높습니다. 엑셀 피벗 테이블은 기본 설정을 하고 마우스로 끌어다 놓기만 하면 분석 결과가 뚝딱 만들어집니다. 앞으로 하나씩 학습할 엑셀 피벗 테이블의 가장 강력한 기능 중에서 대표적인 몇 가지를 소개합니다. 독자 여러분이 회사에서 매일 하는 업무 또는 어렵고 하기 싫은 업무를 떠올리며 읽어 보시기 바랍니다.

❶ 함수 없이도 쉽고 빠른 계산과 요약

데이터를 요약한다는 것은 '데이터를 계산해 어떤 지표로 나타내는 것'을 말합니다. 피벗 테이블에서 지원하는 계산 유형에는 합계, 개수, 평균, 최대, 최소, 곱, 숫자의 개수뿐만 아니라 통계 표본 표준 편차, 표준 편차, 표본 분산, 분산 등도 포함돼 있습니다. 아무리 복잡하고 큰 원본 데이터라도 함수는 단 하나도 사용하지 않습니다. 아니, 단 한 글자도 입력할 필요가 없습니다. 클릭 몇 번과 드래그 앤 드롭할 수 있는 마우스만 있으면 누구나 쉽고 빠르게 계산된 결과를 만들 수 있습니다.

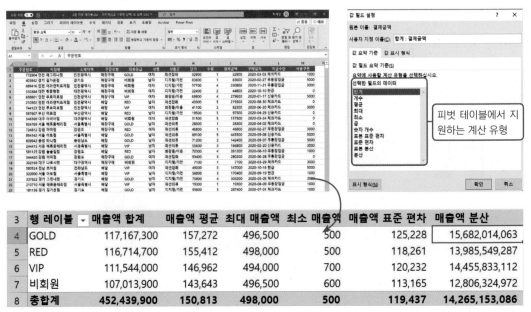

3	행 레이블 ▾	매출액 합계	매출액 평균	최대 매출액	최소 매출액	매출액 표준 편차	매출액 분산
4	GOLD	117,167,300	157,272	496,500	500	125,228	15,682,014,063
5	RED	116,714,700	155,412	498,000	500	118,261	13,985,549,287
6	VIP	111,544,000	146,962	494,000	700	120,232	14,455,833,112
7	비회원	107,013,900	143,643	496,500	600	113,165	12,806,324,972
8	총합계	452,439,900	150,813	498,000	500	119,437	14,265,153,086

피벗 테이블로 만든 데이터 요약

❷ 다양한 변수의 조합과 전환 용이

볼프강 아마데우스 모차르트의 악보는 수정 흔적이 없는 것으로 유명합니다. 즉, 모차르트는 머릿속에서 이미 곡을 완성하고, 악보는 단순히 이를 옮겨 적은 것뿐이었습니다. 이러한 그의 천재성 때문에 '음악의 신동'이라고 불렸습니다.

그런데 우리가 실무에서 하는 대부분의 데이터 분석은 모차르트와 같은 방식으로 하기 어렵습니다. 분석 과정에서 상황이 변경되면 그에 따라 분석의 관점을 계속 바꿔야 하기 때문입니다. 예를 들어 월별, 거래처별로 시작했던 분석을 주차별, 담당자별로 바꿔 빠르게 분석할 수 있어야 합니다.

피벗 테이블에서 피벗(Pivot)은 '회전시키다.', '돌리다.'를 뜻하는 것만 봐도 알 수 있듯이 **피벗 테이블은 분석 결과를 빠르게 변화시키는 데 최적화돼** 있습니다. 따라서 우리는 이 과정에서 스트레스를 받거나 어려움을 겪을 일이 없습니다.

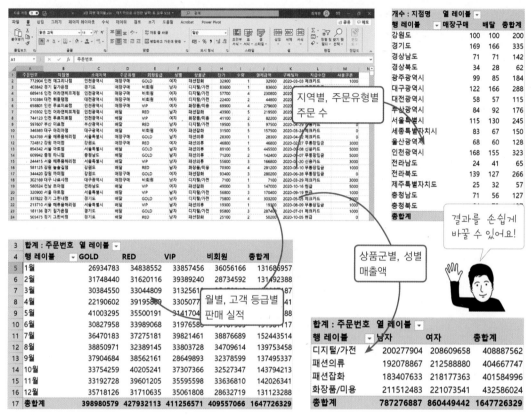

하나의 원본 데이터로 다양한 데이터 분석 결과를 쉽고 빠르게 만들 수 있습니다.

❸ 자동 분석 보고서

우리의 업무에는 새롭고 창의적인 것도 있지만, 대부분은 주기적이고 반복적인 것이 많습니다. 어제 했던 일을 오늘 다시 하고, 지난주에 만든 보고서를 이번 주에 다시 만들고, 매달 같은 양식에 지표만 바뀐 결재를 상신합니다.

피벗 테이블은 데이터를 불러와 처리하고 보고서를 만들어 줍니다. 한 번 만들어진 보고서는 새로운 데이터만 추가하면 업데이트됩니다. 지난달에 만든 피벗 테이블 보고서에 데이터만 추가하거나 교체하면 이번 달의 새로운 보고서가 자동으로 만들어집니다. 우리가 해야 할 일은 데이터를 추가한 후 [새로 고침] 버튼(Alt + F5)을 누르는 것뿐입니다.

	A	B	C	D	E	F	G	H	I
1	지점명	주문유형	결제금액	구매일자		합계 : 결제금액	열 레이블 ▾		
2	울산 물마점	매장구매	79500	2020-01-01		행 레이블 ▾	매장구매	배달	총합계
3	광주 비나리점	배달	35500	2020-01-01		2020-01-01	710,700	205,300	916,000
4	전남 초아점	매장구매	481500	2020-01-01		총합계	710,700	205,300	916,000
5	울산 물마점	매장구매	74200	2020-01-01					
6	부산 미르점	매장구매	75500	2020-01-01					
7	강원 까미점	배달	169800	2020-01-01					
8									

[1월 1일 데이터와 요약 보고서]

	A	B	C	D	E	F	G	H	I
1	지점명	주문유형	결제금액	구매일자		합계 : 결제금액	열 레이블 ▾		
2	울산 물마점	매장구매	79500	2020-01-01		행 레이블 ▾	매장구매	배달	총합계
3	광주 비나리점	배달	35500	2020-01-01		2020-01-01	710,700	205,300	916,000
4	전남 초아점	매장구매	481500	2020-01-01		2020-01-02	644,800	227,800	872,600
5	울산 물마점	매장구매	74200	2020-01-01		총합계	1,355,500	433,100	1,788,600
6	부산 미르점	매장구매	75500	2020-01-01					
7	강원 까미점	배달	169800	2020-01-01					
8	충청 마루점	배달	46500	2020-01-02					
9	대구 나르샤점	배달	102500	2020-01-02					
10	충청 타니점	매장구매	137100	2020-01-02					
11	제주 회나리점	매장구매	23200	2020-01-02					

[1월 1일~1월 2일 데이터와 요약 보고서]

	A	B	C	D	E	F	G	H	I
1	지점명	주문유형	결제금액	구매일자		합계 : 결제금액	열 레이블 ▾		
2	울산 물마점	매장구매	79500	2020-01-01		행 레이블 ▾	매장구매	배달	총합계
3	광주 비나리점	배달	35500	2020-01-01		2020-01-01	710,700	205,300	916,000
4	전남 초아점	매장구매	481500	2020-01-01		2020-01-02	644,800	227,800	872,600
5	울산 물마점	매장구매	74200	2020-01-01		2020-01-03	252,000	531,900	783,900
6	부산 미르점	매장구매	75500	2020-01-01		총합계	1,607,500	965,000	2,572,500
7	강원 까미점	배달	169800	2020-01-01					
8	충청 마루점	배달	46500	2020-01-02					
9	대구 나르샤점	배달	102500	2020-01-02					
10	충청 타니점	매장구매	137100	2020-01-02					
11	제주 회나리점	매장구매	23200	2020-01-02					
12	강원 물비늘점	배달	78800	2020-01-02					
13	경상 미리내점	매장구매	274500	2020-01-02					
14	서울 가온누리점	매장구매	210000	2020-01-02					
15	경기 가시버시점	매장구매	252000	2020-01-03					
16	서울 가온누리점	배달	54100	2020-01-03					
17	서울 아토점	배달	87900	2020-01-03					
18	대전 휘들램점	배달	82700	2020-01-03					
19	울산 물마점	배달	145200	2020-01-03					
20	경기 그린비점	배달	162000	2020-01-03					

[1월 1일~1월 3일 데이터와 요약 보고서]

피벗 테이블의 거의 모든 기능이 그러하듯이 수식이나 함수로도 똑같은 보고서를 만들 수 있고, 참조 범위만 잘 설정하면 자동화 보고서도 만들 수 있습니다. 하지만 데이터가 많아질수록 성능과 속도는 피벗 테이블이 비교할 수 없을 정도로 뛰어납니다.

❹ 동적 데이터 시각화

데이터를 도형, 이미지, 차트 등을 이용해 표현하는 것을 '시각화'라고 합니다. 데이터를 시각화하면 데이터를 비교해 추세를 파악할 수 있으므로 데이터만 보여 주는 것보다 효과적입니다. 대표적인 예로 엑셀의 차트를 들 수 있고, 피벗 테이블로 만드는 차트인 '피벗 차트'도 있습니다. 피벗 차트의 장점은 **피벗 테이블과 연동돼 동적으로 표현할 수 있다는 것**입니다.

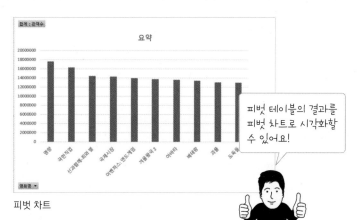

3	행 레이블 ↓	합계 : 관객수
4	명량	17613682
5	극한직업	16264944
6	신과함께-죄와 벌	14410754
7	국제시장	14257115
8	어벤져스: 엔드게임	13934592
9	겨울왕국 2	13747792
10	아바타	13624328
11	베테랑	13414009
12	괴물	13019740
13	도둑들	12983330
14	**총합계**	**143270286**

피벗 테이블

피벗 차트

> 피벗 테이블의 결과를 피벗 차트로 시각화할 수 있어요!

최반장의 꿀팁!   조선의 데이터 분석가, 다산 정약용

1789년 조선의 왕 정조는 현륭원(지금의 융릉)에 7년 동안 조경 사업으로 나무를 심었습니다. 조경 사업을 모두 마친 어느 날, 정조가 다산 정약용을 불러 말했습니다. "이번에 심은 나무가 몇 그루나 되는지 책 1권이 넘지 않게 명백하게 정리하라." 이에 다산은 표를 만들었습니다. 표 위쪽은 고을 이름, 그 아래의 세로 칸은 나무 이름, 가로 칸은 연도별 날짜를 쓸 수 있게 만든 빈 표였습니다. 고을별로 분류한 후 연도별, 날짜순으로 정리한 것이죠. 고을별 누계 작업을 마친 표 8장을 받아 든 다산은 이를 표 1장에 집계했습니다.

정약용의 초상
(출처: 한국학중앙연구원)

표 1장이 완성되자 현륭원에는 소나무, 노송나무, 상수리나무 등 총 1,200만 9,772그루를 심었다는 사실을 알 수 있었습니다.

문서를 분석 가능한 표 형태의 데이터로 처리한 후 데이터를 집계, 요약해 임무를 완수한 다산 정약용의 업무 처리 과정은 엑셀 데이터 분석에서 피벗 테이블의 작동 원리와 같습니다. 계산기도 없던 시대에 행렬로 이루어진 표를 만들어 분석한 다산 정약용은 조선에서 최초이자 최고의 데이터 분석가가 아니었을까요?

이 내용은 현륭원 조경 사업 결과를 정리한 '식목연표'에 다산이 직접 써서 붙인 발문에 들어 있으며, 동아일보 황규인 기자의 블로그 'kini'n creations'(https://kuduz.tistory.com/1139)의 내용을 요약, 정리했습니다.

데이터 분석 준비 — 데이터 전처리

우리는 실무에서 다양한 데이터를 만납니다. 자신이 직접 입력하거나 다른 사람이 입력한 데이터, 회사 시스템에서 내려받은 데이터, 인터넷에서 수집한 데이터 등 다양한 데이터로 작업합니다.

이때 대부분의 문제는 데이터가 분석하는 데 적합하지 못한 형태로 돼 있기 때문에 발생합니다. '데이터 자체'의 문제 때문에 분석 과정에서 오류가 발생하거나 결과가 왜곡되는 것이죠. 따라서 분석 작업을 시작하기 전에 반드시 데이터를 확인하고 정제해야 합니다. 분석의 전단계라서 간과하기 쉽지만, 실무에서 매우 중요하므로 꼭 기억해 두세요.

학습을 마친 후 81쪽의 '데이터 분석을 위한 전처리 체크 리스트'를 꼭 확인하세요!

02-1 데이터 형식 올바르게 사용하기

• 실습 파일 2.1데이터전처리(실습).xlsx   • 완성 파일 2.1데이터전처리(완성).xlsx

데이터 전처리

데이터 전처리는 데이터를 분석하는 데 적합하도록 정제하는 과정을 말합니다. 데이터 전처리는 특정한 기법이 아니라 데이터의 상태와 분석 상황에 따라 사용하는 다양한 방법을 포괄하는 개념이죠. 실제로 사용하는 데이터 전처리 방법은 수없이 많아서 아직 데이터 작업이 익숙하지 않다면 도대체 무엇을 어떻게 해야 하는지 막막할 수도 있습니다. 하지만 걱정하지 마세요! 지금부터 배울 전처리 과정만 숙지해도 실무의 90%는 해결할 수 있으니까요.

데이터 전처리를 할 때는 가장 먼저 분석 대상인 데이터의 형식이 올바르게 사용됐는지부터 확인해야 합니다. 주로 확인해야 하는 내용은 다음과 같습니다.

> **필수 체크리스트**
> - 숫자, 텍스트, 날짜 데이터를 형식에 맞게 사용했는가?
> - 하나의 셀에 하나의 데이터 형식만 사용했는가?
> - 하나의 열에 하나의 데이터 형식만 사용했는가?

지금부터 이 내용을 알아보겠습니다.

입력된 데이터 또는 입력해야 할 데이터가 숫자인지 텍스트인지를 구분하는 것은 모든 데이터 분석의 기본입니다. 데이터는 반드시 규칙에 맞게 정확하게 사용해야 합니다. 또한 목적과 속성에 맞는 데이터 형식이 아니라면 적절하게 변경해야 합니다. 얼핏 생각하면 복잡하고 어려운 과정인 것 같지만, 우리가 이미 알고 있는 상식 수준으로 이뤄져 있는지를 확인하고 바꾸는 작업입니다. 그럼 시작해 볼까요?

숫자 형식과 텍스트 형식 이해하기

엑셀에서 데이터를 담는 최소 단위는 '셀(cell)'이고, 셀에는 텍스트, 숫자, 수식을 입력할 수 있습니다. 우리가 실무에서 데이터를 분석할 때 만나는 거의 모든 데이터는 '텍스트' 또는 '숫자'입니다. 먼저 각각의 특징을 정확히 이해해 보겠습니다.

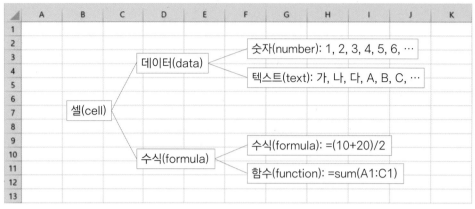
셀에 입력할 수 있는 데이터의 유형

텍스트 데이터는 한글, 알파벳, 기호 등 문자로만 이뤄진 데이터, **숫자 데이터**는 0부터 9까지 아라
비아 숫자로만 이뤄진 데이터입니다. 텍스트 데이터와 숫자 데이터의 특징은 다음과 같습니다.

특징	텍스트 데이터	숫자 데이터
정렬	왼쪽 정렬	오른쪽 정렬
0으로 시작하는 값 입력	가능	불가능
연산	불가능	가능
크기 비교	불가능	가능

1	직원ID	부서	부서	연령	성별	결혼여부
2	17757068	운영본부	영업팀	38	여성	미혼
3	46895585	생산본부	생산팀	39	여성	미혼
4	98034768	생산본부	생산팀	40	남성	미혼
5	38615960	운영본부	영업팀	26	여성	기혼
6	39596719	생산본부	개발팀	51	여성	기혼
7	27843209	운영본부	무역팀	52	남성	미혼
8	93617598	생산본부	개발팀	59	남성	기혼

텍스트 데이터는 왼쪽 정렬,
숫자 데이터는 오른쪽 정렬이
기본!

요약하면 텍스트 데이터는 연산이나 크기를 비교할 수 없는 반면, 0으로 시작하는 값을 입력
할 수 있습니다. 반면 숫자 데이터는 연산이나 크기를 비교할 수는 있지만, 0으로 시작하는 값
은 입력할 수 없습니다.

데이터의 특징을 파악한 후에는 목적과 상황에 맞게 텍스트 데이터와 숫자 데이터를 사용해야
합니다. 만약 상황과 데이터가 맞지 않다면 숫자 데이터를 텍스트 데이터로, 텍스트 데이터를
숫자 데이터로 변환해야 합니다.

숫자 데이터 → 텍스트 형식의 숫자

앞에서 숫자 데이터는 0으로 시작할 수 없다고 설명 드렸는데, 그럼 010으로 시작하는 휴대전화 번호는 엑셀에서 어떻게 입력할까요? 숫자를 텍스트 형식으로 입력하면 됩니다. 내용은 숫자이지만, 엑셀이 텍스트 형식으로 인식하도록 말이죠. 그 방법은 크게 2가지입니다.

> **방법 1** 작은따옴표(')로 텍스트 형식의 숫자 만들기
>
> **방법 2** [텍스트 나누기]로 텍스트 형식의 숫자 만들기

이 방법으로 바꾼 데이터는 숫자로 구성돼 있지만, 텍스트 형식입니다. 이런 데이터를 '텍스트 형식의 숫자'라고 합니다. 2가지 방법을 하나씩 실습해 보겠습니다.

하면 된다! } 작은따옴표(')로 텍스트 형식의 숫자 만들기

[텍스트 숫자] 시트

휴대전화 번호가 텍스트 형식의 숫자로 변환되도록 입력해 보겠습니다. 실습 파일을 열고 따라 해 보세요!

함께 보면 좋은 동영상 강의

1 입력할 셀을 선택한 후 작은따옴표 '를 입력하고, 휴대전화 번호인 01012345678을 입력한 다음 (Enter)를 누릅니다. 이와 똑같은 방법으로 수식 입력줄에 입력해도 결과는 같습니다.

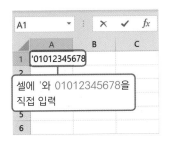

셀에 '와 01012345678을 직접 입력

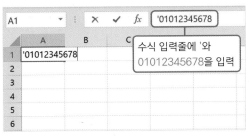

수식 입력줄에 '와 01012345678을 입력

2 입력한 숫자는 텍스트 데이터이므로 왼쪽으로 정렬되고, 연산이나 크기를 비교할 수 없습니다. 이렇게 형식이 변환된 데이터는 입력한 셀의 왼쪽 모서리에 초록색 삼각형(◤)이 표시됩니다.

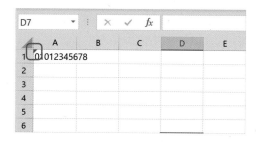

초록색 삼각형은 셀의 수식에 오류가 있을 때 나타납니다. 지금은 우리가 의도한 결과 이므로 그냥 넘어가도 됩니다.

하면 된다! ⟩ [텍스트 나누기]로 텍스트 형식의 숫자 만들기

[숫자 직원 ID] 시트

숫자 데이터이지만 숫자로 사용하지 않는 데이터나 숫자로 사용하지 말 아야 하는 데이터가 있습니다. 주민등록번호, 상품 번호, 사번과 같은 데 이터는 숫자 데이터를 사용하지만, 각 항목끼리 연산하는 등 숫자로 사 용해서는 안 됩니다. 이런 데이터의 오류를 방지하기 위해서는 숫자 데 이터를 텍스트 형식으로 바꿔야 합니다.

함께 보면 좋은 동영상 강의

셀을 더블클릭하거나 [F2]를 눌러 편집 모드로 바꾼 후 맨 앞에 작은따옴 표(')를 삽입하면 숫자 데이터가 텍스트 형식으로 변경됩니다. 하지만 변 경해야 하는 셀이 여러 개라면 일일이 변경하는 것은 매우 비효율적입니다. 이럴 때는 [텍스트 나누기] 기능을 활용해야 합니다. 사원 번호(직원 ID), 부서, 연령, 성별, 결혼 여부로 구분된 데이 터에서 [텍스트 나누기] 기능을 사용해 사원 번호를 텍스트 형식의 숫자로 바꿔 보겠습니다.

1 [숫자 직원 ID] 시트에서 변경할 데이터를 선택합니다. [A2] 셀을 선택한 후 [Ctrl] + [Shift]를 누른 채 아래 방향 화살표([↓])를 누르면 열 전체를 선택할 수 있습니다.

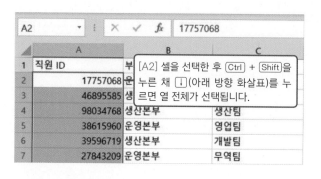

열 머리글을 눌러 열을 통째로 선택할 수도 있지만, 열의 제목 까지 포함되므로 변경할 데이터 만 선택하는 것이 좋습니다.

2 [데이터] 탭 → [데이터 도구] 그룹 → [텍스트 나누기]를 선택하면 나타나는 [텍스트 마법사 – 3단계 중 1단계] 대화상자에서는 아무것도 선택하지 않고 [다음]을 누릅니다.

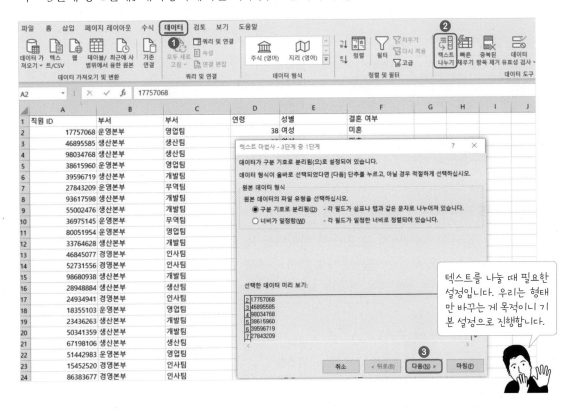

텍스트를 나눌 때 필요한 설정입니다. 우리는 형태만 바꾸는 게 목적이니 기본 설정으로 진행합니다.

3 [텍스트 마법사 – 3단계 중 2단계] 대화상자에서도 아무것도 선택하지 않고 [다음]을 누릅니다. [텍스트 마법사 – 3단계 중 3단계] 대화상자에서 [텍스트]를 선택하고 [마침]을 누릅니다.

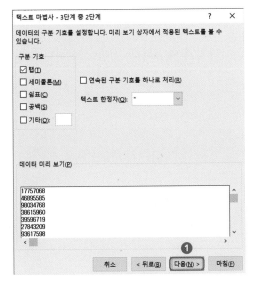

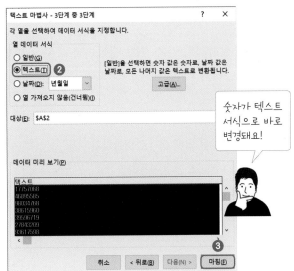

숫자가 텍스트 서식으로 바로 변경돼요!

4 선택한 셀의 왼쪽 모서리에 녹색 삼각형이 표시됩니다. **텍스트 형식의 숫자로 바뀐 것을 확**인할 수 있습니다.

	A	B	C	D
1	직원 ID	부서	부서	연령
2	17757068	◉ 경본부	영업팀	
3	46		생산팀	
4	98	직원 ID가 텍스트 형식으로 바뀌면서 왼쪽 정렬이 되고, 녹색 삼각형이 표시됐습니다.	생산팀	
5	38		영업팀	
6	39596719	생산본부	개발팀	
7	27843209	운영본부	무역팀	

텍스트 형식의 숫자 → 숫자 데이터

회사 시스템(데이터베이스)에서 분명 숫자 데이터를 내려받았는데, 합계나 평균이 계산되지 않는 경우가 있습니다. 우리 눈에는 숫자로 보여도 엑셀 형식이 텍스트이기 때문입니다. 앞의 실습에서 숫자를 텍스트 형식으로 변경한 직원 ID가 바로 그것입니다.

	A	B	C	D
1	직원 ID	부서	부서	연령
2	17757068	◉ 경본부	영업팀	
3	46895585	생산본부	생산팀	
4	98034768	생		
5	38615960	운	텍스트 형식의 직원 ID를 다시 숫자 데이터로 변경하는 데는 4가지 방법이 있습니다.	
6	39596719	생		
7	27843209	운영본부	무역팀	
8	93617598	생산본부	개발팀	

텍스트 형식의 숫자를 숫자 데이터로 바꾸는 방법에는 4가지가 있습니다. 실습으로 하나씩 알아보겠습니다.

> **방법 1** 오류 추적 단추의 변환 옵션 사용하기
> **방법 2** '1'을 곱해 숫자로 변환하기
> **방법 3** VALUE 함수 사용하기
> **방법 4** [텍스트 나누기] 기능 활용하기

하면 된다! ⟩ 오류 추적 단추의 변환 옵션 사용하기

[오류 추적 단추] 시트

엑셀에서는 텍스트 형식의 숫자를 오류라고 판단해 오류 추적 단추를
제공합니다. [A2] 셀을 선택한 후 셀 오른쪽의 느낌표(, 오류 추적 단추)
를 클릭합니다. 그런 다음 메뉴 중에서 [숫자로 변환]을 선택합니다. 선
택한 셀이 텍스트 형식에서 숫자로 변환되면서 오른쪽 정렬됩니다.

함께 보면 좋은
동영상 강의

이 방법은 연속하는 범위에 일괄적으로 적용할 수 있어 편리하지만, 떨어져 있는 셀 여러 개를
선택할 때는 적용할 수 없다는 단점이 있습니다.

하면 된다! ⟩ '1'을 곱해 숫자로 변환하기

[1 곱하기] 시트

텍스트 형식의 숫자가 있는 셀에 1을 곱하면 문자가 숫자로 변환됩니
다. 이것은 '모든 숫자에 1을 곱한 결과는 숫자'라는 수학적 개념을 이용
한 것입니다. 1을 곱하는 데는 수식을 이용하는 방법과 [선택하여 붙여넣
기]를 이용하는 방법이 있습니다.

함께 보면 좋은
동영상 강의

❶ 수식 이용하기
1 [B] 열의 열 머리글을 마우스 오른쪽 버튼으로 누른 후 [삽입]을 선택
해 [A] 열과 [B] 열 사이에 새로운 열을 만듭니다.

02 • 데이터 분석 준비 — 데이터 전처리 **33**

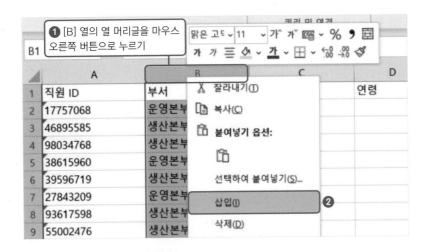

❶ [B] 열의 열 머리글을 마우스 오른쪽 버튼으로 누르기

2️⃣ 새로운 열이 삽입되고 삽입된 열이 모두 선택됩니다. 엑셀에서 열을 삽입하면 바로 왼쪽에 있는 열의 서식이 똑같이 적용되기 때문에 표시 형식을 먼저 바꾸겠습니다. [홈] 탭 → [표시 형식] 그룹에서 [표시 형식]의 [더 보기 ▾]를 누른 후 [일반]을 선택합니다.

3️⃣ 삽입한 열의 [B2] 셀에 수식 =A2*1을 입력한 후 Enter 를 누릅니다.

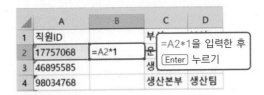

=A2*1을 입력한 후 Enter 누르기

4 [B2] 셀에 17757068이라는 결과가 반환됐습니다. 이제 [B2] 셀의 오른쪽 아래 모서리를 더블클릭하거나 클릭한 채 아래로 드래그해 모든 셀에 [A] 열과 같은 값을 채웁니다.

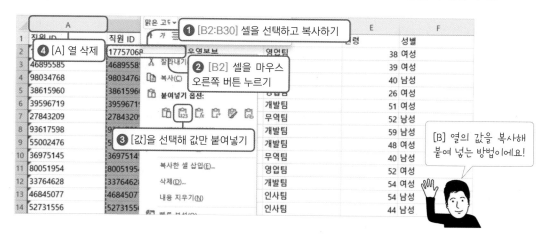

	A	B	C	D	E	F	G	H
1	직원ID		부서	부서	연령	성별	결혼여부	
2	17757068	17757068	운영본부	영업팀		성	미혼	
3	46895585		생산			성	미혼	
4	98034768		생산본부	생산팀	40	남성	미혼	
5	38615960		운영본부	영업팀	26	여성	기혼	
6	39596719		생산본부	개발팀	51	여성	기혼	

더블클릭 또는 드래그

> 셀의 오른쪽 아래 모서리를 '채우기 핸들'이라고 합니다. 마우스 커서를 올려놓으면 + 모양으로 바뀝니다.

5 [A] 열의 데이터에 1을 곱한 결과가 [B] 열에 적용됐습니다.

	A	B	C	D	E	F	G	H
1	직원ID		부서	부서	연령	성별	결혼여부	
2	17757068	17757068	운영본부	영업팀	38	여성	미혼	
3	46895585	46895585	생산본부	생산팀	39	여성	미혼	
4	98034768	98034768	생산본부	생산팀	40	남성	미혼	
5	38615960	38615960	운영본부	영업팀	26	여성	기혼	
6	39596719	39596719	생산본부	개발팀	51	여성	기혼	
7	27843209	27843209	운영본부	무역팀	52	남성	미혼	
8	93617598	93617598	생산본부	개발팀	59	남성	기혼	
9	55002476	55002476	생산본부	개발팀	48	여성	미혼	
10	36975145	36975145	운영본부	무역팀	40	남성	기혼	

6 직원 ID가 두 열이니 하나의 열만 남기겠습니다. [B1] 셀에 직원 ID를 입력한 후 [B2:B30] 셀을 선택하고 Ctrl + C를 눌러 복사한 다음 [B2] 셀을 마우스 오른쪽 버튼으로 누르고 [붙여넣기 옵션]에서 값을 선택해 값(📋)만 붙여 넣습니다. 그런 다음 [A] 열을 삭제합니다.

	A					E	F
1	직원 ID		직원 ID			령	성별
2			17757068	운영본부	영업팀	38	여성
3	46895585		46895585			39	여성
4	98034768		98034768			40	남성
5	38615960		38615960		업팀	26	여성
6	39596719		39596719		개발팀	51	여성
7	27843209		27843209		무역팀	52	남성
8	93617598				개발팀	59	남성
9	55002476				개발팀	48	여성
10	36975145		36975145		무역팀	40	남성
11	80051954		8005195		영업팀	52	여성
12	33764628		33764628		개발팀	54	여성
13	46845077		4684507		인사팀	54	남성
14	52731556		5273155		인사팀	44	남성

❶ [B2:B30] 셀을 선택하고 복사하기

잘라내기
복사(C)
붙여넣기 옵션:

❷ [B2] 셀을 마우스 오른쪽 버튼 누르기

❹ [A] 열 삭제

❸ [값]을 선택해 값만 붙여넣기

복사한 셀 삽입(E)...
삭제(D)...
내용 지우기(N)

> [B] 열의 값을 복사해 붙여 넣는 방법이에요!

7 숫자로 된 직원 ID 열이 정리됐습니다.

	A	B	C	D	E
1	직원 ID	부서	부서	연령	성별
2	17757068	운영본부	영업팀	38	여성
3	46895585	생산본부	생산팀	39	여성
4	98034768	생산본부	생산팀	40	남성
5	38615960	운영본부	영업팀	26	여성
6	39596719	생산본부	개발팀	51	여성
7	27843209	운영본부	무역팀	52	남성
8	93617598	생산본부	개발팀	59	남성
9	55002476	생산본부	개발팀	48	여성
10	36975145	운영본부	무역팀	40	남성

❷ [선택하여 붙여넣기] 이용하기

1 앞의 예제에서 Ctrl + Z 를 눌러 처음 상태로 돌아가세요. 같은 파일에서 다른 방법으로 실습하겠습니다. 임의의 셀에 1을 입력한 후 그 셀을 복사합니다.

	A	B	C	D	E	F	G	H	I
1	직원ID	부서	부서	연령	성별	결혼여부			
2	17757068	운영본부	영업팀	38	여성	미혼			
3	46895585	생산본부	생산팀	39	여성	미혼		1	
4	98034768	생산본부	생산팀	40	남성	미혼			
5	38615960	운영본부	영업팀	26	여성	기혼			
6	39596719	생산본부	개발팀	51	여성	기혼			
7	27843209	운영본부	무역팀	52	남성	미혼			
8	93617598	생산본부	개발팀	59	남성	기혼			
9	55002476	생산본부	개발팀	48	여성	미혼			

> 셀의 테두리가 점선으로 바뀌는 것은 그 셀이 복사됐다는 것을 의미합니다.

2 [A2] 셀을 선택한 후 Ctrl + Shift 를 누른 채 아래 방향 화살표(↓)를 눌러 변경할 데이터를 모두 선택합니다.

	A	B	C	D	E	F	G	H	I
1	직원ID	부서	부서	연령	성별	결혼여부			
2	17757068	영본부	영업팀	38	여성	미혼			
3	46895585	생산본부	생산팀	39	여성	미혼		1	
4	98034768	생산본부	생산팀	40	남성	미혼			
5	38615960	운				혼			
6	39596719	생							
7	27843209	운영본부	무역팀	52	남성	미혼			
8	93617598	생산본부	개발팀	59	남성	기혼			
9	55002476	생산본부	개발팀	48	여성	미혼			

> 1을 곱할 대상을 선택합니다.

3 [홈] 탭 → [클립보드] 그룹의 [더보기 ▾]를 눌러 옵션 메뉴를 펼친 후 [선택하여 붙여넣기]를 클릭합니다.

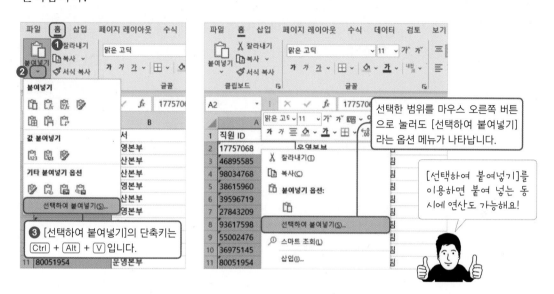

4 [연산] 항목의 [곱하기]를 선택한 후 [확인]을 누르면 선택한 [A] 열이 모두 숫자로 변경돼 오른쪽 정렬되는 것을 확인할 수 있습니다.

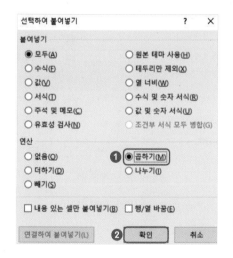

	A	B	C
1	직원 ID	부서	부서
2	17757068	운영본부	영업팀
3	46895585	생산본부	생산팀
4	98034768	생산본부	생산팀
5	38615960	운영본부	영업팀
6	39596719	생산본부	개발팀
7	27843209	운	
8	93617598	생	1을 곱한 후 붙여 넣어 텍스트 형식의
9	55002476	생	숫자를 숫자로 변경했습니다.
10	36975145	운영본부	무역팀
11	80051954	운영본부	영업팀
12	33764628	생산본부	개발팀
13	46845077	경영본부	인사팀
14	52731556	경영본부	인사팀

하면 된다! } VALUE 함수 사용하기

[VALUE 함수] 시트

1 VALUE 함수는 텍스트 형식의 숫자를 숫자로 변환합니다. 먼저 [A] 열과 [B] 열 사이에 새로운 열을 삽입하겠습니다. [B] 열의 열 머리글을 마우스 오른쪽 버튼으로 누른 후 [삽입]을 선택합니다.

함께 보면 좋은 동영상 강의

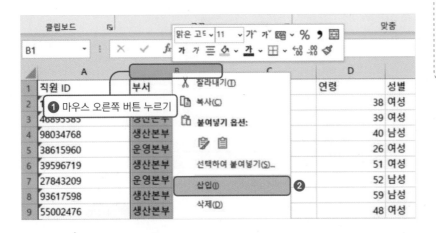

2 새로운 열이 삽입되면서 모두 선택된 상태가 됩니다. 이때 [홈] 탭 → [표시 형식] 그룹에서 [표시 형식]의 [더 보기 ▾]를 누른 후 [일반]을 선택합니다.

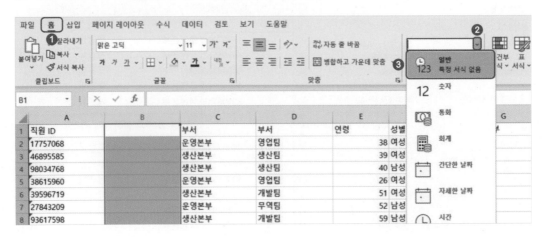

3 [B2] 셀에 =VALUE(A2)를 입력합니다. 오른쪽으로 정렬된 숫자 데이터 17757068이 구해진 것을 확인할 수 있습니다. 이제 채우기 핸들을 더블클릭해 자동 채우기를 하면 [B] 열의 데이터가 숫자 데이터로 변환됩니다.

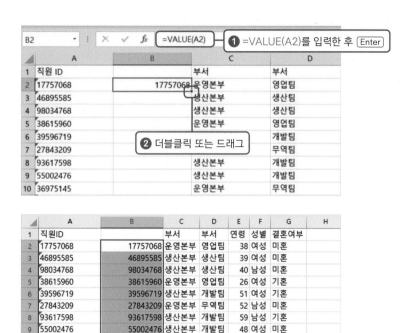

① =VALUE(A2)를 입력한 후 Enter

② 더블클릭 또는 드래그

하면 된다! 〉 [텍스트 나누기] 기능 활용하기

[텍스트 나누기]는 셀에 입력된 텍스트를 특정한 조건에 따라 2개 이상
의 열로 분리하는 기능입니다. 데이터 형식을 변경할 때도 자주 사용하
는 매우 유용한 도구입니다.

[텍스트 나누기] 시트

함께 보면 좋은
동영상 강의

1 [A] 열의 데이터를 모두 선택한 후 [데이터] 탭 → [데이터 도구] 그룹 →
[텍스트 나누기]를 선택합니다.

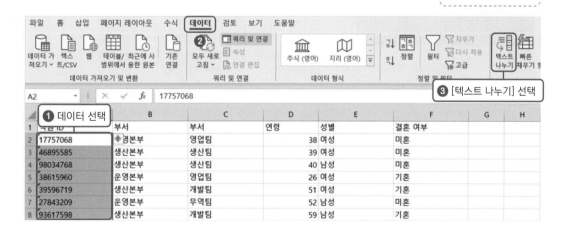

① 데이터 선택

② [텍스트 나누기] 선택

2 [텍스트 마법사 – 3단계 중 1단계] 대화상자가 나타나면 [다음]을 클릭합니다. 2단계 역시 [다음]을 클릭합니다.

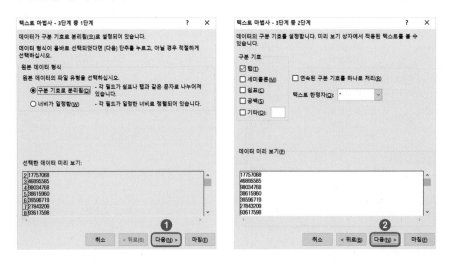

3 3단계는 [일반]이 선택돼 있는 것을 확인한 후 [마침]을 클릭합니다. [A] 열의 데이터가 숫자로 변환됐습니다.

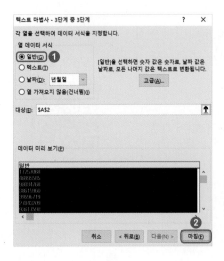

	A	B	C	D	E	F
1	직원ID	부서	부서	연령	성별	결혼여부
2	17757068	운영본부	영업팀	38	여성	미혼
3	46895585	생산본부	생산팀	39	여성	미혼
4	98034768	생산본부	생산팀	40	남성	미혼
5	38615960	운영본부	영업팀	26	여성	기혼
6	39596719	생산본부	개발팀	51	여성	기혼
7	27843209	운영본부	무역팀	52	남성	미혼
8	93617598	생산본부	개발팀	59	남성	기혼
9	55002476	생산본부	개발팀	48	여성	미혼
10	36975145	운영본부	무역팀	40	남성	기혼
11	80051954	운영본부	영업팀	52	여성	기혼
12	33764628	생산본부	개발팀	54	여성	기혼
13	46845077	경영본부	인사팀	54	남성	미혼

날짜 데이터 형식

엑셀과 실무 데이터 분석에서는 날짜 데이터가 매우 중요합니다. 일일 영업 현황, 주간 판매 실적 등을 분석할 때 일, 주, 월, 분기, 연 등 날짜 데이터가 분석의 단위가 되기 때문입니다. 날짜 데이터의 시간이 경과함에 따라 자료를 집계하면 데이터의 추이를 쉽게 파악할 수 있습니다.

그런데 업무를 하다 보면 날짜가 있어야 할 위치에 엉뚱한 숫자가 표시된 경우가 있습니다. 이 경우는 대부분 엑셀에서 정해진 규칙대로 날짜 데이터가 사용되지 않았기 때문에 발생합니다. 이를 방지하려면 날짜 데이터를 정확하게 사용하고, 잘못 들어간 데이터를 제대로 된 날짜 데이터로 변경하는 방법을 알아야 합니다.

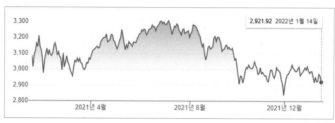

대표적인 날짜 데이터 활용 그래프인 주식 그래프

날짜 데이터의 개념 이해하기

엑셀에서 날짜 데이터는 숫자 데이터의 일종입니다. 표시를 날짜 형식으로 나타냈을 뿐이죠. 엑셀에서 계산할 수 있는 가장 빠른 날짜는 1900년 1월 1일, 가장 늦은 날짜는 9999년 12월 31일입니다.

숫자 데이터 1을 날짜 데이터로 바꾸면 가장 빠른 날짜인 1900년 1월 1일이고, 2을 바꾸면 1900년 1월 2일, 3을 바꾸면 1900년 1월 3일이 됩니다. 이렇게 날짜 데이터는 본래 숫자 데이터이므로 두 날짜의 차이 또는 경과 일수 등을 구할 수 있는 것이죠.

```
1 = 1900년 1월 1일
2 = 1900년 1월 2일
3 = 1900년 1월 3일
(…)
44562 = 2022년 1월 1일
44563 = 2022년 1월 2일
44564 = 2022년 1월 3일
```

엑셀이 날짜로 인식하는 형식
2022/11/21
2022-11-21

엑셀이 날짜로 인식하지 못하는 형식
20221121
2022.11.21.

날짜 데이터 입력하기

날짜 데이터를 입력하는 데는 하이픈(-)을 사용하는 방법과 슬래시(/)를 사용하는 방법이 있습니다. 셀 또는 수식 입력줄의 연, 월, 일에 해당하는 숫자에 하이픈(-) 또는 슬래시(/)를 연속으로 입력하면 엑셀은 이 데이터를 날짜로 인식합니다. 빈 엑셀 파일을 열고 따라 해 보세요!

빈 셀에서 [Ctrl] + [;]를 누르면 시스템의 오늘 날짜가 자동으로 입력되고, [Ctrl] + [Shift] + [;]를 누르면 그때의 시간이 입력됩니다.

[숫자를 날짜로1] 시트

하면 된다! } 44203, 44373을 날짜 데이터 형식으로 바꾸기

날짜를 사용하고 싶은데 44203, 44373 등 5자리의 숫자로 표현되는 경우(특히 4로 시작되는 수)가 있습니다. 앞에서 엑셀에서는 1을 날짜로 표시하면 1900년 1월 1일이고, 1씩 증가할 때마다 1일씩 증가한다고 설명했습니다. 즉, 44203은 1900년 1월 1일부터 44203번째 날인 2021년 1월 7일인 것입니다. 이럴 때 해결하는 방법을 알려 드릴게요!

함께 보면 좋은
동영상 강의

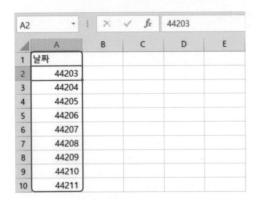

날짜가 있어야 할
위치에 정체불명의
숫자가 있습니다!

1 날짜 열인 [A] 열의 [A2] 셀부터 [A13] 셀까지를 선택합니다. [홈] 탭 → [표시 형식] 그룹에서 [표시 형식]의 [더 보기 ▾]를 선택한 후 [간단한 날짜]를 선택합니다.

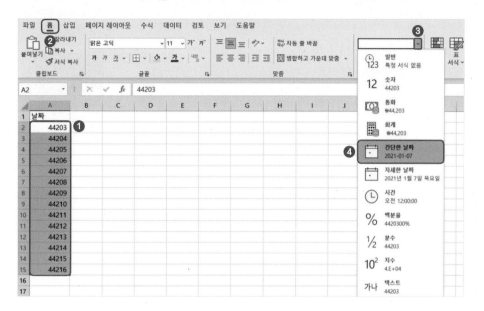

2 숫자 데이터가 모두 날짜 데이터로 바뀌어 표시된 것을 확인할 수 있습니다. 결국 표시 형식을 숫자와 날짜 가운데 어떤 것으로 나타낸 것인지가 문제였던 것입니다.

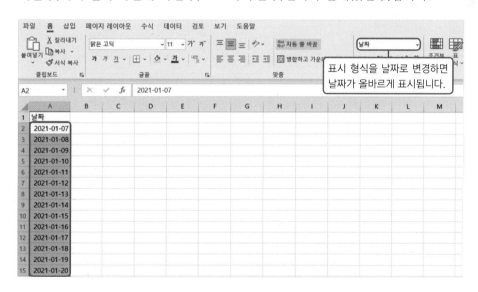

하면 된다! ⎬ 20220107을 날짜 데이터 형식으로 바꾸기

[숫자를 날짜로2] 시트

분석할 데이터의 날짜 열에 20181215, 20210626와 같이 8자리 숫자
가 입력된 경우를 흔히 볼 수 있습니다. 시스템에서 내려받은 데이터에
서 주로 볼 수 있는 표시 형식입니다.

우리는 이 8자리 숫자를 날짜로 인식하지만, 엑셀은 그렇지 않습니다.
이런 숫자 데이터로는 시간을 토대로 한 분석을 할 수 없으므로 엑셀에
서 날짜 데이터로 인식할 수 있도록 변환해야 합니다.

함께 보면 좋은
동영상 강의

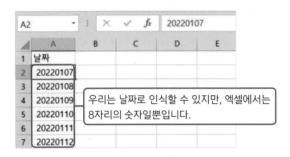

우리는 날짜로 인식할 수 있지만, 엑셀에서는 8자리의 숫자일뿐입니다.

1 변환할 [A2:A13] 셀을 선택한 후 [데이터] 탭 → [데이터 도구] 그룹 → [텍스트 나누기]를 실
행합니다.

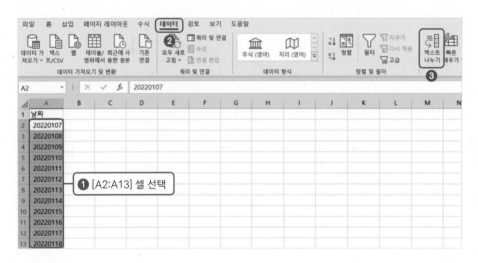

❶ [A2:A13] 셀 선택

2 [텍스트 마법사] 대화상자가 나타납니다. 1단계와 2단계에서는 변경할 것이 없으므로 [다음]을 선택합니다. 3단계에서는 [열 데이터 서식] 항목의 [날짜]를 선택한 후 [마침]을 누릅니다.

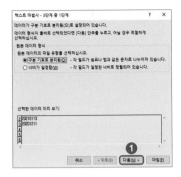  

3 텍스트였던 숫자 데이터가 날짜 데이터로 변경됩니다.

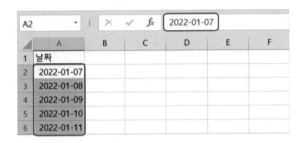

 **최반장의 꿀팁!** **같은 날짜이지만 주차가 다르게 계산돼요!**

실무에서는 지표를 주(week) 단위로 집계해 관리할 때가 많습니다. 그런데 한 주의 시작은 월요일일까요, 일요일일까요? 국제 표준화 기구(ISO)에서는 정보 교환 시 날짜와 시간이 잘못 해석되지 않도록 날짜와 시간에 대한 국제 표준을 정했는데, 이 국제 표준이 바로 'ISO 8601'입니다. 이 표준에 따르면 한 주의 시작은 월요일입니다. 지금 회사에서 사용하는 주차 계산 기준과 비교해 보고, 정확한 집계 기준을 사용하기 바랍니다.

	날짜	일반 주차 (=WEEKNUM(A2))	ISO 8601 주차 =WEEKNUM(A2,21)	
1	날짜	일반 주차 (=WEEKNUM(A2))	ISO 8601 주차 =WEEKNUM(A2,21)	
2	2022-01-01	1	52	
3	2022-01-02	2	52	
4	2022-01-03	2	1	
5	2022-01-04	2	1	
6	2022-01-05	2	1	
7	2022-01-06	2	1	
8	2022-01-07	2	1	
9	2022-01-08	2	1	
10	2022-01-09	3	1	
11	2022-01-10	3	2	
12	2022-01-11	3	2	

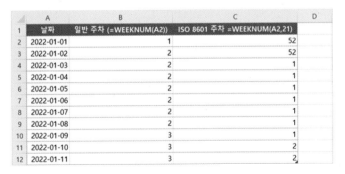

ISO 8601은 월요일이 기준이므로 2022년 1월 3일부터 1주차입니다.

'단위'가 있으면 숫자 데이터가 아닙니다

숫자 데이터의 특징은 숫자 외에 다른 글자가 포함되면 모두 텍스트 데이터로 바뀐다는 것입니다. 대표적인 예로 500원, 60kg, 25세 등과 같이 숫자를 단위와 함께 사용하는 경우를 들 수 있습니다. 이러한 데이터는 연산에 활용할 수 없으므로 텍스트를 제거하고 숫자만 남겨야 합니다.

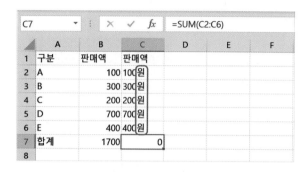

원이라는 텍스트를 제거해야 계산할 수 있어요!

숫자와 텍스트가 결합된 셀에서 텍스트를 제거하면 숫자 데이터가 됩니다. 변환해야 할 셀이 적을 때는 텍스트를 일일이 지울 수 있겠지만 변환해야 할 셀이 많을 때는 시간도 오래 걸리고 매우 번거로울 것입니다. 이럴 때 [바꾸기] 또는 [텍스트 나누기]를 활용하면 한 번에 제거할 수 있습니다. 이번에는 텍스트를 한 번에 지우는 방법을 알아보겠습니다.

하면 된다! 〉 [바꾸기]로 셀에서 단위 텍스트만 제거하기

[텍스트 제거1] 시트

1 텍스트를 제거할 [C2:C6] 셀을 선택한 후 [홈] 탭 → [편집] 그룹 → [찾기 및 선택]을 선택하고 [바꾸기]를 클릭합니다.

함께 보면 좋은
동영상 강의

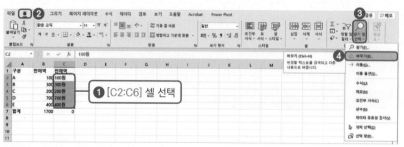

1 [C2:C6] 셀 선택

[찾기]의 단축키는 Ctrl + F, [바꾸기]의 단축키는 Ctrl + H입니다.

2 [찾을 내용]에는 원을 입력하고, [바꿀 내용]에는 아무것도 입력하지 않고 [모두 바꾸기]를 클릭합니다. 작업을 수행한 결과를 알리는 메시지 창과 함께 [C2:C6] 셀의 원 자가 제거되고, 오른쪽으로 정렬된 숫자 데이터로 변경됐습니다. 합계도 정상적으로 계산됐습니다.

하면 된다! ⟩ [텍스트 나누기]로 셀에서 단위 텍스트 분리하기

[텍스트 제거2] 시트

1 텍스트를 제거할 [C2:C6] 셀을 선택한 후 [데이터] 탭 → [데이터 도구] 그룹 → [텍스트 나누기]를 클릭합니다. 1단계에서는 대화상자가 나타나면 [구분 기호로 분리됨]을 선택한 후 [다음]을 클릭합니다.

함께 보면 좋은
동영상 **강의**

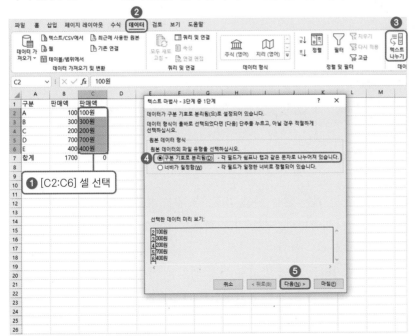

원이라는 텍스트를 기준으로 나눌 거예요!

☑ 2단계에서는 [기타]를 선택한 후 바로 옆에 원을 입력하고 [다음]을 클릭합니다. 3단계에서는 대화상자에서 [열 데이터 서식] 항목의 [일반]을 선택한 후 [마침]을 클릭합니다.

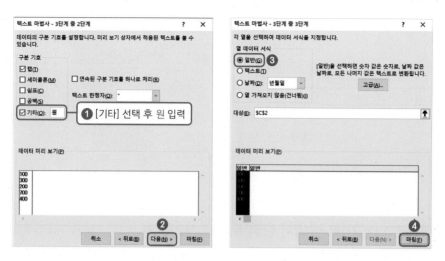

☑ [C] 열의 모든 셀에서 원이 제거되고 숫자 데이터가 오른쪽으로 정렬된 것을 확인할 수 있습니다.

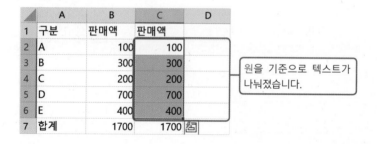

원을 기준으로 텍스트가 나눠졌습니다.

이번 실습에서 사용한 [텍스트 나누기]는 원을 구분 기호, 즉 열을 분할하는 기준으로 인식시켜 왼쪽과 오른쪽으로 텍스트를 나눴습니다. 구분 기호 텍스트가 1개여서 앞의 실습에서 [바꾸기]로 변환한 결과와 같아 보이죠.

구분 기호를 이용해 특정 값을 제거하는 방법 말고도 특정 위치를 기준으로 나누는 방법 역시 상황에 따라 매우 편리하게 사용할 수 있습니다. 단, [텍스트 나누기]를 사용할 때 나눈 텍스트를 담을 빈 셀이 넉넉해야 한다는 점에 유의해야 합니다.

하면 된다! } 데이터를 바꾸지 않고 숫자를 단위와 함께 표시하기

[표시 형식] 시트

엑셀에서 숫자를 사용할 때는 셀에 숫자 데이터만 사용해야 데이터를 분석할 수 있다는 원칙을 배웠습니다. 하지만 단위를 붙여야 할 경우가 생길 수도 있습니다. 이럴 때 셀 서식을 변경하면 됩니다. 셀 서식을 변경하면 우리가 보기엔 숫자와 단위가 같이 있는 것처럼 보이지만, 실제 엑셀에서는 숫자만 데이터로 인식합니다.

함께 보면 좋은
동영상 강의

1 [B2:B6] 셀을 선택한 후 [홈] 탭 → [표시 형식] 그룹의 오른쪽 아래 모서리에 있는 [더 보기 ⬂]를 누릅니다.

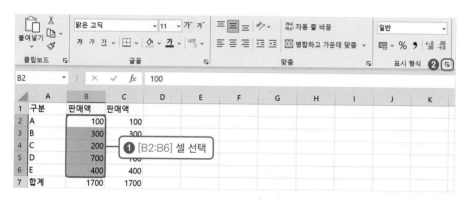

2 [셀 서식] 대화상자가 나타나면 [표시 형식] 탭의 왼쪽 [범주] 항목에서 [사용자 지정]을 선택합니다. 오른쪽의 [형식] 항목에 G/표준이라고 입력돼 있는데, 여기에 원을 추가로 입력한 후 [확인]을 클릭합니다. [B2:B6] 셀에 100원, 300원, … 형식으로 표시됐습니다.

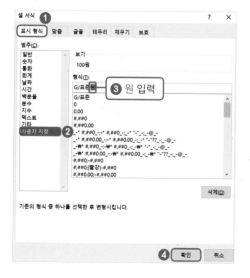

❸ 화면에 보이는 표기와 달리 수식 입력줄을 보면 원자 없이 숫자만 있고, 합계도 정상적으로 구해진 것을 확인할 수 있습니다. 그 이유는 셀 서식을 변경함으로써 원본의 숫자 데이터는 텍스트 데이터로 변환하지 않고, 숫자에 원이라는 단위만 표시했기 때문입니다.

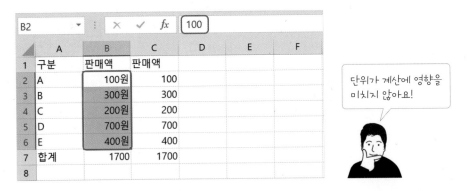

단위가 계산에 영향을 미치지 않아요!

같은 열의 데이터는 하나의 데이터 형식으로 통일하기

실무에서는 여러 회사, 부서, 담당자의 데이터를 취합해 만들어진 데이터로 분석하는 경우가 많습니다. 이러한 데이터에서 자주 발생하는 문제는 데이터 형식이 뒤죽박죽되는 경우가 많다는 것입니다. 같은 열의 데이터는 반드시 숫자 또는 텍스트 둘 중 하나의 형식으로 통일돼야 합니다.

앞으로 학습하게 될 피벗 테이블은 데이터를 열 단위로 계산합니다. 열에 있는 모든 값을 더하거나 열의 데이터를 개별 항목으로 구분하는 등 열을 하나의 변수로 다루죠. 따라서 같은 열에 데이터 형식이 섞여 있을 때 잘못된 데이터를 찾아 바로잡아야 합니다. 그 방법을 알아보겠습니다.

	C12		×	✓	fx	=SUM(C2:C11)	

	A	B	C	D
1	**날짜**	**지사**	**판매 수량**	
2	2021-08-27	대전지사	10개	
3	2021-11-19	인천지사	10	
4	2021-10-29	서울본사	5	
5	2021-08-04	인천지사	5	
6	2021-08-13	서울본사	10	
7	2021-10-20	대전지사	10개	
8	2021-10-23	대전지사	이십개	
9	2021-10-21	인천지사	5	
10	2021-08-04	서울본사	15	
11	2021-09-16	대전지사	5개	
12	**합계**		50	
13				

대전 지사의 판매 수량이 텍스트 데이터여서 숫자 데이터로 기록된 나머지 지사의 판매 수량만 더해졌습니다!

하면 된다! ﹜ [이동 옵션]을 이용해 특정 데이터 찾기

[이동 옵션] 시트

엑셀에서 셀에 입력할 수 있는 데이터 형식은 숫자 또는 텍스트이고, 열의 데이터 형식을 통일하기 위해서는 둘 중 잘못된 형식의 데이터를 찾아 수정해야 합니다. [이동 옵션]을 이용해 특정 데이터 형식의 데이터를 찾는 방법을 알아보겠습니다.

함께 보면 좋은
동영상 강의

1 먼저 데이터를 찾을 범위를 지정해야 합니다. 예제의 [C2:C11] 셀을 선택한 후 [홈] 탭 → [편집] 그룹 → [찾기 및 선택]에서 [이동 옵션]을 클릭합니다.

단축키 Ctrl + G 또는 F5 를 눌러 항목의 [이동]을 실행한 후 [옵션]을 눌러도 [이동 옵션]을 실행할 수 있습니다.

2 [이동 옵션] 창이 나타나면 [종류]는 [상수]를 선택하고, 수식에서 [텍스트]에 체크 표시를 하고, 나머지는 모두 해제한 후 [확인]을 누릅니다.

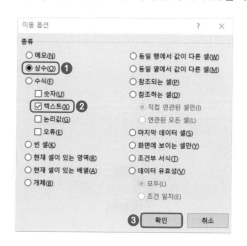

숫자 데이터만 남아야 하므로 텍스트 데이터를 찾아 변경해야 합니다.

3 선택한 범위(판매 수량)에서 숫자가 아닌 텍스트 데이터만 선택된 것을 확인할 수 있습니다.

	A	B	C	D
1	**날짜**	**지사**	**판매 수량**	
2	2021-08-27	대전지사	10개	
3	2021-11-19	인천지사	10	
4	2021-10-29	서울본사	5	
5	2021-08-04	인천지사	5	
6	2021-08-13	서울본사	10	
7	2021-10-20	대전지사	10개	
8	2021-10-23	대전지사	이십개	
9	2021-10-21	인천지사	5	
10	2021-08-04	서울본사	15	
11	2021-09-16	대전지사	5개	
12	합계		50	

실습 데이터는 크기가 매우 작으므로 바로 선택해 수정할 수 있지만, 몇 십만 행에 달하는 큰 데이터를 일일이 눈으로 확인할 수는 없겠죠?

4 이제 데이터 분석을 왜곡시키는 텍스트 데이터를 찾았습니다. 필터로 텍스트 데이터인 셀들만 남겨 수정하겠습니다. 텍스트 데이터인 셀들이 선택된 상태에서 [홈] 탭 → [글꼴] 그룹에서 [채우기 색 ◇]을 클릭합니다.

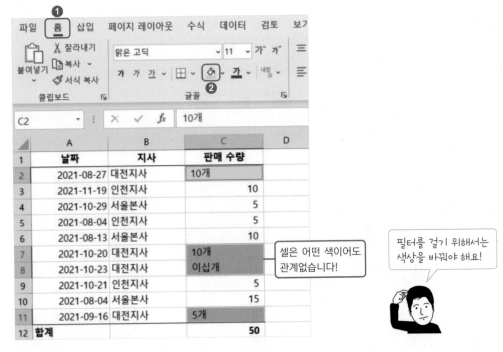

셀은 어떤 색이어도 관계없습니다!

필터를 걸기 위해서는 색상을 바꿔야 해요!

5 표에 필터를 설정해 보겠습니다. 예제의 표 안에서 임의의 셀을 선택한 후 [홈] 탭 → [편집] 그룹 → [정렬 및 필터]를 클릭하고 [필터]를 선택합니다.

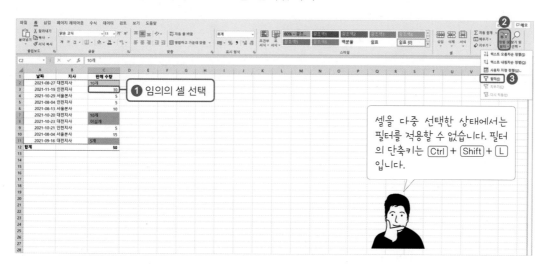

6 [판매 수량]의 [필터 ▼]를 누른 후 [색 기준 필터] 클릭하고 노란색을 선택하면 노란색 셀만 남습니다. 이 셀을 숫자 데이터로 바꾸세요. 10개, 5개로 입력된 셀에서 개를 지우고 이십개로 입력된 셀에서 데이터를 20으로 수정합니다.

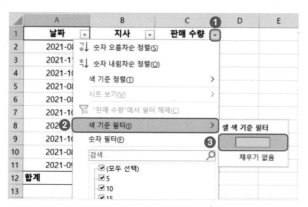

7 데이터를 모두 수정했으면 다시 [판매 수량]의 [필터 ⏷]를 누른 후 ["판매 수량"에서 필터 해제]를 선택합니다. 모든 판매 수량이 정상적으로 더해진 것을 확인할 수 있습니다.

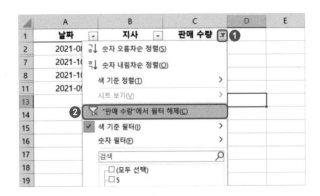

지금까지 엑셀에서 데이터를 분석할 때 가장 먼저 확인해야 할 데이터 형식을 알아봤습니다. 개별 데이터 형식은 데이터 분석 과정에서 오류를 발생시키는 중요한 원인 중 하나이므로 개념을 반드시 숙지해야 합니다.

이제부터는 개별 데이터가 아닌 데이터 표의 구조를 분석에 적합하게 처리하는 방법을 알아보겠습니다.

02-2 분석할 수 있는 표 구조 만들기

• 실습 파일 2.2표구조(실습).xlsx　• 완성 파일 2.2표구조(완성).xlsx

바둑판과 같이 행과 열로 구성된 '표'는 데이터를 정리하거나 저장하는 대표적인 방법입니다. 엑셀에서 데이터 분석을 하기 위해서는 반드시 데이터가 표의 형태로 저장돼 있어야 합니다. 그런데 표 형태의 데이터라도 분석할 수 없는 상황이 있습니다. 이런 상황은 대부분 분석할 수 없는 형태의 표로 돼 있기 때문에 발생합니다. '분석할 수 없는 형태의 표'란 무슨 뜻일까요? 표의 형태로 저장된 데이터라고 해서 모두 분석할 수 있는 것은 아닙니다.
분석에 적합한 표 형태는 정해져 있습니다. 또한 구조적으로 분석을 방해하는 몇 가지 요소도 정리해야 합니다.
지금부터 '분석에 적합한 표'가 어떤 형태인지 알아보고 분석에 적합하도록 변환하는 방법을 알아보겠습니다.

분석에 적합한 표 형태가 정해져 있어요!

리스트 형태로 만들기

데이터 분석을 하려면 먼저 표의 구조(모양)가 가공(요약)됐는지 확인해야 합니다. 다음 표는 2019년 서울 지하철역의 승차 인원수를 정리한 데이터입니다. 오른쪽 표는 왼쪽 표와 달리 같은 유형의 값이 하나의 열에 있습니다. 즉, 두 표 모두 파란색 상자로 표시한 '승차 인원수'라는 값을 갖고 있는데, 왼쪽 표는 [E] 열부터 [J] 열까지 각각의 열에 승차 인원수가 월별로 구성돼 있고, 오른쪽 표는 하나의 열인 [Q] 열에 통합해 구성돼 있습니다.

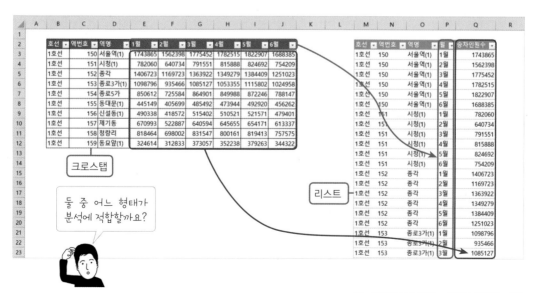

왼쪽 표는 크로스탭(cross tab) 형태로, 행과 열에 원본 데이터가 아니라 분석의 결과물 또는 가공된 데이터가 들어 있습니다. 이런 표는 요약, 집계, 분석 과정을 거친 결과물에서 볼 수 있고, 우리가 앞으로 학습할 피벗 테이블을 이용해 만들 수 있습니다.

반면 오른쪽 표는 리스트(list) 형태로, 시스템에서 데이터를 저장하는 기본 구조입니다. 리스트 형태의 데이터는 다양하게 분석할 수 있을 뿐 아니라 데이터(행)나 변수(열)를 계속 추가하더라도 반영하기 쉽습니다.

정리하면 피벗 테이블을 이용해 최종적으로 만들어야 할 표는 '크로스탭 형태'입니다. 하지만 데이터 분석에 적합한 형태는 '리스트 형태'이며, 크로스탭 형태의 표를 만들기 위해 필요한 표도 리스트 형태의 표입니다.

앞의 이미지를 다시 살펴봅시다. 왼쪽 표를 원본 데이터로 받았다면 지하철 노선별 또는 분기별로 집계하는 등 추가 분석을 하기가 매우 어렵습니다. 그래서 가장 먼저 데이터 표의 구조를 살펴 크로스탭 형태이면 리스트 형태로 바꿔야 합니다. 바로 이 작업을 열 피벗 해제(unpivot)라고 합니다.

지금부터 파워 쿼리(power query)라는 기능을 이용해 크로스탭 형태의 표를 리스트 형태로 바꾸는 실습을 해보겠습니다. 생소한 화면일 수 있지만, 클릭 몇 번이면 표의 형태가 마법처럼 바뀌도록 아주 쉽게 만들어져 있으므로 천천히 따라 해 보면 전혀 어렵지 않다는 것을 알 수 있을 거예요!

하면 된다! } 크로스탭 표를 열 피벗 해제해 리스트 표로 만들기

[크로스탭] 시트

별다른 기능을 사용하지 않고 크로스탭 형태의 표를 리스트 형태의 표로 일일이 바꾸는 것은 생각보다 복잡하고 어려울 수 있습니다. 하지만 엑셀 2013부터 내장된 파워 쿼리를 이용하면 쉽게 작업할 수 있습니다.

함께 보면 좋은
동영상 **강의**

1 [B2] 셀을 선택한 후 [데이터] 탭 → [데이터 가져오기 및 변환] 그룹 → [테이블/범위에서]를 클릭합니다.

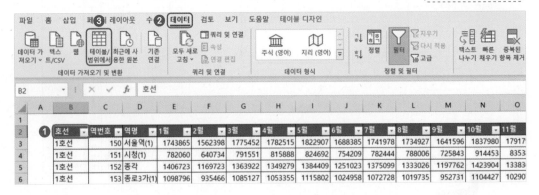

2 [Power Query 편집기] 창이 새로 나타납니다. [호선] 열을 선택한 후 (Shift)를 누른 채 [역명] 열을 선택합니다. [변환] 탭 → [열] 그룹 → [열 피벗 해제] 오른쪽의 [더 보기 ▼]를 클릭하고 [다른 열 피벗 해제]를 선택합니다.

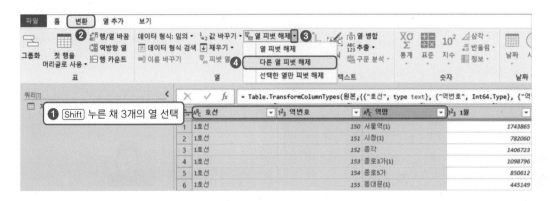

3 열 피벗 해제가 실행됐습니다. [특성] 열의 머리글을 더블클릭해 월을 입력한 후 (Enter)를 누릅니다. [값] 열의 머리글을 더블클릭해 승차 인원수를 입력하고 (Enter)를 누릅니다.

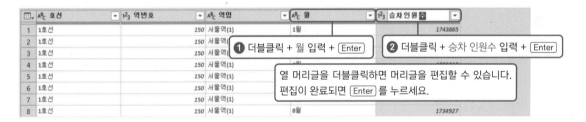

4 편집된 표를 작업 중이던 엑셀 시트로 불러오겠습니다. [홈] 탭 → [닫기] 그룹 → [닫기 및 로드]를 클릭합니다.

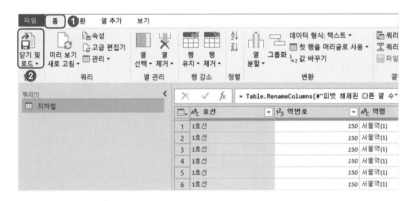

5 열 피벗 해제된 리스트 형태의 표가 새로운 시트에 생성됐습니다.

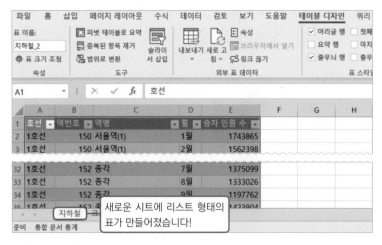

최초 원본 데이터에서 각각의 열로 분산돼 있던 12개의 열(1월, 2월, 3월…)은 모두 '월'이라는 동일한 속성이었습니다. 즉, 월 단위로 이미 피벗된 데이터였고, 이것을 다시 분석 가능한 표의 형태로 변환한 것입니다.

병합된 셀 분할하기

2개 이상의 셀을 하나로 합치는 기능을 병합(merge)이라고 합니다. 이 기능은 보고서처럼 한눈에 알아보기 쉽도록 표를 만들 때 많이 사용합니다. 하지만 병합은 데이터 분석에서 오류를 발생시키거나 결괏값을 왜곡시키는 대표적인 기능입니다.

엑셀에서 셀은 데이터를 저장하는 최소 단위로, 행과 열이 교차하는 모든 지점을 주소로 갖습니다. 예를 들어 [C] 열과 [5] 행이 교차하는 지점의 셀은 [C5]라는 주소를 갖습니다. 이것은 매우 중요한 원칙인데, 셀 병합을 하면 이 원칙이 깨집니다.

다음 직원 명부에서 [C] 열과 달리 [B] 열은 병합된 셀이 있습니다. 우리가 일상에서 쉽게 볼 수 있는 형태의 병합입니다. 같은 부서끼리 병합한 것이죠. 하지만 분석을 위한 데이터에서는 적절하지 않습니다. 이유는 무엇일까요?

엑셀에서 병합된 셀은 첫 번째 셀이 주소로 인식됩니다. 즉, [B5:B7] 셀의 범위가 병합되면 셀의 주소는 [B5]가 되고, [B6] 또는 [B7] 셀은 우리 눈에는 총무팀으로 보이지만 엑셀은 공백 값으로 인식합니다. 따라서 데이터 분석을 하기 위한 원본 데이터에서는 반드시 병합된 셀을 제거해야 합니다. 열과 행이 교차하는 지점에 하나의 셀만 있도록 병합된 셀을 찾고, 해제한 후에 채우는 방법을 실습으로 알아보겠습니다.

하면 된다! } 병합된 셀을 모두 선택해 분할하고 값 채우기   [분할] 시트

데이터에 병합된 셀이 있을 때 병합된 셀을 찾은 후 병합을 해제하고 올바른 값을 채워 넣는 것이 가장 일반적인 전처리 방법입니다.

함께 보면 좋은
동영상 강의

1 먼저 병합된 셀을 찾아보겠습니다. [B4] 셀을 선택한 후 Ctrl + A 를 눌러 원본 데이터 전체를 선택하고 Ctrl + F 를 눌러 [찾기 및 바꾸기] 대화상자를 실행합니다. [찾기 및 바꾸기] 대화상자가 나타나면 [옵션]을 클릭합니다.

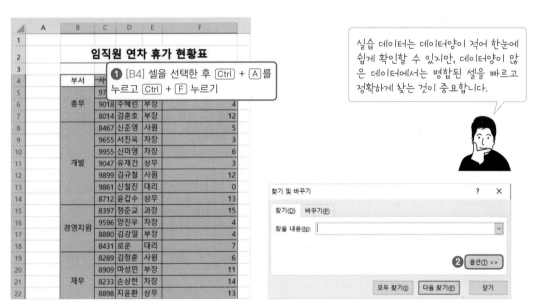

실습 데이터는 데이터양이 적어 한눈에 쉽게 확인할 수 있지만, 데이터양이 많은 데이터에서는 병합된 셀을 빠르고 정확하게 찾는 것이 중요합니다.

2 [찾기 및 바꾸기] 대화상자가 나타나면 [서식]을 클릭합니다. [서식 찾기] 대화상자가 나타나면 [맞춤] 탭의 [셀 병합]을 선택한 후 [확인]을 클릭합니다.

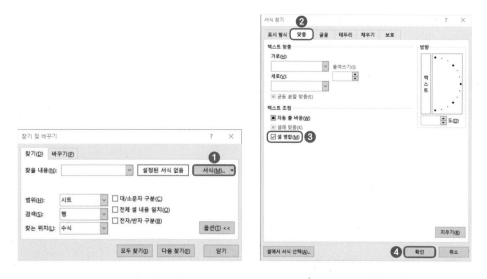

3 [찾기 및 바꾸기] 대화상자에서 [찾을 내용]의 서식 부분이 미리 보기*로 바뀐 것을 확인한 후 [모두 찾기]를 클릭합니다.

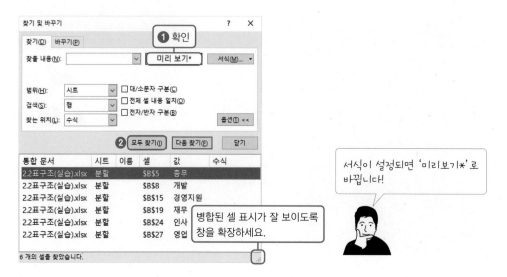

4 찾은 결과 목록 가운데 아무런 값이나 선택한 후 Ctrl + A 를 눌러 모든 결괏값을 선택하고, [닫기]를 클릭합니다.

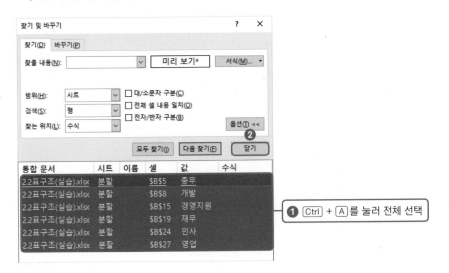

5 병합된 셀이 모두 선택됐습니다. 병합된 셀을 분할해야 하므로 [홈] 탭 → [맞춤] 그룹 → [병합하고 가운데 맞춤]을 선택합니다. 병합된 셀이 모두 분할되고, 값이 각각 첫 번째 셀에 남은 것을 확인할 수 있습니다.

6 이제 빈 셀에 값을 채울 차례입니다. [B5:B30] 셀을 선택한 후 F5 (또는 Ctrl + G)를 눌러 [이동] 대화상자를 실행하고 [옵션]을 클릭합니다. 그런 다음 [이동 옵션] 대화상자에서 [빈 셀]을 선택하고 [확인]을 클릭합니다.

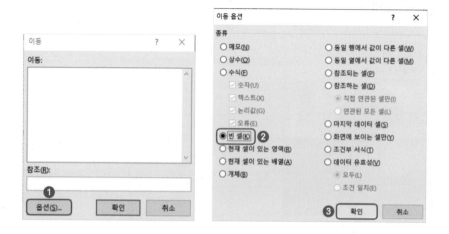

7 [B4:B30] 셀에서 값이 없는 빈 셀만 선택된 것을 확인할 수 있습니다. 이렇게 빈 셀이 일괄 선택된 상태에서 =B5를 입력하고, Ctrl + Enter 를 누릅니다.

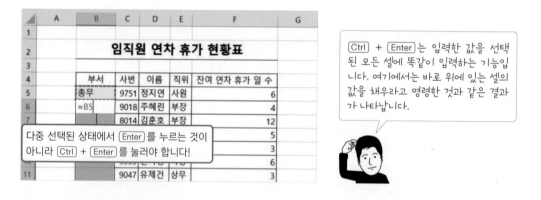

다중 선택된 상태에서 Enter 를 누르는 것이 아니라 Ctrl + Enter 를 눌러야 합니다!

Ctrl + Enter 는 입력한 값을 선택된 모든 셀에 똑같이 입력하는 기능입니다. 여기에서는 바로 위에 있는 셀의 값을 채우라고 명령한 것과 같은 결과가 나타납니다.

8 모든 빈 셀이 채워졌습니다. 즉, [B6] 셀에는 바로 위의 셀인 [B5] 셀의 값으로 채우고, [B7] 셀에는 [B6] 셀의 값으로 채워졌습니다. 병합한 셀을 분할하면 첫 번째 셀에 그 값이 남는다는 규칙을 활용한 것입니다.

	A	B	C	D	E	F	G
1							
2		임직원 연차 휴가 현황표					
3							
4		부서	사번	이름	직위	잔여 연차 휴가 일 수	
5		총무	9751	정지연	사원	6	
6		총무	9018	주혜린	부장	4	
7		총무	8014	김훈호	부장	12	
8		개발	8467	신준영	사원	5	
9		개발	9655	서진욱	차장	3	
10		개발	9955	신미영	차장	6	
11		개발	9047	유제건	상무	3	
12		개발	9899	김규철	사원	12	
13		개발	9861	신철진	대리	0	
14		개발	8712	윤갑수	상무	13	

머리글은 직관적이고 정확하게 중복 없이 사용하기

데이터 표는 다음과 같이 행과 열로 구성되고, 열에는 반드시 머리글이 있어야 합니다.

❶ 열   ❷ 머리글

부서	사번	이름	직위
총무	9751	정지연	사원
총무	9018	주혜린	부장
총무	8014	김훈호	부장
개발	8467	신준영	사원
개발	9655	서진욱	차장
개발	9955	신미영	차장
개발	9047	유제건	상무

❸ 행

❶ 열(filed, column): 관찰하거나 수집한 대상의 데이터 속성을 의미하며, '변수'라고도 합니다.

❷ 머리글(header): 데이터 테이블의 첫 번째 행에 위치하며, 열의 데이터를 설명하는 이름입니다.

❸ 행(row, record): 테이블에서 가로로 묶인 데이터 세트를 의미하며, 관찰 대상의 데이터(값)를 포함합니다. 머리글은 행이라고 하지 않고, 기록된 데이터를 행이라고 합니다.

머리글의 작성 규칙

부서, 사번, 이름, 직위 등 열의 제목을 '머리글'이라고 합니다. 데이터 분석 과정에서 열은 하나의 변수로써 열과 열을 계산·조합하거나 그 관계를 알아볼 때 사용하므로 열의 이름인 머리글은 곧 변수의 이름으로 중요한 역할을 합니다.

데이터 분석에 사용할 표의 머리글은 다음과 같은 몇 가지 작성 규칙을 지켜야 합니다.

순위	① 영화정보		영화 성적		
	② YungHwa	③ O/D	④ 매출	매출	⑤ 영화가 상영된 전국 개봉 극장의 관 수의 합계
1	명량	2014-07-30	135,748,398,910	17,613,682	1,587
2	극한직업	2019-01-23	139,647,979,516	16,264,944	1,978
3	신과함께-죄와 벌	2017-12-20	115,698,654,137	14,410,754	1,912
4	국제시장	2014-12-17	110,913,469,630	14,257,115	966
5	어벤져스: 엔드게임	2019-04-24	122,182,694,160	13,934,592	2,835
6	겨울왕국 2	2019-11-21	114,810,421,450	13,747,792	2,648
7	아바타	2009-12-17	128,447,097,523	13,624,328	912
8	베테랑	2015-08-05	105,168,155,250	13,414,009	1,064
9	괴물	2006-07-27	66,717,700,300	13,019,740	167
10	도둑들	2012-07-25	93,665,568,500	12,983,330	

이렇게 하면 안 됩니다!

규칙 1 **병합 및 중첩하지 않기:** 열 머리글은 항상 열마다 하나씩 있어야 하고, 병합되지 않아야 합니다. 그리고 열 제목도 열마다 하나씩 있어야 하고, 2개 이상 중첩돼서는 안 됩니다.

규칙 2 **영문은 발음대로 표기하지 않기:** 예시에서 'YoungHwa'는 우리말 '영화'를 소리 나는 대로 표기한 것입니다. 그런데 이렇게 하면 의미를 정확히 전달하지 못하고 읽기 어려운 경우도 많으므로 피해야 합니다.

규칙 3 **주관적인 약자 표기하지 않기:** 예시에서 'O/D'는 'Opening Date'를 줄여 표기한 것입니다. 약자는 가능한 한 사용하지 않는 것이 좋으며, 만약 표기해야 한다면 널리 알려진 용어에 한정해야 합니다. 잘 알려지지 않은 약자는 의미가 왜곡되거나 전달되지 않을 수 있기 때문입니다.

규칙 4 **열 머리글은 언제나 고윳값 사용하기:** 데이터 표 전반에 걸쳐 열 제목을 중복해 사용하면 안 됩니다. 그러므로 열 머리글은 그 열을 명확하게 설명할 수 있는 고윳값을 부여해야 합니다.

규칙 5 **머리글은 짧게 사용하기:** 머리글은 낱말을 최대한 적게 사용해 표현하는 것이 좋습니다. 낱말이 많다고 해서 데이터 분석을 할 때 오류를 일으키는 것은 아니지만, 나중에 전체 분석 결과의 레이아웃을 해치는 요소로 작용할 수 있습니다.

잘못된 머리글은 피벗 테이블 생성 시 오류 발생

머리글이 중첩되거나 오류가 있는 원본 데이터로 피벗 테이블을 삽입하면 다음과 같은 오류 화면이 나타납니다. 원본 데이터의 열 머리글은 피벗 테이블에서의 기본 요소이므로 작성 규칙을 반드시 지켜야 합니다.

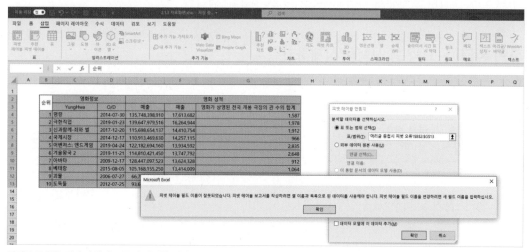

머리글 규칙을 지키지 않아 오류가 발생한 화면

요약 행 삭제하기

보고서에서 표를 사용할 때는 각 열이나 행의 합계나 평균 등 대푯값을 표시하는 것이 일반적입니다. 하지만 데이터 분석에서 사용하는 원본 데이터에는 요약 행이 없어야 합니다.

중간에 요약 행이 들어가면 데이터 분석을 온전하게 할 수 없어요!

앞에서 데이터 분석에 사용하는 원본 데이터는 크로스탭 형태가 아니라 리스트 구조여야 한다고 설명했는데, 리스트 구조의 모든 행은 관측치가 같아야 합니다. 즉, 머리글 바로 아래의 3행부터 31행까지는 같은 유형으로 관측된(수집된) 데이터여야 합니다. 앞에서 본 예제에서 노란색 셀은 각 범위를 합계로 요약한 부분합이고, 초록색 셀은 모든 데이터를 더해 요약한 총합계 행으로, 데이터 분석에서 결과를 왜곡시키는 요소가 됩니다.

하면 된다! } 요약 행 선택해 삭제하기

[요약 행] 시트

요약 행을 삭제해야 데이터 분석을 할 때 원본으로 사용할 수 있습니다. 요약 행을 삭제하는 방법은 다양한데, 여기에서는 [찾기 및 바꾸기]를 활용하는 방법을 소개하겠습니다.

함께 보면 좋은 동영상 강의

1 [B2] 셀을 선택한 후 Ctrl + A를 눌러 표 전체를 선택하고 Ctrl + F를 눌러 [찾기 및 바꾸기]를 실행합니다.

2 [찾을 내용]에 합계를 입력한 후 [모두 찾기]를 클릭합니다. 아래의 [검색 결과] 창에서 첫 번째 행을 선택한 후 Ctrl + A를 누르고 [닫기]를 클릭합니다. '부서 합계', '총합계' 등 '합계'라는 낱말이 들어 있는 셀이 모두 선택된 것을 확인합니다.

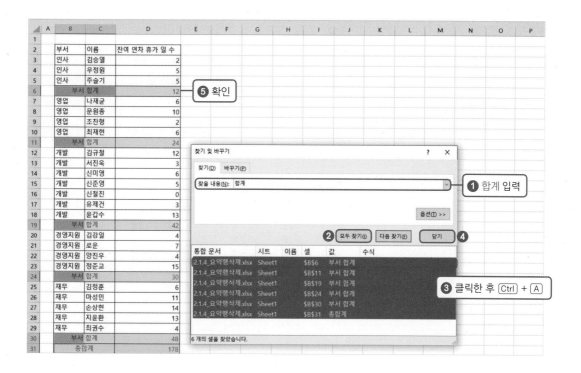

③ [홈] 탭 → [셀] 그룹 → [삭제] 아래의 [더 보기 ▾]를 선택한 후 [시트 행 삭제]를 클릭합니다. 모든 요약 행이 삭제되고, 데이터 분석에 사용할 수 있는 리스트 형태의 데이터 표가 만들어졌습니다.

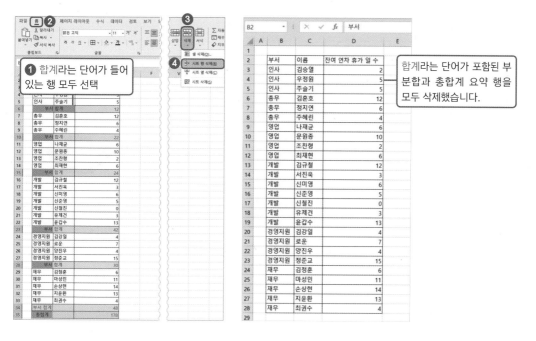

비어 있는 셀 채우기 — 결측치 제거

데이터가 있어야 할 위치에 데이터가 없는 경우를 **결측치**(missing value)라고 합니다. 결측치는 '공백값'이라고도 하는데, 결측치가 생기는 원인은 데이터베이스 시스템 오류 또는 조작한 사람의 실수일 수도 있고, 측정하지 못해 비었을 수도 있습니다. 여기서 주의해야 할 점은 '0'은 결측치가 아니라는 것입니다. '0'은 그 자체로 데이터이므로 데이터가 없는 것과는 전혀 다른 상황입니다. 여기서는 어떠한 데이터도 없이 셀이 공백인 경우를 의미합니다.

부서	이름	잔여 연차 휴가 일 수		부서	이름	잔여 연차 휴가 일 수
개발	김규철	10		개발	김규철	10
개발	서진욱	5		개발	서진욱	5
개발	신미영	5		개발	신미영	5
개발	신준영	0		개발	신준영	
개발	신철진	0		개발	신철진	
개발	유제건	5		개발	유제건	5
개발	윤갑수	5		개발	윤갑수	5
평균 잔여 휴가 일 수				평균 잔여 휴가 일 수		

결측치 아님: '0'이라는 데이터가 있는 셀 / 결측치임: 비어 있는 셀

결측치는 분석 과정에서 문제를 일으킬 가능성이 큰데, 대표적인 예로는 연산 오류를 들 수 있습니다. 다음은 개발 부서 직원의 잔여 연차 휴가 일 수 평균을 AVERAGE 함수로 구한 결과입니다.

데이터는 같은데, 평균값이 왜 다르게 계산됐을까요? 그 이유는 결측치 때문입니다. 왼쪽 표는 4.28로 계산됐고, 오른쪽 표는 6으로 계산됐습니다.

AVERAGE 함수는 산술 평균(모든 수를 더한 후 수의 개수로 나눠 구하는 평균법)을 사용하는데, 왼쪽 표는 0이라는 데이터가 있는 셀을 포함한 것이고, 오른쪽 표는 공백인 셀을 제외했기 때문에 결과가 달라진 것입니다.

결측치를 어떻게 처리할 것인지는 데이터마다 다르고 정답이 없습니다. 대표적인 방법은 결측치를 특정 값으로 채우거나 삭제하는 것입니다. 어떤 방법으로 처리하든 먼저 익혀야 할 중요한 기능은 '모든 결측치를 선택'하는 방법입니다. 그 이후에 어떤 값으로 채우거나 삭제하는 것은 어렵지 않습니다. 여기서는 [이동 옵션]을 이용해 빈 셀을 선택하고, 0으로 채우는 방법을 소개하겠습니다.

하면 된다! 〉 빈 셀(결측치) 찾아 채우기

[결측치] 시트

1 먼저 결측치를 찾을 데이터의 범위를 선택해야 합니다. [F2] 셀을 선택한 후 Ctrl + A 를 누릅니다. [홈] 탭 → [편집] 그룹 → [찾기 및 선택]을 누른 후 [이동 옵션]을 선택하세요.

함께 보면 좋은
동영상 강의

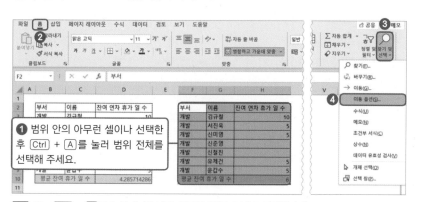

❶ 범위 안의 아무런 셀이나 선택한 후 Ctrl + A 를 눌러 범위 전체를 선택해 주세요.

F5 또는 Ctrl + G 를 누른 후 [옵션]을 클릭해 [이동 옵션]을 선택합니다.

2 [이동 옵션] 대화상자에서 [빈 셀]을 선택한 후 [확인]을 클릭합니다. 범위에서 빈 셀만 선택됐습니다.

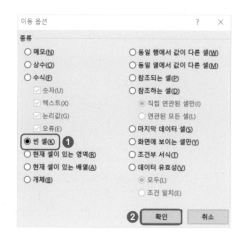

3 이 상태에서 0을 입력한 후 Ctrl + Enter 를 누릅니다. 빈 셀에 0이 채워진 것을 확인할 수 있습니다.

다중 선택된 상태에서는 Ctrl + Enter 를 눌러야 모두 채워집니다.

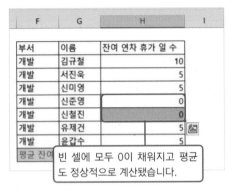

빈 셀에 모두 0이 채워지고 평균도 정상적으로 계산됐습니다.

중복 값 제거하기

속성에 따라 같은 데이터가 2개 이상 있으면 안 되는 열도 있고, 같은 데이터가 있을 수밖에 없는 열도 있습니다. 오른쪽 화면에서 [A] 열은 사내 직원을 식별할 수 있는 [직원 ID] 열로, 중복 값이 있으면 안 됩니다. 하지만 부서, 연령, 성별 등은 직원들끼리 같을 수 있으므로 당연히 중복 값이 있을 수 있습니다.

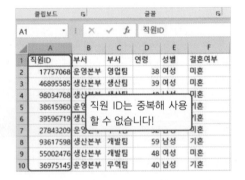

직원 ID는 중복해 사용할 수 없습니다!

중복 값을 찾는 방법

[A] 열에서 직원 ID의 중복 값이 있으면 안 된다는 것을 알았으므로 중복 값이 있는지 확인해야 합니다. 중복 값을 찾는 2가지 방법을 알아보겠습니다.

> **방법 1** 조건부 서식을 활용해 중복 값 표시하기
> **방법 2** COUNTIF 함수를 활용해 중복 개수 확인하기

하면 된다! ⑤ 조건부 서식을 활용해 중복 값 표시하기

[중복값 1] 시트

1 [A2:A20] 셀을 선택한 후 [홈] 탭 → [스타일] 그룹 → [조건부 서식] → [셀 강조 규칙] → [중복 값]을 선택합니다.

함께 보면 좋은
동영상 강의

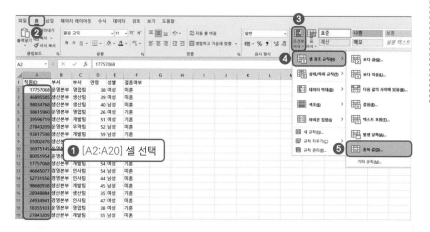

2 [중복 값] 대화상자에서 [확인]을 클릭하면 중복한 값이 표시됩니다. 중복 값에 적용할 기본 서식은 '진한 빨강 텍스트가 있는 연한 빨강 채우기'인데, 이 값은 기호에 따라 변경할 수 있습니다.

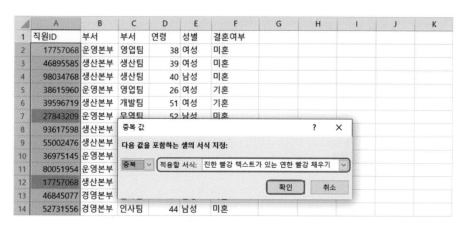

3 직원 ID가 같은 셀 4개에 조건부 서식이 적용된 것을 확인할 수 있습니다. 이 서식이 적용된 데이터만 보고 싶다면 필터 기능을 사용하면 됩니다. 현재 데이터세트 안의 아무 곳이나 선택한 후 [홈] 탭 → [편집] 그룹 → [정렬 및 필터] → [필터]를 선택해 데이터세트에 필터를 적용합니다.

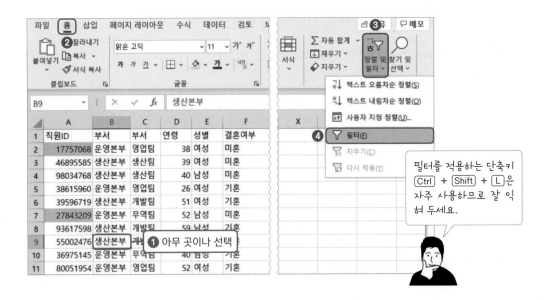

4 1행에 필터가 적용된 것을 확인할 수 있습니다. [A1]의 [필터 ▼]를 클릭한 후 [색 기준 필터]를 선택하고 [셀 색 기준 필터]에서 조건부 서식으로 지정한 [연한 빨강색]을 선택합니다. [글꼴 색 기준 필터]에서 [진한 빨강색]을 선택해도 결과는 같습니다.

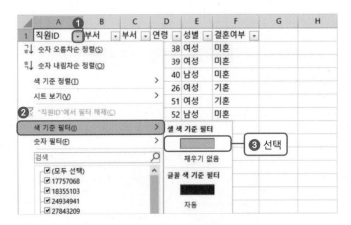

5 중복 값인 데이터만 남았습니다. 직원 ID가 17757068, 27843209인 직원에게 중복 값이 각각 하나씩 있습니다. 이후에는 상황에 따라 중복 값을 수정하거나 데이터를 삭제하면 됩니다.

하면 된다! ┣ COUNTIF 함수를 활용해 중복 개수 확인하기

[중복값2] 시트

이번에는 단순히 중복인지 아닌지를 찾는 것을 넘어 COUNTIF 함수를 이용해 몇 개가 중복됐는지 알아보겠습니다.

함께 보면 좋은
동영상 강의

1 [A] 열과 [B] 열 사이에 새로운 열을 삽입하겠습니다. [B] 열의 머리글을 마우스 오른쪽 버튼으로 누른 후 [삽입]을 선택합니다.

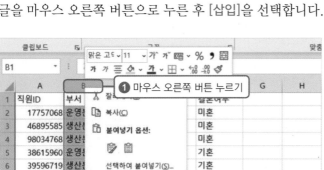

2 [A] 열과 [B] 열 사이에 새로운 열이 삽입됐습니다. [B1] 셀에는 중복 개수, [B2] 셀에는 =COUNTIF($A$2:$A$20,A2)를 입력하고 Enter 를 누릅니다.

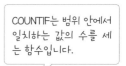

COUNTIF는 범위 안에서 일치하는 값의 수를 세는 함수입니다.

3 결과가 2라고 나타난 [B2] 셀의 오른쪽 아래 모서리를 더블클릭해 [B2:B20] 셀에 모두 같은 함수를 채웁니다.

4 셀 범위 [B2:B20] 셀에 1 또는 2가 채워졌습니다. 이 숫자는 바로 옆 [A] 열의 데이터가 [A2:A20] 셀에서 몇 개 있는지를 나타낸 것으로, 1은 범위 안에 1개의 값, 즉 고윳값이라는 것을 의미하고, 2 이상의 값은 중복된 셀이 있다는 것을 의미합니다.

	A	B	C	D	E	F	G	H
1	직원ID	중복 개수	부서	부서	연령	성별	결혼여부	
2	17757068	2	운영본부	영업팀	38	여성	미혼	
3	46895585	1	생산본부	생산팀	39	여성	미혼	
4	98034768	1	생산본부	생산팀	40	남성	미혼	
5	38615960	1	운영본부	영업팀	26	여성	기혼	
6	39596719	1	생 1은 고윳값, 2는 중복 값을 의미					
7	27843209	2	운영본부	무역팀	52	남성	미혼	
8	93617598	1	생산본부	개발팀	59	남성	기혼	
9	55002476	1	생산본부	개발팀	48	여성	미혼	
10	36975145	1	운영본부	무역팀	40	남성	기혼	

5 [B1]의 [필터 ▼]를 클릭하고 2만 선택하면 중복 값이 2개인 데이터만 남습니다. 어느 데이터가 중복됐는지 아는 것도 중요하지만, 몇 개씩 중복됐는지를 확인하는 것도 쓰임새가 매우 많으므로 익혀 두는 것이 좋습니다.

	A	B	C	D	E	F	G	H
1	직원ID	중복 개수	부서	부서	연령	성별	결혼여부	
2	17757068	2	운영본부	영업팀	38	여성	미혼	
7	27843209	2	운영본부	무역팀	52	남성	미혼	
12	17757068	2	생산본부	개발팀	54	여성	기혼	
19	27843209	2	생산본부	개발팀	55	남성	미혼	
21								
22								

02-3 엑셀 표 활용하기

• 실습 파일 2.3엑셀표(실습).xlsx   • 완성 파일 2.3엑셀표(완성).xlsx

지금까지 엑셀의 다양한 전처리 기법을 소개했습니다. 이러한 개념과 기법은 데이터 작업에서 기본인 만큼 앞으로 실무에서 자연스럽게 익힐 수 있으므로 외우려고 노력하지 않아도 됩니다. 그런데 이 기본 규칙을 일일이 신경 쓰지 않아도 상당 부분 자동으로 적용되는 멋진 기능이 있습니다. 바로 '표'입니다. "엑셀이 표인데 그게 무슨 소리야?"라고 질문할 수 있는데, 엑셀은 사실 표가 아니라 무수히 많은 셀의 집합입니다.

	A	B	C	D	E	F	G
1	부서	사번	이름	직위			
2	총무	9751	정지연	사원			
3	총무	9018	주혜린	부장			
4	총무	8014	김훈호	부장			
5	개발	8467	신준영	사원			
6	개발	9655	서진욱	차장			
7	개발	9955	신미영	차장			
8	개발	9047	유제건	상무			
9							

이것은 표가 아니라 데이터가 입력된 셀들이 사각형으로 모여 있는 '범위'입니다.

위 데이터는 행과 열에 데이터가 입력돼 일정한 구조를 갖추고 있지만, [A1] 셀부터 [D8] 셀까지의 범위입니다. 이것을 '표'라는 하나의 개체로 만들어 사용하면, 데이터 분석을 위한 기본 규칙을 적용하고 다양한 기능을 추가해 활용할 수 있습니다.

엑셀 표 만들기

엑셀 표는 범위를 표로 변환해 만듭니다. 즉, 내가 정하는 시작 셀부터 끝 셀까지를 지정해 표로 만드는 개념입니다. 이렇게 만들어진 표는 그 표 자체가 마치 도형이나 그림처럼 하나의 '개체'라는 것에 유의해야 합니다.

하면 된다! } 엑셀 표 만들고 특징 살펴보기

1 표 만들기

[B3] 셀을 선택한 후 [삽입] 탭 → [표] 그룹 → [표]를 선택합니다. [표 만들기] 대화상자에서 표에 사용할 데이터 범위가 전체 범위인 [$B$3:$P$291]로 돼 있고, [머리글 포함]이 체크 표시돼 있는지 확인한 후 [확인]을 클릭합니다.

함께 보면 좋은 동영상 강의

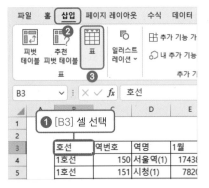

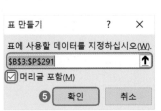

표 만들기의 단축키는 Ctrl + T입니다.

2 스타일 적용하기

표가 만들어졌습니다. 표 만드는 방법은 이것으로 끝입니다. 허무할 정도로 쉽죠? 이제부터 표의 주요 기능을 살펴보겠습니다.

표를 삽입하면 맨 먼저 데이터에 기본 스타일이 적용됩니다. 스타일 덕분에 어디서부터 어디까지 표로 만들어졌는지 직관적으로 알 수 있습니다.

화면 상단에 [표 디자인]이라는 탭이 새로 생겼습니다. [표 디자인] 탭 → [표 스타일] 그룹에서 스타일을 선택해 변경할 수 있습니다.

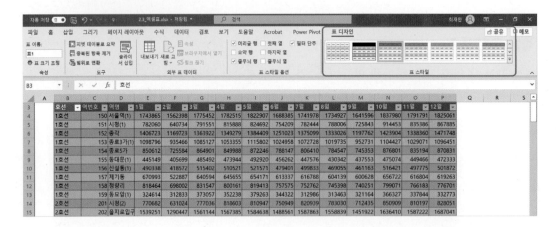

③ 표 이름 정하기

[테이블 디자인] 탭 → [속성] 그룹 → [표 이름:] 항목에 '표1'이라고 돼 있는데, 이것이 바로 삽입된 표의 이름입니다. 이 표는 앞으로 [B3:B291]이라는 주소 대신 [표1]이라는 이름으로 부를 수 있고, 엑셀 통합 문서의 어디에 있더라도 [표1]이라는 이름으로 찾아갈 수 있습니다.
표 이름을 변경하려면 [표1] 부분을 선택한 후 변경할 이름을 입력하면 됩니다. [표1]을 선택해 지하철로 변경해 보겠습니다.

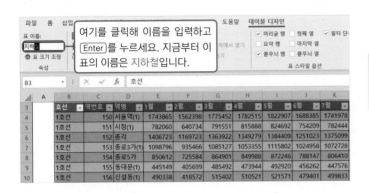

> 여기를 클릭해 이름을 입력하고 Enter 를 누르세요. 지금부터 이 표의 이름은 지하철입니다.

> 표의 이름을 바꿀 때 지켜야 하는 5가지 규칙은 80쪽의 [최반장의 꿀팁] 코너를 참조하세요!

④ 필터 자동 생성

표를 생성하면 필터가 자동으로 생성된다는 점이 눈에 띕니다. 그런데 일반적인 엑셀의 범위에 적용된 표와 다른 점이 하나 있습니다. 표 안의 아무 곳에서나 Ctrl + ↓ 를 눌러 표의 맨 아래로 내려가 보세요. 스크롤하더라도 표의 머리글이 사라지지 않고, 엑셀의 열 머리글이 표의 머리글로 배치되며 필터도 그대로 보존되는 것을 확인할 수 있습니다.

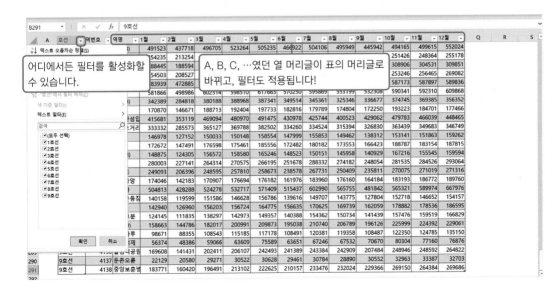

> 어디에서든 필터를 활성화할 수 있습니다.

> A, B, C, …였던 열 머리글이 표의 머리글로 바뀌고, 필터도 적용됩니다!

5 데이터를 자동으로 추가

맨 아래에 데이터를 1개 추가해 보겠습니다. [B292] 셀에 10호선을 입력한 후 [Enter]를 누릅니다. 표가 292행까지 자동으로 확장된 것을 확인할 수 있습니다. 표에 인접한 행 또는 열에 데이터를 추가하면 표는 자동으로 그 행 또는 열까지 범위를 확장시킵니다. 이는 표의 매우 중요한 기능으로, 데이터를 일별, 부서별, 거래처별로 계속 추가해야 하는 유형의 작업을 할 때 확장성을 담보해 줄 수 있으므로 알아 두는 것이 좋습니다.

281	9호선	4128	삼성중앙	174046	142183	170907	176694	176182	161976	183960	176160	164184	183193	186772	189760
282	9호선	4129	봉은사	504813	428288	524278	532717	571409	515437	602990	565755	481842	565321	589974	667976
283	9호선	4130	종합운동장	140158	119599	151586	146628	156786	139616	149707	143775	127804	152718	146652	154157
284	9호선	4131	삼전	142940	126960	156203	156724	164775	156635	170625	169739	162059	178882	178536	186595
285	9호선	4132	석촌고분	124145	111835	138297	142973	149357	140388	154362	150734	141439	157476	159519	166829
286	9호선	4133	석촌(9)	158663	144786	182017	200991	209873	195038	210740	206789	196126	225999	224392	229061
287	9호선	4134	송파나루	98671	88355	108543	115185	117178	108491	120381	119358	108487	122350	124785	135150
288	9호선	4135	한성백제	56374	48386	59066	63609	75589	63651	67246	67532	70670	80304	77160	76876
289	9호선	4136	올림픽공원	169608	141431	202411	206107	242493	241389	243384	242909	207484	248946	248592	264822
290	9호선	4137	둔촌오륜	22129	20580	29271	30522	30628	29461	30784	28890	30552	32963	33387	32703
291	9호선	4138	중앙보훈병	183771	160420	196491	213102	222625	210157	233476	232024	229366	269150	264384	269686
292	10호선														
293															
294															

6 열 추가하기

이번에는 열을 추가해 보겠습니다. [Q3] 셀에 평균 승차 인원을 입력한 후 [Enter]를 누르세요. 앞에서 행을 추가했을 때와 마찬가지로 열이 추가되고, 표에 포함되는 것을 확인할 수 있습니다.

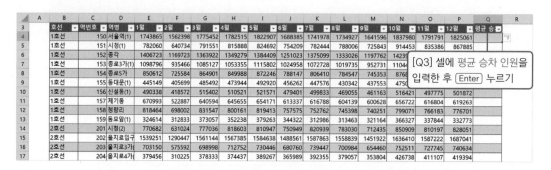

7 하나의 열에 같은 유형의 데이터 추가하기

월별 승차 인원의 평균을 구해 보겠습니다. [Q4] 셀에 =AVERAGE(E4:P4)를 입력한 후 [Enter]를 누르세요. 입력한 [Q4] 셀뿐만 아니라 [평균 승차 인원] 열 전체에 함수가 자동으로 채워집니다. 같은 열의 데이터는 같은 유형이어야 한다는 작성 규칙을 구현하는 기능입니다.

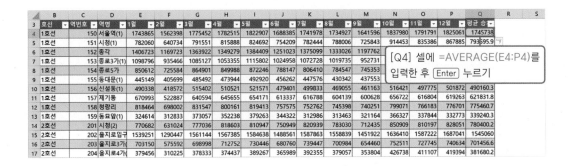

[Q4] 셀에 =AVERAGE(E4:P4)를 입력한 후 Enter 누르기

8 중복된 머리글 사용하지 않기

[R3] 셀을 선택한 후 역명을 입력하고 Enter 를 누르세요. 역명을 입력했지만, 역명2라고 자동으로 변환됐습니다. 머리글은 언제나 중복될 수 없고, 고윳값이어야 한다는 규칙이 적용된 것입니다.

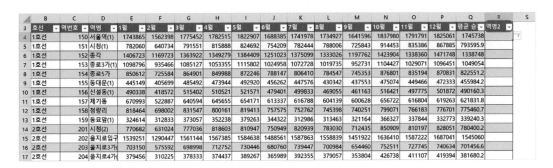

엑셀 표를 다시 범위로 변환하기

엑셀 표를 모르는 동료와 협업할 때는 범위로 다시 변환해 파일을 공유해야 혼란을 줄일 수 있습니다. 엑셀 표를 다시 범위로 변환하기 위해서는 표를 선택한 상태에서 [표 디자인] 탭 → [도구] 그룹 → [범위로 변환]을 선택하면 "표를 정상 범위로 변환하시겠습니까?"라는 메시지 창이 나타납니다. [예]를 클릭하면 범위로 변환됩니다.

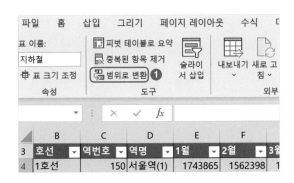

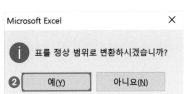

표를 다시 범위로 변환시켜도 스타일은 그대로 남아 있습니다. 다만, 열 머리글의 필터가 사라지고, 엑셀 표에서만 볼 수 있었던 [테이블 디자인] 탭이 사라진 것을 확인할 수 있습니다.

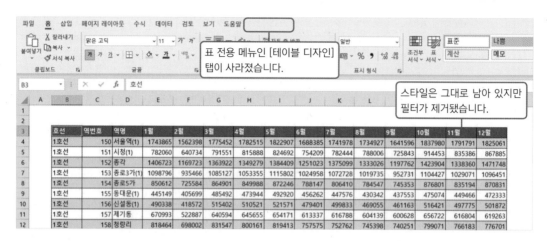

 **표의 이름을 바꿀 때 지켜야 하는 5가지 규칙**

엑셀에서 표의 이름을 바꿀 때는 몇 가지 제한 사항이 있습니다. 이 규칙을 벗어나면 오류가 발생하고, 표의 이름이 바뀌지 않습니다. 따라서 표의 이름을 바꿀 때는 다음 5가지 규칙을 반드시 지켜야 합니다.

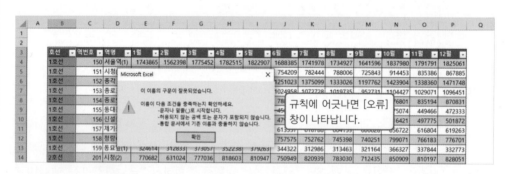

규칙 1 문자, 밑줄(_) 또는 백슬래시(\)로 이름을 시작할 수 있고, 나머지 부분에는 문자, 숫자, 마침표, 밑줄을 사용할 수 있습니다. 단, 숫자로 시작할 수 없습니다.

규칙 2 셀 참조를 사용할 수 없습니다. 즉, 엑셀의 특정 셀을 참조하는 셀 주소를 입력할 수 없습니다.

규칙 3 Spacebar 등을 활용한 공백을 둘 수 없습니다. 단어 간의 구분이 필요할 때는 밑줄(_)이나 마침표(.)를 사용하는 것이 좋습니다.

규칙 4 문자는 최대 255개까지 사용할 수 있습니다. 하지만 너무 긴 이름은 사용하기에 불편하겠죠?

규칙 5 고유한 이름만 사용할 수 있습니다. 즉, 같은 통합 문서 안에서 이름이 같은 표는 있을 수 없습니다. 이 규칙은 작업이 복잡해질수록 중요합니다.

 **최반장의 꿀팁!** 엑셀 데이터 분석을 위한 필수 전처리 체크리스트

1. 데이터 형식 올바르게 사용하기
   - ☐ 숫자는 숫자 형식으로, 텍스트는 텍스트 형식으로 정확하게 사용하기
   - ☐ 날짜는 날짜 데이터 형식으로 정확하게 사용하기
   - ☐ 하나의 '셀'에는 하나의 '데이터 형식'만 사용하기
   - ☐ 같은 열의 데이터는 하나의 데이터 형식으로 통일하기

2. 분석할 수 있는 표 구조 만들기
   - ☐ 리스트 형태로 만들기
   - ☐ 병합된 셀 분할하기
   - ☐ 머리글은 직관적이고 정확하게 중복 없이 사용하기
   - ☐ 요약 행 삭제하기
   - ☐ 비어 있는 셀 채우기
   - ☐ 중복 값 제거하기

3. 엑셀 표 활용하기
   - ☐ 엑셀 표를 만들어 원본 데이터로 활용하기

지금까지 엑셀 데이터 분석을 할 때 원본 데이터에서 반드시 확인해야 하는 사항과 처리 방법을 살펴봤습니다. 실무에서는 여기에 소개한 것보다 훨씬 다양하고 복잡한 상황에 부딪힐 수 있는데, 그때마다 무엇을 어떻게 전처리해야 할지 막막할 수도 있습니다.

바로 위에서 소개한 '엑셀 데이터 분석을 위한 필수 전처리 체크리스트'는 가장 많이 발생하는 상황입니다. 어떤 데이터를 마주해도 이 10가지 내용을 확인해 보고 대응하면 데이터를 정확하고 빠르게 분석할 수 있을 것입니다.

데이터 분석을 위한 준비를 마쳤으므로 본격적으로 피벗 테이블을 활용한 데이터 분석 방법을 알아보겠습니다.

데이터 분석 시작

피벗 테이블을 이용한 데이터 분석 과정은 공식처럼 정해진 것은 없지만 보통은 삽입, 구성, 값 필드 설정, 레이아웃 설정, 데이터 시각화의 순서로 진행합니다.

하지만 이 과정은 순서대로 진행되기 보다는 단계를 건너 뛰거나 다시 앞 단계로 돌아가는 행위를 반복하는데 이것은 지극히 정상적인 절차입니다. 이 반복 과정을 통해서 목표나 문제의 해결을 위한 인사이트를 얻을 수 있습니다.

3장부터 본격적으로 피벗 테이블을 삽입해 데이터를 분석하는 방법을 학습하겠습니다.

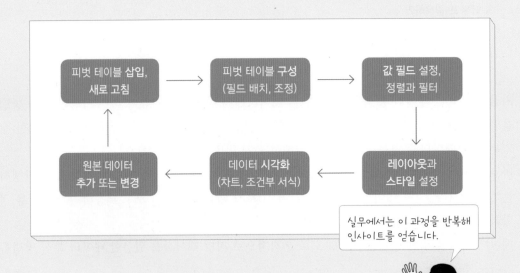

03-1 피벗 테이블 만들기

• 실습 파일 3.1 피벗 테이블 만들기(실습).xlsx   • 완성 파일 3.1 피벗 테이블 만들기(완성).xlsx

피벗 테이블은 무엇인가요?

피벗은 영어로 'pivot'이고, '회전시키다.', '바꾸다.'라는 뜻을 지닌 단어입니다. 엑셀의 '피벗 테이블'을 정의하면 원본 데이터를 직접 변형하는 것이 아니라 '원본 데이터를 불러와 변형된 테이블을 엑셀 통합 문서에 삽입'하는 데이터 분석 보고서라고 할 수 있습니다.

피벗 테이블은 두 과정을 통해 쉽게 만들 수 있습니다. 먼저 [피벗 테이블 만들기]로 분석할 원본 데이터와 피벗 테이블 보고서를 넣을 위치를 선택합니다. 그리고 '필드 목록'으로 원본 데이터의 필드를 피벗 테이블 영역에 배치하면 피벗 테이블이 완성됩니다. 이 과정을 하나씩 알아보겠습니다.

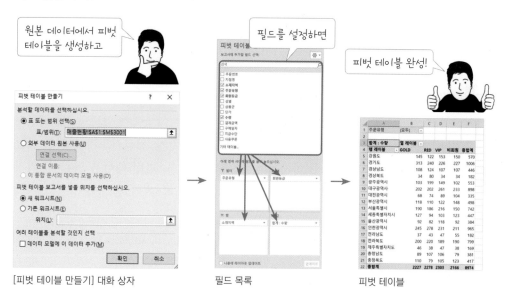

[피벗 테이블 만들기] 대화 상자　　　　　필드 목록　　　　　피벗 테이블

피벗 테이블 만들기 메뉴 살펴보기

피벗 테이블을 삽입하려면 [피벗 테이블 만들기] 기능을 이용해야 합니다. [피벗 테이블 만들기] 기능을 실행하면 팝업 창이 나타나는데, 여기에서 설정하는 3가지만 정확히 알아도 피벗 테이블의 절반을 이해했다고 할 수 있습니다. 3가지 메뉴를 자세히 알아보겠습니다.

메뉴 ❶ 분석할 데이터 선택하기

원본 데이터에서 셀을 1개 선택한 후 [피벗 테이블 삽입]을 선택하면 다음 창이 나타납니다. 선택한 셀과 인접해 있는 여러 셀을 분석할 데이터 표로 인식해 범위가 자동으로 선택됩니다. 분석할 데이터의 유형은 다음 3가지 중에서 선택할 수 있습니다.

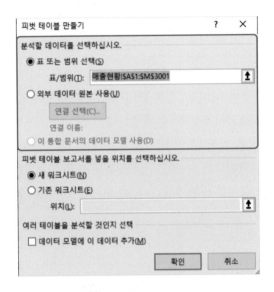

• **표 또는 범위 선택**
현재 엑셀 파일에 있는 표의 이름을 직접 입력하거나 참조할 범위를 설정합니다. 보통 피벗 테이블을 만들 때는 이 유형만 사용합니다.

• **외부 데이터 원본 사용**
현재 엑셀 파일에 있는 데이터가 아니라 외부 데이터를 연결해 피벗 테이블 보고서를 만들 때 사용합니다. 여기서 외부 데이터는 다른 엑셀 파일이나 텍스트 파일뿐만 아니라 Microsoft SQL Server, Oracle, Microsoft Access와 같은 관계형 데이터베이스도 데이터 원본으로 선택해 가져올 수 있습니다.

• **이 통합 문서의 데이터 모델 사용**
2개 이상의 데이터로 관계를 설정해 만든 데이터 모델로, 피벗 테이블을 만들 때 선택합니다. 이 책에서는 이 내용을 자세히 다루지 않습니다.

메뉴 ❷ 피벗 테이블 보고서를 넣을 위치 지정하기

분석할 데이터를 선택했다면 이제 피벗 테이블을 삽입할 위치를 선택해야 합니다. 새 워크시트에 삽입하거나 기존 워크시트에 삽입할 수 있는데, 기본값으로 새 워크시트가 선택돼 있습니다. 원본 데이터는 보고서와 같이 배치하지 않는 게 원칙입니다. 피벗 테이블 역시 이 원칙을 따르는 것을 기본값으로 설정하고 있습니다.

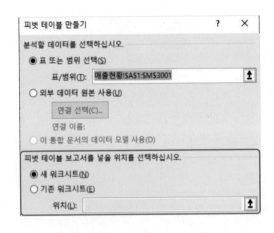

• **새 워크시트**
새로운 시트가 추가되고, 이 시트의 [A3:C20] 셀에 피벗 테이블의 영역이 생성됩니다.

• **기존 워크시트**
엑셀 파일의 특정 위치를 피벗 테이블이 삽입될 위치로 선택할 수 있습니다.

메뉴 ❸ 여러 테이블을 분석할 것인지 선택하기

피벗 테이블은 여러 개의 원본 데이터로 만들 수 있습니다. 이때 테이블끼리 관계를 설정해 데이터 모델링이라는 과정을 거쳐야 하는데, 이 내용은 방대한 분량이고 이 책의 범위를 벗어나므로 생략하겠습니다. 일단 체크 표시를 하지 마세요.

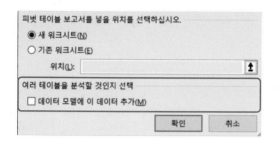

하면 된다! } 새로운 피벗 테이블 만들기

[매출현황] 시트

1 피벗 테이블을 만드는 첫 번째 순서는 '분석할 원본 데이터의 선택'입니다. 예제 데이터에서 [A1] 셀을 선택한 채 [삽입] 탭 → [표] 그룹 → [피벗 테이블]을 선택하면 [피벗 테이블 만들기] 대화상자가 나타납니다. 분석할 데이터의 범위는 자동으로 선택됩니다. 매출현황!$A$1:$M$3001인지 확인합니다. 피벗 테이블 보고서를 넣을 위치가 [새 워크시트]로 선택돼 있는지 확인한 후 [확인]을 클릭합니다.

함께 보면 좋은
동영상 강의

03 · 데이터 분석 시작 **85**

2 새 시트 [Sheet1]에 피벗 테이블 영역이 생깁니다. 아직은 아무것도 없어 보이지만, 이후 실습을 통해 피벗 테이블을 배워 볼게요!

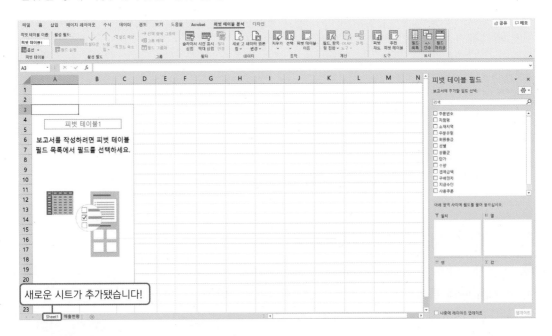

하면 된다! 〉 [추천 피벗 테이블]로 단번에 피벗 테이블 만들기

[매출현황] 시트

피벗 테이블을 만들 수 있는 가장 쉬운 방법은 바로 [추천 피벗 테이블] 도구를 이용하는 것입니다. 이 도구는 선택한 원본 데이터의 구성과 내용에 근거해 엑셀이 적합한 피벗 테이블을 추천해 주는 기능입니다. 피벗 테이블의 기능이 익숙해지면 거의 사용하지 않겠지만, 처음 학습할 때는 참고하는 것이 좋습니다.

함께 보면 좋은
동영상 강의

1 다시 [매출현황] 시트로 돌아가 예제 데이터에서 [A1] 셀을 선택한 후 [삽입] 탭 → [표] 그룹 → [추천 피벗 테이블]을 선택하세요.

② 이번에는 [권장 피벗 테이블] 대화상자가 나타납니다. 데이터 분석에 적합한 레이아웃을 선택한 후 [확인]을 클릭하면 새로운 시트에 피벗 테이블이 만들어집니다.

피벗 테이블의 3가지 영역 살펴보기

피벗 테이블을 삽입하면 ❶ 피벗 테이블 영역 삽입, ❷ 메뉴에서 [피벗 테이블 분석] 탭과 [디자인] 탭 그리고 ❸ 필드 목록 영역이 활성화됩니다.
이 3가지 요소는 앞으로 학습할 모든 피벗 테이블 기능의 시작이자 기본이 되는 중요한 요소입니다. 하나씩 자세히 살펴보겠습니다.

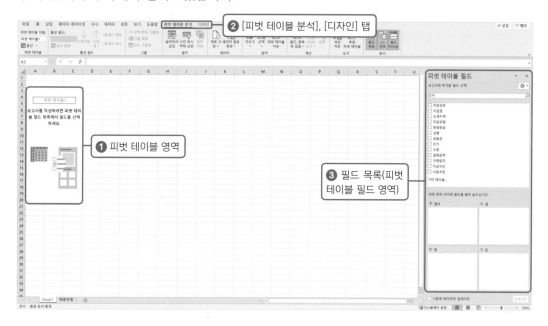

❶ 피벗 테이블 영역

피벗 테이블 영역은 말 그대로 피벗 테이블이 만들어질 공간입니다. 아무리 작은 피벗 테이블을 만든다고 해도 처음 삽입할 때는 무조건 가로 3칸, 세로 18칸(3×18)의 범위가 필요합니다.

❷ [피벗 테이블 분석], [디자인] 탭

피벗 테이블 영역을 선택하면 기존에 없던 [피벗 테이블 분석] 탭과 [디자인] 탭이 나타납니다. 피벗 테이블을 위한 전용 메뉴입니다. 이 메뉴는 피벗 테이블 영역 중 아무 곳이나 선택하면 나타나고, 피벗 테이블 영역 바깥의 아무 곳이나 선택하면 사라집니다.

❸ 필드 목록(피벗 테이블 필드 영역)

필드 목록은 피벗 테이블 또는 피벗 테이블 영역을 선택하면 나타나고, 다른 곳을 선택하면 사라집니다. 필드 목록의 위쪽을 '필드 구역', 아래쪽을 '영역 구역'이라고 합니다.

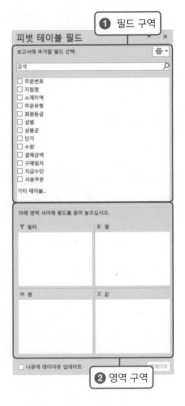

❶ 필드 구역
원본 데이터 필드(열 제목)의 목록을 보여 줍니다. 피벗 테이블을 구성하는 요소인 필드를 영역 구역의 해당 영역에 배치하면 피벗 테이블이 만들어집니다. 필드 왼쪽에 있는 체크 박스를 클릭해 체크 표시하거나 필드를 선택해 아래쪽 해당 영역 구역으로 드래그해 갖다 놓는 방법으로 배치할 수 있습니다.

❷ 영역 구역
피벗 테이블의 레이아웃을 구성하는 곳으로, [필터], [열], [행], [값]의 4개 영역이 있습니다.

3가지 영역 중 기본으로 다뤄야 할 영역이 바로 '필드 목록'입니다. [필터], [열], [행], [값] 영역에 어떤 필드를 넣는지에 따라 결과가 달라지기 때문입니다. 필드 목록을 어떻게 다뤄야 하는지 살펴보겠습니다.

필드 목록 숨기기

필드 목록은 필요에 따라 숨길 수 있습니다. 필드 목록을 숨기는 방법은 2가지인데, 첫 번째는 필드 목록 우측 상단의 ✕ 버튼을 누르는 것이고, 두 번째는 [피벗 테이블 분석] 탭 → [표시] 그룹 → [필드목록]을 클릭하는 것입니다.
숨겨진 필드 목록을 다시 나타나게 하려면 [피벗 테이블 분석] 탭 → [표시] 그룹 → [필드 목록]을 클릭하면 됩니다.

파일 이름에 대괄호를 넣지 마세요!

엑셀 파일 이름에 대괄호([,])가 포함된 상태에서 피벗 테이블을 만들면 "데이터 원본 참조가 잘못되었습니다"라는 오류 메시지가 나타나면서 피벗 테이블을 만들 수 없습니다. 만약 피벗 테이블을 만들려는 파일에서 이러한 오류가 발생한다면, 파일 이름을 바꾼 후 피벗 테이블을 만드세요.

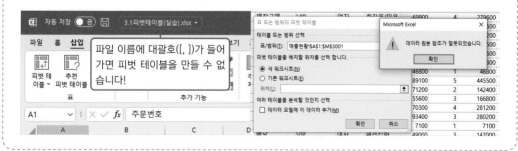

03-2 필드 목록 자유자재로 조작하기

• 실습 파일 3.2필드목록(실습).xlsx   • 완성 파일 3.2필드목록(완성).xlsx

피벗 테이블을 삽입하면 엑셀 창의 오른쪽에 필드 목록이 나타납니다. 이 필드 목록의 윗부분에 목록으로 표시된 필드(원본 데이터의 열)를 아래 부분의 영역 구역에 배치해 피벗 테이블을 구성할 수 있습니다.

다음은 필드 목록 영역이 피벗 테이블에 어떻게 반영되는지를 설명한 그림입니다. 피벗 테이블 필드 목록은 제어판처럼 피벗 테이블을 구성하거나 제어하는 매우 중요한 요소입니다. 따라서 명확히 이해할 때까지 반복해 사용하기 바랍니다.

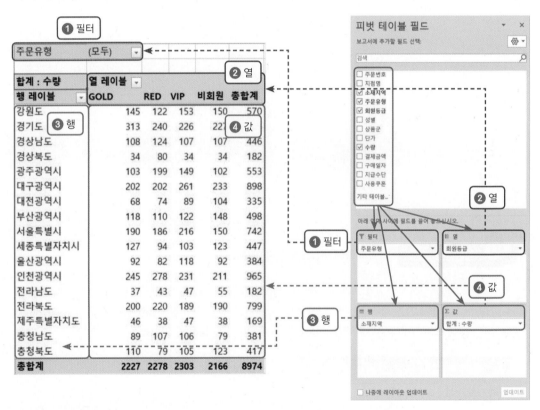

[값] 영역에 필드 추가하기

피벗 테이블을 이용해 데이터 분석을 하는 목적은 매출액, 성장률, 판매량 등 업무에 필요한 지표 또는 수치를 계산하기 위해서입니다. 이 지표 또는 수치를 피벗 테이블에서는 '값'이라고 표현합니다.

즉, 피벗 테이블은 데이터에서 이러한 '값'을 찾는 여정이자 도구이며, 1장에서 등장했던 실무 데이터 분석 공식에서 Z 부분에 해당합니다. X와 Y는 Z를 구하는 데 영향을 미치는 변수에 해당합니다. 피벗 테이블로 구해야 하는 값을 갖고 있는 열 제목에 체크 표시를 하면, 피벗 테이블은 계산을 수행해 결과를 해당 필드에 반환합니다.

$$X + Y = Z$$

변수 1   변수 2   값

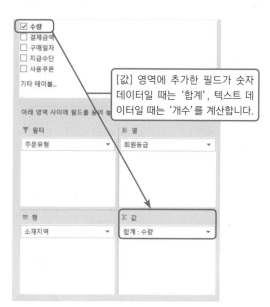

[값] 영역에 추가한 필드가 숫자 데이터일 때는 '합계', 텍스트 데이터일 때는 '개수'를 계산합니다.

하면 된다! } 올해의 총 매출액 계산하기 — [값] 영역 추가하기

[Sheet1] 시트

앞서 배운 개념을 활용해 이지스마트의 2020년 총 매출액을 계산해 보겠습니다.

1 [A3:C20] 셀 중 아무 곳이나 선택하면 시트의 오른쪽에 피벗 테이블 필드 목록이 나타납니다.

함께 보면 좋은 동영상 강의

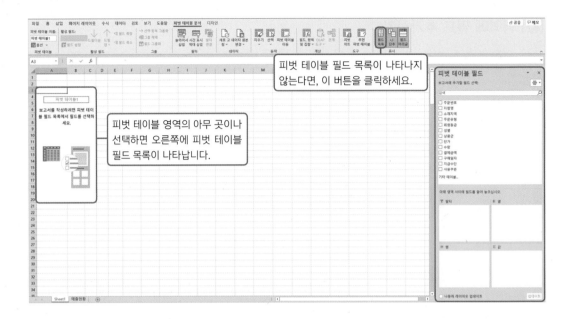

피벗 테이블 필드 목록이 나타나지 않는다면, 이 버튼을 클릭하세요.

피벗 테이블 영역의 아무 곳이나 선택하면 오른쪽에 피벗 테이블 필드 목록이 나타납니다.

2 피벗 테이블 필드 목록의 필드 구역에서 [결제금액] 필드의 왼쪽 체크 박스를 선택하면 아래 영역 구역의 [값] 영역에 자동으로 추가됩니다. 그러면 피벗 테이블 영역에 결제금액의 합계, 즉 이지스마트의 2020년 총 매출액이 452,439,900원으로 계산된 것을 알 수 있습니다.

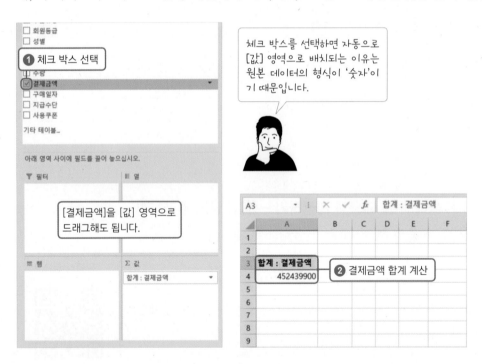

① 체크 박스 선택

[결제금액]을 [값] 영역으로 드래그해도 됩니다.

체크 박스를 선택하면 자동으로 [값] 영역으로 배치되는 이유는 원본 데이터의 형식이 '숫자'이기 때문입니다.

② 결제금액 합계 계산

[행], [열] 영역에 필드 추가하기

앞에서 분석은 '나누고 쪼개는 과정'이라고 설명했죠? 결괏값을 분석하려면 그 값을 다양한 방법으로 나누고 쪼개 봐야 합니다. 이때 [행] 영역과 [열] 영역을 활용합니다. 데이터 분석의 실무 공식에서 X와 Y에 필드를 설정하는 과정으로, 이때 X와 Y는 여러 개가 될 수 있습니다.

$$X + Y = Z$$

변수 1　　변수 2　　값

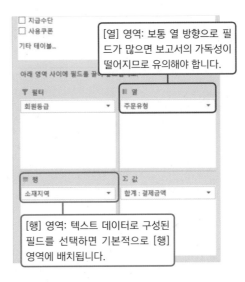

합계 : 결제금액	열 레이블 ▼		
행 레이블 ▼	매장구매	배달	총합계
강원도	13647700	13747900	27395600
경기도	25160200	25073100	50233300
경상남도	11066400	10739300	21805700
경상북도	5870000	3489800	9359800
광주광역시	14853000	12402600	27255600
대구광역시	21070400	26442800	47513200
대전광역시	8285400	8147500	16432900
부산광역시	11084100	13749700	24833800
서울특별시	16816800	21285500	38102300
세종특별자치시	13261400	9831500	23092900
울산광역시	9929000	8777800	18706800
인천광역시	25213600	22911700	48125300
전라남도	3229600	4571500	7801100
전라북도	21274900	19295100	40570000
제주특별자치도	3125000	5660400	8785400
충청남도	10613000	9781000	20394000
충청북도	10601000	11431200	22032200

[열] 영역: 보통 열 방향으로 필드가 많으면 보고서의 가독성이 떨어지므로 유의해야 합니다.

[행] 영역: 텍스트 데이터로 구성된 필드를 선택하면 기본적으로 [행] 영역에 배치됩니다.

하면 된다! ⟩ 지역별, 주문유형별 매출액 계산하기 — [행]과 [열] 영역 추가하기

[행 열 영역] 시트

이번 실습에서는 이지스마트의 2020년 총 매출액을 지역과 주문유형별로 분석해 보겠습니다.

1 피벗 테이블의 아무 셀이나 선택하면 피벗 테이블 필드 목록이 나타납니다. 피벗 테이블 필드 목록이 나타나면 [소재지역] 필드의 체크 박스를 선택합니다. [소재지역] 필드가 [행] 영역에 추가되고, 피벗 테이블이 지역별 매출액으로 변형된 것을 확인할 수 있습니다.

함께 보면 좋은
동영상 강의

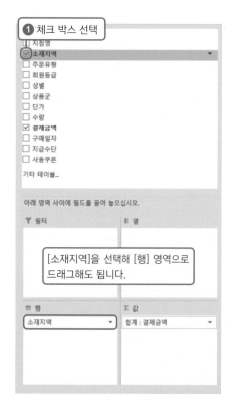

❶ 체크 박스 선택

☐ 지점명
☑ 소재지역
☐ 주문유형
☐ 회원등급
☐ 성별
☐ 상품군
☐ 단가
☐ 수량
☑ 결제금액
☐ 구매일자
☐ 지급수단
☐ 사용쿠폰

기타 테이블...

아래 영역 사이에 필드를 끌어 놓으십시오.

▼ 필터   ▥ 열

[소재지역]을 선택해 [행] 영역으로
드래그해도 됩니다.

▤ 행   Σ 값
소재지역   합계 : 결제금액

[소재지역] 필드는 텍스트
데이터이므로 [행] 영역에
자동으로 추가됩니다.

A4 · 강원도

❷ 지역별 결제금액 합계 계산

행 레이블	합계 : 결제금액
강원도	27395600
경기도	50233300
경상남도	21805700
경상북도	9359800
광주광역시	27255600
대구광역시	47513200
대전광역시	16432900
부산광역시	24833800
서울특별시	38102300
세종특별자치시	23092900
울산광역시	18706800
인천광역시	48125300

❷ 지역별로 분석된 매출액이 주문유형에 따라 어떻게 달라졌는지 확인해 보겠습니다. 피벗
테이블의 아무 셀이나 선택한 상태에서 피벗 테이블 필드 목록의 [주문유형] 필드를 [열] 영역
으로 드래그합니다. 행 단위로 지역별 매출액을 분석한 테이블을 다시 열 단위로 주문유형별
매출액을 분석했습니다.

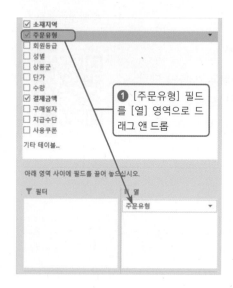

☑ 소재지역
☑ 주문유형
☐ 회원등급
☐ 성별
☐ 상품군
☐ 단가
☐ 수량
☑ 결제금액
☐ 구매일자
☐ 지급수단
☐ 사용쿠폰

기타 테이블...

❶ [주문유형] 필드
를 [열] 영역으로 드
래그 앤 드롭

아래 영역 사이에 필드를 끌어 놓으십시오.

▼ 필터   ▥ 열
                주문유형

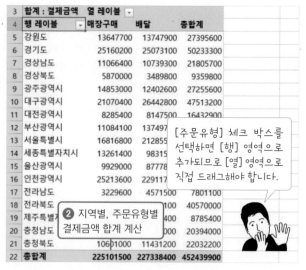

합계 : 결제금액	열 레이블		
행 레이블	매장구매	배달	총합계
강원도	13647700	13747900	27395600
경기도	25160200	25073100	50233300
경상남도	11066400	10739300	21805700
경상북도	5870000	3489800	9359800
광주광역시	14853000	12402600	27255600
대구광역시	21070400	26442800	47513200
대전광역시	8285400	8147500	16432900
부산광역시	11084100	137497	
서울특별시	16816800	212855	
세종특별자치시	13261400	98315	
울산광역시	9929000	87778	
인천광역시	25213600	229117	
전라남도	3229600	4571500	7801100
전라북도		100	40570000
제주특별시		400	8785400
충청남도		000	20394000
충청북도	10601000	11431200	22032200
총합계	225101500	227338400	452439900

❷ 지역별, 주문유형별
결제금액 합계 계산

[주문유형] 체크 박스를
선택하면 [행] 영역으로
추가되므로 [열] 영역으로
직접 드래그해야 합니다.

[필터] 영역에 필드 추가하기

엑셀에서 전체 데이터에서 집중해야 할 데이터만 남겨 표시해 주는 기능을 '필터'라고 합니다. [필터] 영역에 필드를 추가하면 피벗 테이블 보고서가 특정 연도, 특정 회원등급, 특정 지점의 값 등 사용자가 필요로 하는 값만 필터링해 표시할 수 있습니다.

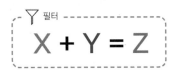

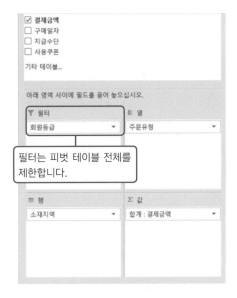

하면 된다! } VIP 고객의 지역별, 주문유형별 매출액 분석하기 — [필터] 영역 추가하기

[필터 영역] 시트

피벗 테이블에 필터를 설정해 보겠습니다. [필터] 영역에 필드를 추가하면 피벗 테이블 전체에 영향을 미쳐 설정된 값에 해당하는 결과만 보여줍니다.

함께 보면 좋은 동영상 강의

1 지역과 주문유형별 피벗 테이블 영역 안에서 아무 셀이나 선택합니다. 피벗 테이블 필드 목록에서 [회원등급] 필드를 [필터] 영역으로 드래그해 피벗 테이블에 [회원등급] 필터를 설정합니다.

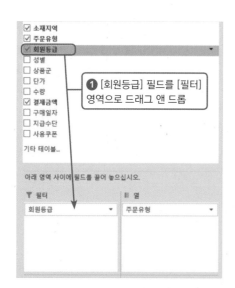

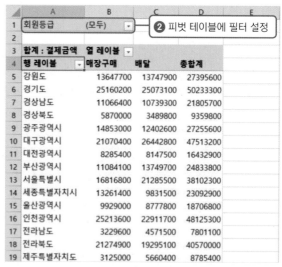

② 피벗 테이블에 필터 설정

① [회원등급] 필드를 [필터] 영역으로 드래그 앤 드롭

2 필터를 추가하면 기본값으로 [모두]가 선택됩니다. 즉, 필터링하지 않은 상태입니다. 여기에서 회원등급이 VIP인 고객의 데이터만 필터링해 보겠습니다. [(모두)]라고 표시된 [B1]의 [필터 ▾]를 클릭하면 나타나는 메뉴에서 [VIP]를 선택한 후 [확인]을 클릭합니다.

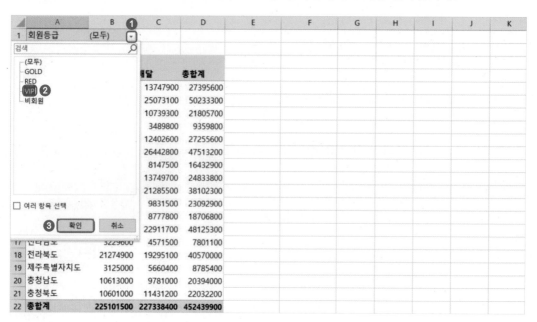

3 [회원등급] 필터에 [VIP]가 선택된 것을 확인할 수 있습니다. 지역별, 회원등급별 매출액을 표시했던 피벗 테이블이 이번에는 전체 매출액 중에서도 VIP 고객이 결제한 매출액만 필터링 해 보여 줍니다.

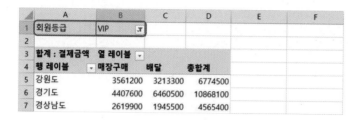

	A	B	C	D	E	F
1	회원등급	VIP				
2						
3	합계 : 결제금액	열 레이블				
4	행 레이블	매장구매	배달	총합계		
5	강원도	3561200	3213300	6774500		
6	경기도	4407600	6460500	10868100		
7	경상남도	2619900	1945500	4565400		

필드 이동하기

영역 구역에 추가한 필드는 다른 영역으로 자유롭게 이동할 수 있습니다. 필드 영역의 필드를 자유롭게 옮기며 내가 원하는 피벗 테이블을 만들 수 있다는 것이야말로 피벗 테이블의 강력함과 유연함을 대표하는 장점입니다.

필드를 이동하는 데는 메뉴를 이용하는 방법과 마우스로 드래그하는 방법이 있는데, 마우스로 드래그 앤 드롭해 이동하는 방법이 편리합니다.

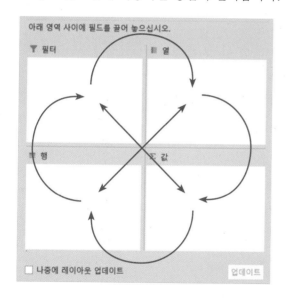

필드를 원하는 대로 자유롭게 옮길 수 있어요!

하면 된다! ⟩ 필드를 이동해 피벗 테이블 변형하기

[필드 이동] 시트

1 [행] 영역의 [소재지역] 필드를 클릭한 후 [보고서 필터로 이동]을 선택합니다. [필터] 영역에서는 [회원등급] 아래에 [소재지역] 필드가 추가되고, 피벗 테이블에서는 행이 모두 제거되고, 필터가 추가된 것을 확인할 수 있습니다.

함께 보면 좋은
동영상 **강의**

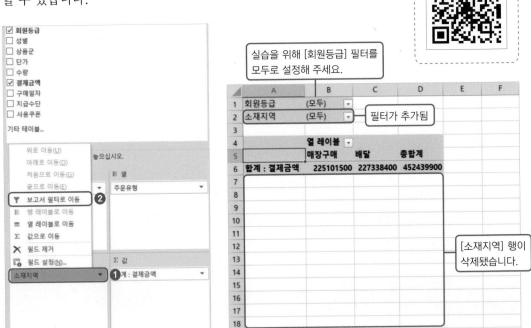

2 [열] 영역에서 [주문유형] 필드를 클릭해 [행] 영역으로 드래그 앤 드롭하겠습니다.

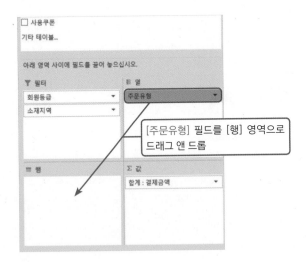

3 [행] 영역에는 [주문유형] 필드가 추가되고, 피벗 테이블의 행에도 주문유형이 추가돼 결제 금액이 분석된 것을 확인할 수 있습니다.

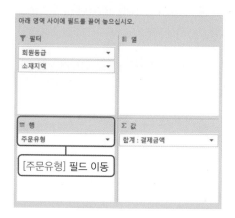
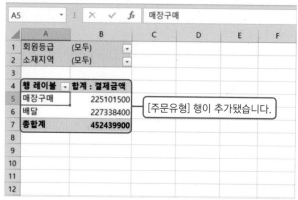

필드 제거하기

피벗 테이블에 삽입한 필드는 필요에 따라 제거할 수 있습니다. [필터], [행], [열], [값] 영역에 추가된 필드를 제거하는 방법은 필드를 이동할 때와 비슷합니다. 두 방법 모두 간단하므로 계 속 사용하면서 손에 익히세요.

❶ 팝업 메뉴를 이용해 필드 제거하기

필드 목록에서 [필터] 영역에 추가된 [회원등급] 필드를 클릭한 후 [필드 제거]를 선택합니다. [필터] 영역에서 [회원등급] 필드를 제거하면 피벗 테이블에서도 필터가 삭제된 것을 확인할 수 있습니다.

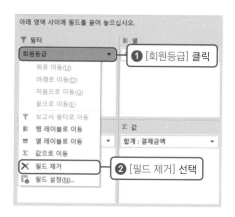
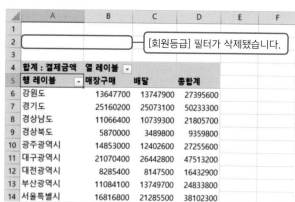

❷ 드래그 앤 드롭을 이용해 필드 제거하기

마우스로 필드를 클릭해 영역 바깥으로 끌어내 제거할 수도 있습니다. [열] 영역의 [주문유형] 필드를 클릭한 채 필드 목록 바깥, 즉 워크시트로 드래그 앤 드롭하면 [열] 영역에서 [주문유형] 필드가 제거되고, 피벗 테이블에서도 주문유형인 [배달] 열이 삭제됩니다.

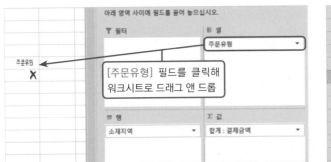
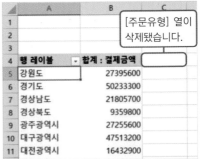

필드 목록을 좀 더 쉽게 사용하는 설정 5가지

피벗 테이블 필드 목록은 피벗 테이블을 제어하는 역할을 합니다. 피벗 테이블 목록을 좀 더 쉽게 사용할 수 있는 5가지 기능을 소개합니다.

❶ 필드 이름 검색

실무에서는 원본 데이터의 필드(열)가 100개가 넘는 경우도 많아서 필드를 찾기 어렵습니다. 이때 [검색] 창을 활용하면 필드를 빠르게 찾을 수 있습니다. [검색] 창에 단어만 입력하면 되고, 따로 기능을 찾아 실행할 필요가 없으며, 단어를 입력할 때마다 검색 결과가 실시간으로 나타나기 때문입니다. 검색하는 단어가 앞뒤 또는 중간에 들어가는 경우까지 모두 포함해 검색이 이뤄집니다.

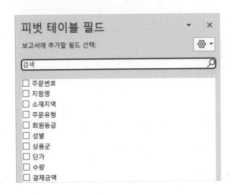
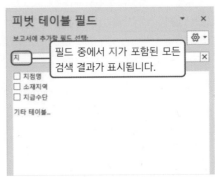

❷ 필드 목록 창을 보기 편하게 바꾸기

원본 데이터의 필드 수나 작업하는 화면의 크기에 따라 피벗 테이블의 [필드 목록] 창이 적절하지 않을 수 있습니다. 이럴 때는 피벗 테이블 필드 목록의 레이아웃을 조정할 수 있습니다.

피벗 테이블의 오른쪽 위에 있는 🔧 버튼을 클릭하면 레이아웃을 설정할 수 있는 메뉴가 나타납니다. 피벗 테이블 필드 목록의 레이아웃은 5가지입니다.

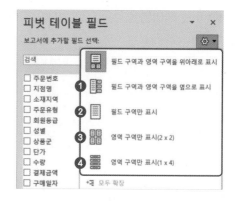

❶ 옆으로 표시　　❷ 필드 구역만 표시　　❸ 영역 구역만 표시(2×2)　　❹ 영역 구역만 표시(1×4)

❸ 필드 목록을 가나다순으로 정렬하기

기본 설정일 때 필드 목록은 [데이터 원본 순서로 정렬]로 돼 있습니다. 즉, 데이터 원본에서 왼쪽 → 오른쪽 순서처럼 필드 목록에서도 위 → 아래로 정렬됩니다. [텍스트 오름차순 정렬]로 바꾸면 필드 이름의 오름차순, 즉 가나다순으로 정렬됩니다.

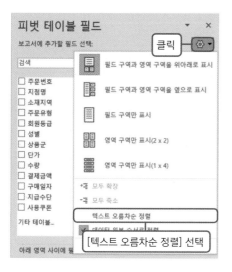

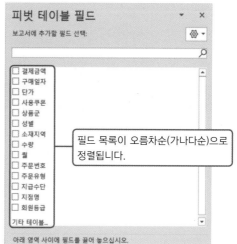

❹ 피벗 테이블을 수동으로 업데이트하기

필드 목록에서 필드를 영역 구역으로 가져다 놓으면
피벗 테이블이 실시간으로 변경됩니다. 이는 피벗 테
이블의 큰 장점입니다. 그런데 이 작업을 수동으로
할 수 있습니다. 바로 피벗 테이블 필드 목록 맨 아래
의 왼쪽에 있는 [나중에 레이아웃 업데이트]의 체크 박
스를 선택하면 됩니다. 이 상태로 작업하면 오른쪽에
있는 [업데이트]를 클릭해야만 업데이트된 내용이 반
영됩니다.

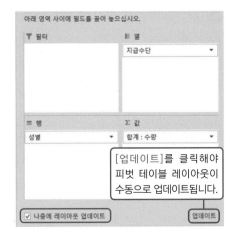

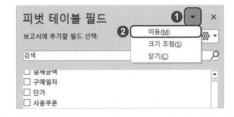

[업데이트]를 클릭해야
피벗 테이블 레이아웃이
수동으로 업데이트됩니다.

❺ 필드 목록 창 다른 곳으로 이동하기

필드 목록 창은 기본적으로 엑셀 창의 오른쪽에 생성
되지만, 위치를 이동해 좀 더 효율적으로 이용할 수
있습니다. 필드 목록 창의 상단을 드래그하거나 [작
업 창] 옵션(▾)을 클릭한 후 [이동]을 선택하고 [필드
목록] 창을 원하는 곳으로 드래그하면 됩니다.

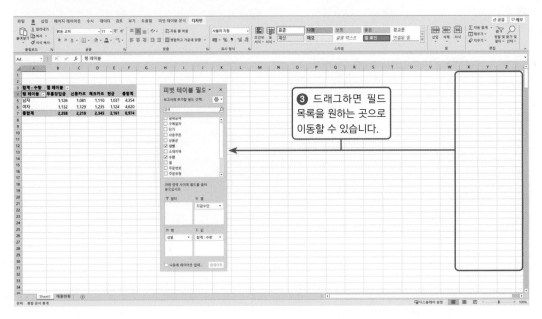

❸ 드래그하면 필드
목록을 원하는 곳으로
이동할 수 있습니다.

최반장의 꿀팁! | **필드를 2개 이상 추가했을 때 영역별로 가능한 작업**

필드 목록의 [필터], [열], [행], [값] 영역에는 필드를 여러 개 추가할 수 있습니다. 각 영역에 필드가 2개 이상 있을 때 영역별로 작동하는 방식은 조금씩 다릅니다.

① [필터] 영역에 여러 필드 추가한 경우 → 교집합의 조건 파악 가능

[필터] 영역에 필드를 2개 이상 추가하고, 각각 특정 데이터가 설정되면 조건을 모두 충족하는 값을 살펴볼 수 있습니다. 예를 들어 다음과 같이 필터 영역에 [회원등급], [주문유형], [성별] 필드를 추가하고, 각각 조건을 [VIP], [매장구매], [여자]로 설정하면 'VIP 고객 중 매장에서 구매한 여자 고객의 상품군별 결제금액'이 피벗 테이블에 표시됩니다.

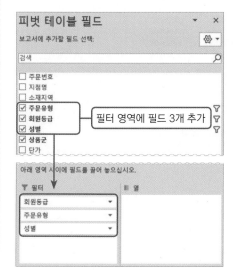

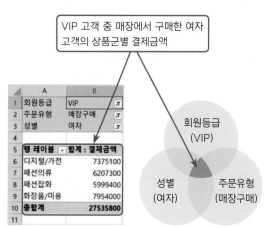

피벗 테이블에서 결제금액의 총합계는 각 필터의 교집합에 해당하는 값의 합계입니다.

② [행], [열] 영역에 여러 필드를 추가한 경우 → 계층 형성

[행]과 [열] 영역에 필드를 2개 이상 추가하면 계층(hierarchy) 구조를 형성합니다. 위에 있는 필드가 상위 계층이고, 그 아래에 추가되는 필드는 계속 하위 계층이 됩니다.

앞 예제에서 [필터] 영역에 있던 필드들을 그대로 [행] 영역으로 이동하면 회원등급별, 주문유형별, 성별에 따른 결제금액이 집계되는데, 마치 계단과 같은 구조를 만듭니다.

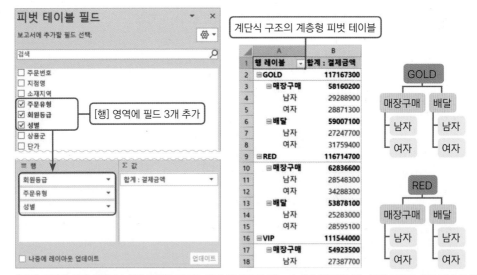

계단식 구조의 계층형 피벗 테이블

[행] 영역에 필드 3개 추가

[필터] 영역과 달리 [행]이나 [열] 영역에 필드를 여러 개 추가할 때는 순서가 중요합니다. 상위 계층과 하위 계층이 바뀌기 때문입니다.

③ [값] 영역에 여러 필드를 추가할 경우 → 다양한 지표를 동시에 확인

[값] 영역에도 필드를 여러 개 추가할 수 있습니다. 이렇게 하면 같은 조건에서 다양한 지표를 함께 볼 수 있습니다.

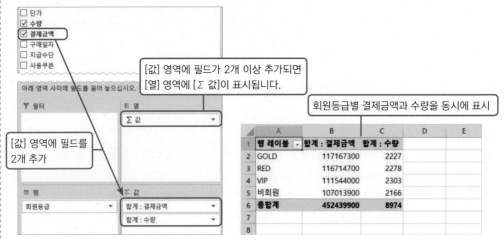

[값] 영역에 필드가 2개 이상 추가되면 [열] 영역에 [Σ 값]이 표시됩니다.

[값] 영역에 필드를 2개 추가

회원등급별 결제금액과 수량을 동시에 표시

[값] 영역의 또 다른 특징은 '같은 필드'를 반복해 추가할 수 있다는 점입니다. 이는 같은 값을 합계와 평균이 함께 나타나도록 설정하거나 표시 형식을 다르게 설정해 더욱 풍성한 보고서를 만들 때 유용합니다.

03-3 피벗 테이블 삭제 · 복사 · 초기화하기

• 실습 파일 3.3삭제복사초기화(실습).xlsx   • 완성 파일 3.3삭제복사초기화(완성).xlsx

피벗 테이블은 그 자체로 하나의 개체이지만, 워크시트의 각 셀로 구성돼 있습니다. 따라서 특정 셀에 서식을 적용하거나 행의 높이나 열의 너비를 조절할 수 있습니다. 다만 피벗 테이블의 일부만 변경, 삭제, 이동할 수는 없습니다.

피벗 테이블 전체 삭제하기

피벗 테이블을 삭제하기 위해서는 피벗 테이블이 포함된 워크시트를 삭제하거나 피벗 테이블이 위치한 영역의 행이나 열을 모두 삭제하면 됩니다. 즉, 피벗 테이블이 위치한 영역을 모두 삭제하는 것입니다. 이 방법은 쉽고 빠르지만, 같은 워크시트 또는 행이나 열의 데이터가 손실될 우려가 있습니다.

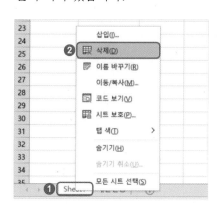 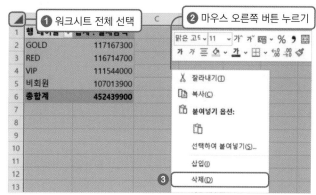

하면 된다! } 범위를 선택해서 피벗 테이블 삭제하기

[삭제1] 시트

1 드래그해 선택하기

실습 파일을 열면 [값] 영역에 [결제금액] 필드, [행] 영역에 [회원등급] 필드로 구성된 피벗 테이블이 있습니다. 피벗 테이블을 삭제하려면 먼저 피벗 테이블 전체를 선택해야 합니다. 엑셀의 기본 사용법으로 피벗 테이블을 선택해 보겠습니다. [A3] 셀을 선택한 후 [B8] 셀까지 마우스로 드래그하면 전체가 선택됩니다. Delete 를 누르면 피벗 테이블이 삭제됩니다.

함께 보면 좋은
동영상 강의

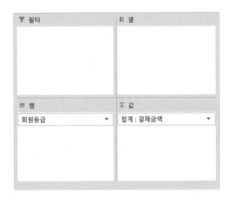

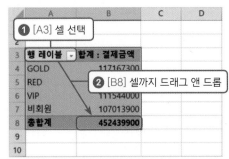

❷ Ctrl + A 로 선택하기

다른 방법을 알아보겠습니다. Ctrl + Z 를 눌러 처음으로 돌아가세요. 피벗 테이블에서 아무 셀이나 하나만 선택하세요. 여기에서는 [A3] 셀을 선택하겠습니다. 그런 다음 Ctrl + A 를 누르면 피벗 테이블이 모두 선택됩니다. Delete 를 누르면 피벗 테이블이 삭제됩니다.

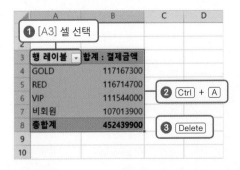

하면 된다! ⟩ 떨어져 있는 피벗 테이블 선택해 삭제하기

[삭제2] 시트

지금까지 피벗 테이블을 선택하는 2가지 방법을 알아봤습니다. 2가지 방법 모두 피벗 테이블을 쉽고 간편하게 선택할 수 있지만, 피벗 테이블이 크고 복잡하거나 특히 필터가 설정된 경우에는 선택하는 것도 어렵고, 정확하게 선택되지 않을 수도 있습니다. 따라서 별도로 제공되는 피벗 테이블 선택 기능을 이용해야 합니다.

함께 보면 좋은
동영상 **강의**

피벗 테이블의 일부만 선택하고 Delete 를 누르면 나타나는 [경고 메시지] 창

1 피벗 테이블 위에 있는 필터까지 한 번에 선택해 삭제하겠습니다. 피벗 테이블의 아무 셀이나 선택한 채 메뉴의 [피벗 테이블 분석] 탭 → [동작] 그룹 → [선택] → [전체 피벗 테이블]을 선택합니다. 이렇게 하면 피벗 테이블과 떨어져 있는 구성 요소인 필터도 함께 선택할 수 있습니다.

2 필터를 포함해 전체 피벗 테이블이 정확하게 선택됐습니다. 전체 피벗 테이블을 선택한 채 Delete 를 누르면 피벗 테이블이 삭제됩니다. 피벗 테이블이 삭제되고, 선택한 범위만 남은 것을 확인할 수 있습니다.

다른 셀은 선택되지 않고, 필터와 함께 피벗 테이블만 정확하게 선택됐습니다.

피벗 테이블 지우기 — 틀은 남기고 초기화

피벗 테이블을 삭제하면 피벗 테이블 개체 자체가 원래 없었던 것처럼 삭제됩니다. 삭제한 피벗 테이블을 다시 만들려면 처음부터 다시 시작해야 하죠.

하지만 피벗 테이블이라는 개체는 그대로 유지한 채 피벗 테이블을 초기화하려면 [피벗 테이블 지우기] 기능을 사용하면 됩니다. [피벗 테이블 지우기]는 앞서 실습한 [피벗 테이블 삭제하기] 기능과 달리 피벗 테이블 전체를 선택할 필요가 없습니다.

하면 된다! } 피벗 테이블의 틀만 남기고 초기화하기

[초기화] 시트

1 실습 파일은 [필터: 성별], [행: 회원등급], [값: 결제금액]으로 구성된 피벗 테이블입니다.

함께 보면 좋은
동영상 강의

2 피벗 테이블을 선택한 후 [피벗 테이블 분석] 탭 → [동작] 그룹 → [지우기] → [모두 지우기]를 선택합니다.

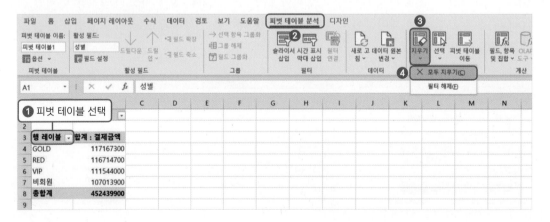

3 경고 창이 나타나면 [피벗 테이블 지우기]를 누릅니다.

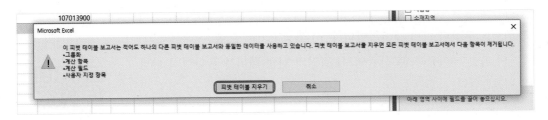

4 피벗 테이블의 필드 메뉴에서 영역 구역의 모든 필드가 제거돼 피벗 테이블의 영역만 남은 것을 확인할 수 있습니다.

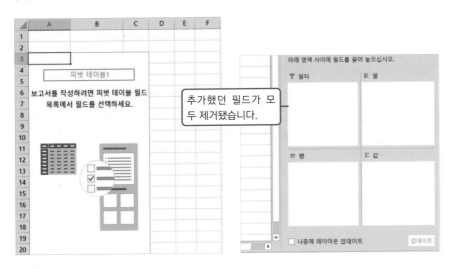

피벗 테이블 복사하기

피벗 테이블은 엑셀의 다른 개체와 마찬가지로 선택해 복사 또는 이동할 수 있습니다. 다만 주의해야 할 점은 피벗 테이블이라는 개체를 복사하려면 피벗 테이블 전체를 선택해 복사 또는 이동해야 한다는 것입니다. 피벗 테이블의 일부를 선택해 복사했을 때는 그 셀의 값만 복사됩니다. 하나의 원본 데이터로 피벗 테이블을 2개 이상 만들어야 할 때는 데이터를 반복해 삽입하기보다 이미 만들어진 피벗 테이블을 복사해 사용하는 것이 편리합니다.

하면 된다! ⟩ 피벗 테이블 2개 나란히 보기 — Ctrl + C, Ctrl + V [복사] 시트

1 실습 파일은 [필터: 소재지역], [열: 성별], [행: 회원등급], [값: 결제금액]으로 구성된 피벗 테이블입니다. 이 자료를 바탕으로 [서울특별시] 필터의 피벗 테이블과 [부산광역시] 필터의 피벗 테이블을 나란히 나타내 보겠습니다.

함께 보면 좋은 동영상 강의

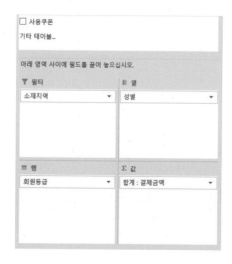

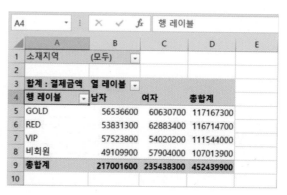

	A	B	C	D	E
1	소재지역	(모두)			
2					
3	합계 : 결제금액	열 레이블			
4	행 레이블	남자	여자	총합계	
5	GOLD	56536600	60630700	117167300	
6	RED	53831300	62883400	116714700	
7	VIP	57523800	54020200	111544000	
8	비회원	49109900	57904000	107013900	
9	총합계	217001600	235438300	452439900	
10					

2 우선 [소재지역] 필터를 [서울특별시]로 설정합니다.

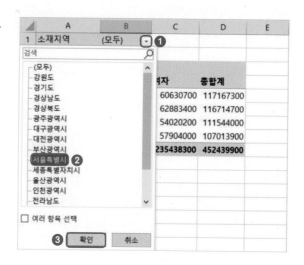

3 [서울특별시] 필터의 피벗 테이블을 복사해 보겠습니다. 피벗 테이블을 선택한 후 [피벗 테이블 분석] 탭 → [동작] 그룹 → [선택] → [전체 피벗 테이블]을 클릭합니다.

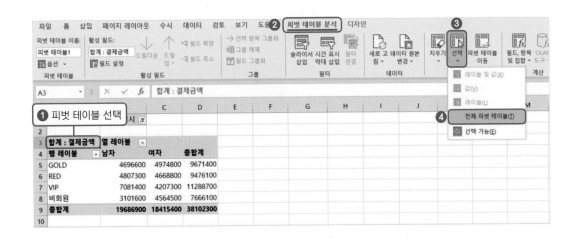

4 피벗 테이블이 전체 선택돼 음영으로 표시됐는지 확인한 후 Ctrl + C 를 누릅니다. 복사하고 나면 피벗 테이블 테두리가 점선으로 표시됩니다.

5 [F1] 셀을 선택한 후 Ctrl + V 를 누릅니다. 같은 피벗 테이블이 2개 생성됩니다.

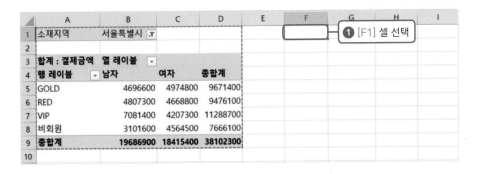

6 새로 생성된 피벗 테이블의 필터를 [부산 광역시]로 선택합니다.

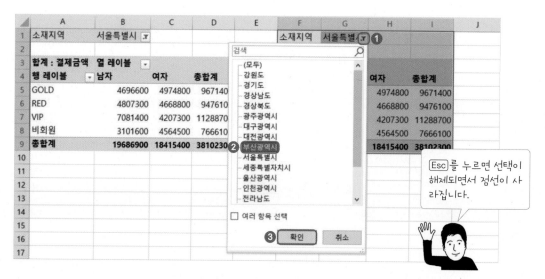

> Esc를 누르면 선택이 해제되면서 점선이 사라집니다.

7 왼쪽에는 서울특별시 지점들의 결제금액, 오른쪽에는 부산광역시 지점들의 결제금액이 피벗 테이블로 분석돼 함께 볼 수 있습니다.

	A	B	C	D	E	F	G	H	I	J
1	소재지역	서울특별시				소재지역	부산광역시			
2										
3	합계 : 결제금액	열 레이블				합계 : 결제금액	열 레이블			
4	행 레이블	남자	여자	총합계		행 레이블	남자	여자	총합계
5	GOLD	4696600	4974800	9671400		GOLD	2273600	3595400	5869000
6	RED	4807300	4668800	9476100		RED	3093600	2184100	5277700
7	VIP	7081400	4207300	11288700		VIP	1659800	4852300	6512100
8	비회원	3101600	4564500	7666100		비회원	3118500	4056500	7175000
9	총합계	19686900	18415400	38102300		총합계	10145500	14688300	24833800
10										
11										
12										

03-4 데이터 값 정렬하기

• 실습 파일 3.4정렬(실습).xlsx   • 완성 파일 3.4정렬(완성).xlsx

데이터를 규칙에 따라 순서를 정해 늘어 놓는 것을 '정렬'이라고 합니다. 정렬된 데이터에서는 가장 크거나 가장 작은 데이터를 포착할 수 있고, 데이터가 커지거나 작아지는 패턴을 발견할 수 있습니다. 또한 사용자가 필요한 데이터를 찾기 쉽습니다. 이는 보고서를 작성할 때 지켜야 할 매우 중요한 사항이기도 합니다.

피벗 테이블은 [행] 영역에 삽입된 필드, 즉 행 레이블을 오름차순으로 정렬하는 것이 기본값으로 돼 있습니다. 그래서 행 레이블에서 사용자가 원하는 필드를 쉽고 빠르게 찾을 수 있죠. 하지만 값은 다릅니다. 무작위로 섞여 있어서 가장 높은 값이나 가장 낮은 값 또는 패턴을 찾기 어렵습니다. 이럴 때 제대로 정렬하는 방법을 알아 두는 것이 좋습니다.

행 레이블	합계 : 결제금액		행 레이블	합계 : 결제금액
강원도	27395600		전라남도	7801100
경기도	50233300		제주특별자치도	8785400
경상남도	21805700		경상북도	9359800
경상북도	9359800		대전광역시	16432900
광주광역시	27255600		울산광역시	18706800
대구광역시	47513200		충청남도	20394000
대전광역시	16432900		경상남도	21805700
부산광역시	24833800		충청북도	22032200
서울특별시	38102300		세종특별자치시	23092900
세종특별자치시	23092900		부산광역시	24833800
울산광역시	18706800		광주광역시	27255600
인천광역시	48125300		강원도	27395600
전라남도	7801100			
전라북도	40570000			
제주특별자치도	8785400			47513200
충청남도	20394000		인천광역시	48125300
충청북도	22032200		경기도	50233300
총합계	452439900		총합계	452439900

> 값을 정렬하면 가장 낮은 값 또는 가장 높은 값을 쉽게 찾을 수 있습니다.

> 행 레이블이 오름차순으로 정렬 돼 있어서 전라북도 항목을 쉽게 찾을 수 있습니다.

오름차순과 내림차순

가장 대표적인 정렬 방식은 오름차순과 내림차순입니다. 오름차순은 값이 작은 데이터부터 큰 데이터로 정렬되는 방식입니다. 숫자는 작은 숫자부터 큰 숫자로 정렬되고, 텍스트는 가나다순 또는 알파벳순으로 정렬됩니다. 이와 반대로 내림차순은 값이 큰 데이터부터 작은 데이터로 정렬되는 방식입니다.

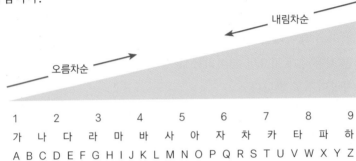

그런데 한글, 영어, 숫자 등 여러 가지 데이터 형식이 섞여 있을 때는 어떻게 정렬될까요? 엑셀에서는 데이터 형식을 다음 순서로 정렬합니다.

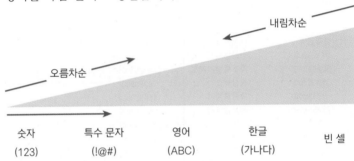

위 내용을 정리해 실제 엑셀에서 오름차순으로 정렬하면 다음과 같습니다.

데이터 종류	데이터		데이터 종류	데이터
특수문자(기호)	!		숫자	1
한글	가		숫자	2
영어(대문자)	B		숫자	3
숫자	2		특수문자(기호)	!
한글	나		특수문자(기호)	^
숫자	3		특수문자(기호)	_
한글	다		영어	A
영어(대문자)	A		영어	B
특수문자(기호)	_		영어	C
숫자	1		한글	가
영어(대문자)	C		한글	나
특수문자(기호)	^		한글	다
공백			빈 셀	

하면 된다! } [값] 영역의 결제금액이 높은 순으로 정렬하기

[오름차순] 시트

1 실습 파일은 [행: 소재지역], [값: 결제금액]으로 구성된 피벗 테이블입니다. 행 레이블인 소재지역이 가나다순, 즉 오름차순으로 정렬된 것을 확인할 수 있습니다.

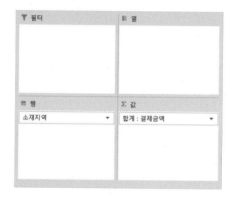

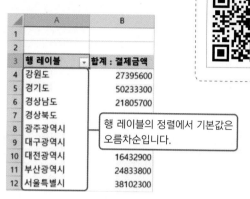

행 레이블의 정렬에서 기본값은 오름차순입니다.

함께 보면 좋은 동영상 **강의**

2 [값] 영역의 아무 셀에서 마우스 오른쪽 버튼을 눌러 [정렬]을 클릭한 후 [숫자 오름차순 정렬]을 선택합니다. [값] 영역의 결제금액이 작은 지역부터 큰 지역으로 오름차순 정렬된 것을 확인할 수 있습니다.

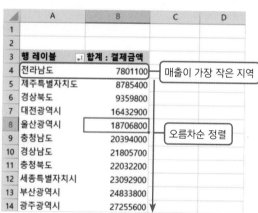

매출이 가장 작은 지역

오름차순 정렬

3 다른 정렬 방법도 있습니다. 이번에는 [행 레이블] 오른쪽에 있는 [필터 ⏷]를 클릭한 후 [텍스트 오름차순 정렬] 또는 [텍스트 내림차순 정렬]을 선택하면 행 레이블의 데이터가 규칙에 따라 오름차순 또는 내림차순으로 정렬됩니다.

☑ 다시 한번 [행 레이블] 오른쪽에 있는 [필터 ▾]를 클릭한 후 [기타 정렬 옵션]을 선택하면 정렬 옵션이 나타납니다. 여기에서 [오름차순 기준]을 [합계: 결제금액]으로 선택한 후 [확인]을 클릭합니다. 피벗 테이블에서 [값] 영역인 [합계: 결제금액]이 작은 데이터부터 큰 데이터로 오름차순 정렬된 것을 확인할 수 있습니다.

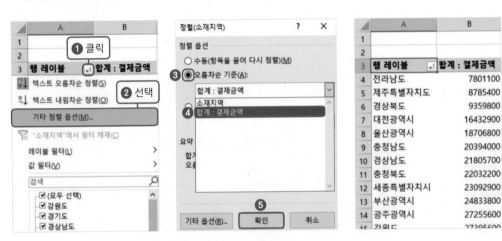

임의로 정렬 수정하기 — 수동 정렬

모든 데이터를 오름차순 또는 내림차순으로만 정렬할 수는 없습니다. 데이터를 분석하고, 보고하는 목적에 따라 정렬 방식도 달라져야 하기 때문입니다. 피벗 테이블은 테이블 안에서 데이터를 임의로 편집할 수는 없지만, 위치를 강제로 바꿀 수는 있습니다.

하면 된다! } 오름차순으로 정렬하되 특별시와 광역시의 순서를 맨 앞으로 바꾸기

[수동정렬] 시트

1 실습 파일은 [행: 소재지역], [값: 결제금액]으로 구성된 피벗 테이블입니다.

함께 보면 좋은
동영상 강의

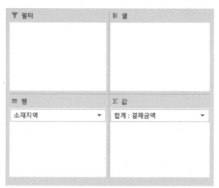

[행 레이블]의 정렬의 기본값은
오름차순입니다.

2 [행 레이블]에서 [서울특별시]를 선택한 후 마우스 커서를 셀 테두리에 올려놓으면 마우스 커서에 십자가 화살표( )가 나타납니다. 이 상태에서 셀을 클릭한 채 위로 드래그하면 굵은 선이 나타나면서 [서울특별시] 행의 위치를 바꿀 수 있습니다. 여기에서는 피벗 테이블의 맨 위로 이동해 보겠습니다.

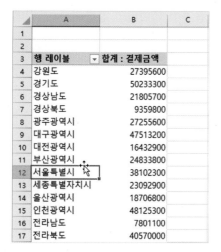

03 • 데이터 분석 시작 **117**

3 똑같은 방법으로 광역시들도 위로 옮겨 보세요.

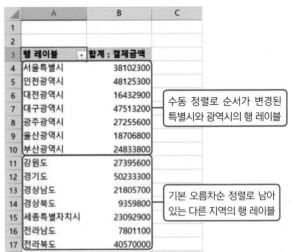

수동 정렬로 순서가 변경된
특별시와 광역시의 행 레이블

기본 오름차순 정렬로 남아
있는 다른 지역의 행 레이블

내가 정한 규칙대로 정렬하기 — 사용자 지정 정렬

데이터를 수동으로 정렬하면 분석 결과를 사용자가 원하는 순서로 표시할 수 있다는 장점이 있습니다. 하지만 수동 정렬은 한 번만 하면 몰라도 반복해야 한다면 부담스러운 작업이 됩니다. 반복해서 사용하는 데이터의 정렬 순서가 있다면 저장해 놓고 사용할 수 있는데, 이를 '사용자 지정 정렬'이라고 합니다. 즉, 사용자 지정 정렬은 사용자가 데이터의 정렬 순서를 임의로 지정해 놓고 규칙으로 저장해 사용하는 것을 의미합니다.

하면 된다! ├ 회원등급순으로 정렬하기

[사용자 정렬] 시트

1 실습 파일은 [행: 회원등급], [값: 결제금액]으로 구성된 피벗 테이블입니다. 이를 사용자 지정 목록으로 저장해 정렬되도록 설정하겠습니다.

함께 보면 좋은
동영상 강의

VIP → GOLD → RED → 비회원
순으로 정렬한다고 가정할게요!

② 피벗 테이블의 행 레이블을 각각 복사해 피벗 테이블의 바깥에 VIP → GOLD → RED → 비회원순으로 붙여 넣습니다.

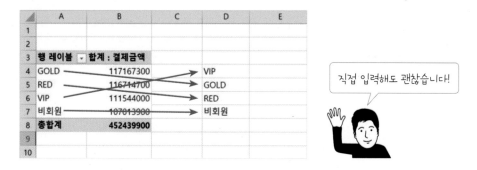

직접 입력해도 괜찮습니다!

③ [파일] 탭을 누르면 나타나는 왼쪽 메뉴 맨 아래의 [옵션]을 선택합니다. 팝업 창이 나타나면 [고급] 탭 → [일반] 항목 → [사용자 지정 목록 편집]을 선택합니다.

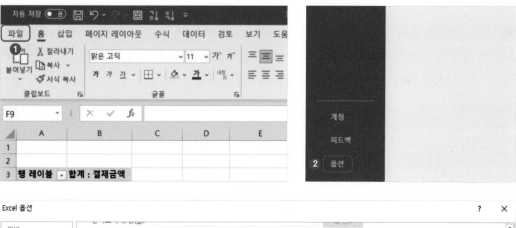

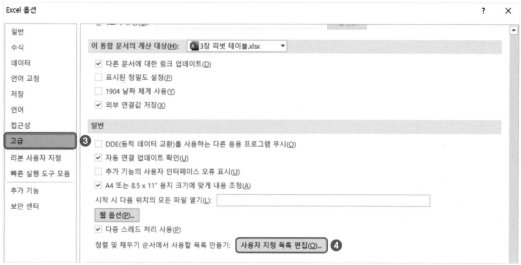

4 [사용자 지정 목록] 창의 [목록 가져올 범위] 옆 빈 박스를 클릭한 후 이전에 작성한 회원등급을 모두 선택합니다.

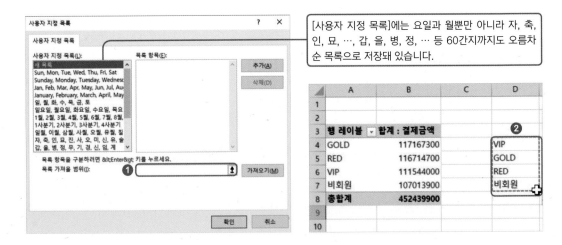

[사용자 지정 목록]에는 요일과 월뿐만 아니라 자, 축, 인, 묘, …, 갑, 을, 병, 정, … 등 60간지까지도 오름차순 목록으로 저장돼 있습니다.

5 [목록 가져올 범위]에 회원등급의 범위($D$4:$D$7)가 표시됩니다. [가져오기]를 클릭하면 사용자 지정 목록 항목으로 설정해 둔 회원등급이 등록됩니다. [확인]을 클릭하면 다시 [Excel 옵션] 대화상자가 나타나는데, 여기에서도 [확인]을 클릭합니다.

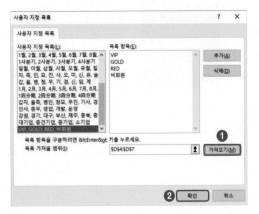

6 이제 피벗 테이블의 [행 레이블] 오른쪽에 있는 [필터 ▾]를 클릭한 후 [텍스트 오름차순 정렬]을 선택하면 회원등급이 이지스마트의 정책대로 정렬된 것을 확인할 수 있습니다.

여러분 회사의 직위 체계(사원, 대리, 과장, 차장, 부장 등)나 부서의 표기 순서(인사, 총무, 영업, 개발 등)를 사용자 지정 목록으로 저장해 놓으면 매우 유용합니다.

03-5 그룹으로 묶어 지역별, 분기별 분석하기

• 실습 파일 3.5그룹(실습).xlsx   • 완성 파일 3.5그룹(완성).xlsx

그룹 만들기

앞에서 데이터 분석은 '데이터를 활용해 어떤 현상이나 사물을 쪼개고 나누는 과정'이라고 설명했습니다. 이번에는 데이터를 묶어 분석하는 그룹 기능을 알아보겠습니다.

데이터를 일정한 규칙에 따라 묶어 분석하는 기법을 군집 분석(clustering analysis)이라고 하며, 클러스터링이라고도 합니다. 군집 분석은 다양한 분야에서 널리 이용하는데, 특히 마케팅에서 고객을 일정한 속성에 따라 그룹으로 묶어 분석할 때 많이 사용합니다.

엑셀 피벗 테이블에서는 간단하게 데이터를 그룹으로 묶을 수 있는데, 이는 기존 데이터에 없던 계층(hierarchy)을 생성하는 것이기도 합니다.

	A	B
4	행 레이블	합계 : 결제금액
5	강원도	27395600
6	경기도	50233300
7	경상남도	21805700
8	경상북도	9359800
9	광주광역시	27255600
10	대구광역시	47513200
11	대전광역시	16432900
12	부산광역시	24833800
13	서울특별시	38102300
14	세종특별자치시	23092900
15	울산광역시	18706800
16	인천광역시	48125300
17	전라남도	7801100
18	전라북도	40570000
19	제주특별자치도	8785400
20	충청남도	20394000
21	충청북도	22032200
22	종합계	452439900

계층 생성 전

→

	A	B
4	행 레이블	합계 : 결제금액
5	일반 시/도	231470000
6	강원도	27395600
7	경기도	50233300
8	경상남도	21805700
9	경상북도	9359800
10	세종특별자치시	23092900
11	전라남도	7801100
12	전라북도	40570000
13	제주특별자치도	8785400
14	충청남도	20394000
15	충청북도	22032200
16	특별시/광역시	220969900
17	광주광역시	27255600
18	대구광역시	47513200
19	대전광역시	16432900
20	부산광역시	24833800
21	서울특별시	38102300
22	울산광역시	18706800
23	인천광역시	48125300
24	종합계	452439900

계층 생성 후

하면 된다! } '특별시/광역시'와 '일반 시/도' 그룹으로 묶기

[그룹] 시트

1 실습 파일은 [행: 소재지역], [값: 결제금액]으로 구성된 피벗 테이블입니다.

함께 보면 좋은
동영상 강의

2 소재지역에서 광역시와 특별시만 선택합니다. [A9:A13] 셀을 마우스로 드래그해 선택한 후 Ctrl 을 누른 채 [A15:A16] 셀을 추가로 선택하고 마우스 오른쪽 버튼을 누른 다음 [그룹]을 선택합니다.

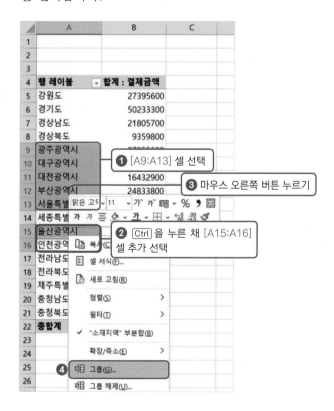

3 선택한 소재지역이 [그룹1]로 묶였고, 필드 목록과 [행] 영역에 [소재지역2]가 생성된 것을 확인할 수 있습니다. 원래의 [소재지역] 필드 상위에 [소재지역2] 필드가 생성된 것입니다. 광역시와 특별시는 [그룹1]이라는 그룹 이름이 생성돼 묶였지만, 나머지 지역은 그룹으로 선택하지 않았으므로 원래 지역 이름과 같은 그룹 이름 아래에 각각 위치합니다.

4 나머지 지역도 그룹으로 설정해 보겠습니다. 앞서 광역시와 특별시를 선택한 것과 같이 할 수도 있지만, 좀 더 쉽게 그룹을 축소해 한 번에 선택해 보겠습니다. [행 레이블]의 아무 곳에서나 마우스 오른쪽 버튼을 누른 후 [확장/축소]를 선택하고 [전체 필드 축소]를 클릭합니다.

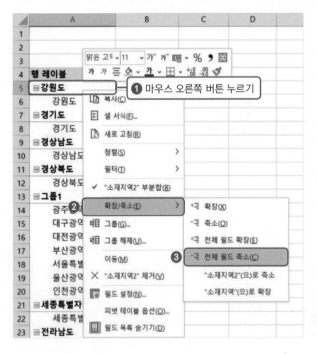

그룹이 축소된 모습

5 이미 그룹으로 설정된 광역시와 특별시를 포함한 그룹1만 제외하고 나머지를 선택해 보겠습니다. [A5:A15] 셀을 선택한 후 Ctrl 을 누른 채 [A9] 셀을 클릭해 선택에서 제외합니다. 그런 다음 마우스 오른쪽 버튼을 눌러 [그룹]을 선택하세요.

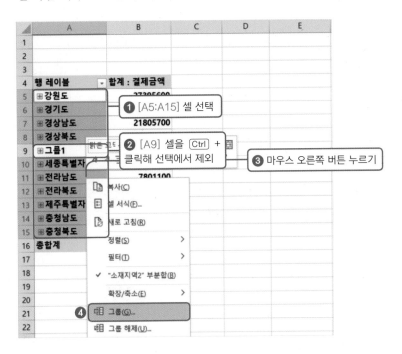

6 나머지 지역도 [그룹2]로 묶인 것을 확인할 수 있습니다. 그룹 이름 앞의 [축소 ➖]를 클릭하면 그룹이 축소되고, [확대 ➕]를 클릭하면 확장됩니다.

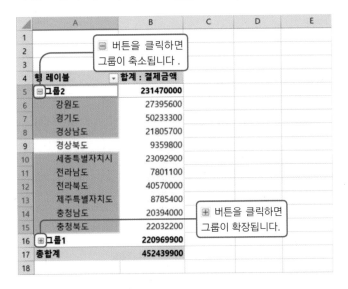

7 마지막으로 각 그룹의 이름을 변경하겠습니다. [A5] 셀을 선택한 후 수식 입력줄에서 그룹 2를 삭제하고 일반 시/도를 입력한 다음 [Enter]를 누릅니다. 이와 마찬가지로 [A16] 셀을 선택한 후 수식 입력줄에서 그룹1을 삭제하고 특별시/광역시를 입력한 다음 [Enter]를 누릅니다. 소재지역을 그룹으로 묶은 피벗 테이블이 완성됐습니다.

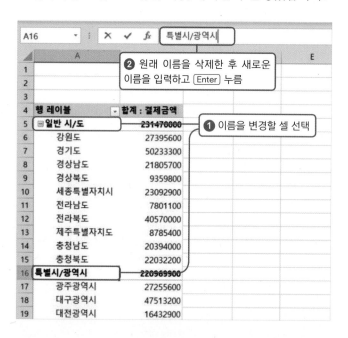

시간 변화에 따른 분석을 위해 날짜 그룹 만들기

피벗 테이블에서 그룹 기능은 활용하기에 따라 데이터를 새로운 시각으로 분석해낼 수 있어서 매우 유용합니다. 특히 날짜 데이터는 더욱 특별하게 분석할 수 있습니다.

시간의 변화를 고려한 데이터 분석을 시계열 분석(time series analysis)이라고 합니다. 주로 연, 분기, 월, 주, 일 등의 시간 요소를 고려해 지표를 분석하는 경우가 많습니다. 지표의 변화 추세나 패턴을 분석하는 가장 좋은 방법입니다.

예를 들어 거래처 A와 B가 이번 달에 똑같이 50이라는 매출액을 기록했다고 가정했을 때, 이 50이 어떤 수준의 결과 지표인지를 알려면 이전 기간의 변화 추세를 살펴보거나 다른 지표와 연계해 분석해야 합니다.

2021년 6월 매출액 현황

거래처	매출액
A	50
B	50

두 거래처의 매출액이 같으니 둘 다 잘한 것 아닌가?

다음 그래프를 보면 거래처 A는 1월 매출 100에서 지속적으로 감소해 6월에 50을 기록해 절반으로 감소했고, 거래처 B는 1월 매출 5에서 시작해 6월에 50으로 10배 증가했다는 것을 알 수 있습니다. 이렇게 시간 변화에 따른 추세를 분석하면 같은 매출액 50이라도 지표의 의미가 다르다는 것을 알 수 있습니다.

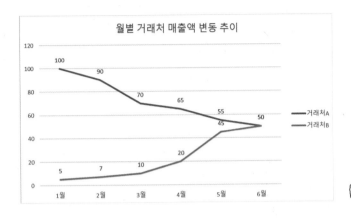

같은 50이지만 시계열 분석하니 다른 50이 됐습니다!

하면 된다! } 날짜 그룹으로 분기별 매출 추세 나타내기

[날짜그룹] 시트

1 실습 파일은 [값: 결제금액]으로 구성된 피벗 테이블입니다. 이 피벗 테이블의 행 영역에 [구매일자] 필드를 추가해 보겠습니다. [구매일자] 필드를 [행] 영역에 드래그 앤 드롭합니다. [행] 영역에 [월] 필드가 자동으로 생성된 것을 확인할 수 있습니다.

함께 보면 좋은
동영상 강의

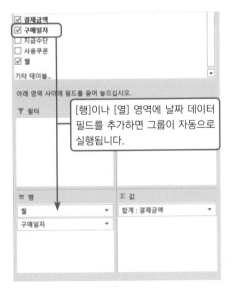

[행]이나 [열] 영역에 날짜 데이터 필드를 추가하면 그룹이 자동으로 실행됩니다.

원본 데이터의 열 전체 데이터를 정상적인 날짜 데이터로 설정해 놓아야 피벗 테이블에서 날짜를 활용한 데이터 분석을 할 수 있어요!

2 [행 레이블]의 아무 곳에 마우스 오른쪽 버튼을 누른 후 [그룹]을 선택합니다. 이미 [일]과 [월]이 그룹으로 선택돼 있는 것을 확인할 수 있습니다. 그래서 [행] 영역에 [구매일자]를 추가했을 때 [월]이 자동으로 추가된 것입니다.

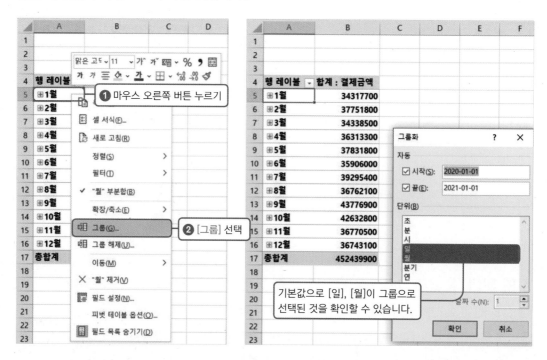

3 [그룹화] 대화상자에서 [분기]를 선택한 후 [확인]을 클릭합니다. 피벗 테이블에는 [분기] 행, 필드 목록에는 그룹화한 필드, [행] 영역에는 [분기] 필드가 추가됐습니다.

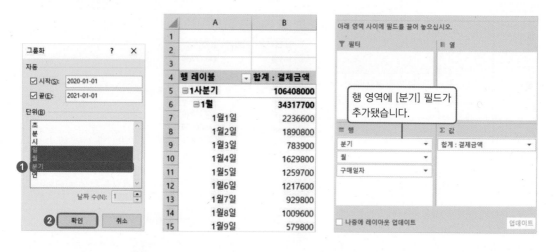

4 새로 그룹화한 [분기] 필드만 이용해 분석해 보겠습니다. [행] 영역의 [월] 필드와 [구매일자] 필드를 [필터] 영역으로 드래그 앤 드롭해 이동합니다. 매출액을 분기별로 분석한 피벗 테이블을 확인할 수 있습니다.

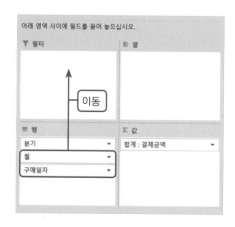

> 그룹화 항목에 [주]는 없습니다. 주별로 분석해야 할 때는 원본 데이터에 WEEKNUM 함수를 이용해 [주차] 열을 따로 추가해야 합니다.

03-6 필터를 이용해 필요한 데이터에 집중하기

• 실습 파일 3.6필터(실습).xlsx   • 완성 파일 3.6필터(완성).xlsx

필터는 특정 조건에 해당하는 데이터만 표시하고, 다른 데이터를 숨김으로써 꼭 봐야 할 데이터에 집중할 수 있도록 도와줍니다.

피벗 테이블에서 필터는 엑셀의 기본 필터 기능을 그대로 가지고 있어서 이 기능에 익숙한 사람이라면 쉽게 사용할 수 있습니다. 필터는 열과 행에서 똑같이 사용할 수 있는데, 열과 행 항목에 적용할 수 있는 레이블 필터와 값 항목에 적용할 수 있는 값 필터가 있습니다. 하나씩 살펴볼까요?

필요한 행과 열만 남기는 [레이블 필터]

레이블 필터는 행이나 열에 있는 필드 이름에 조건을 설정하는 필터를 말합니다. [행] 레이블의 오른쪽에 있는 [필터 ▼]를 눌러 [레이블 필터]를 선택하면 설정할 수 있는 필터의 종류가 나타납니다.

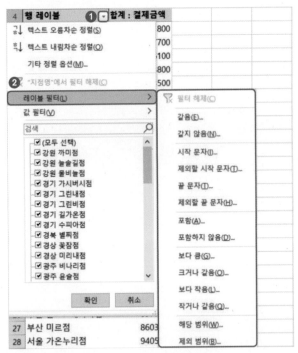

레이블의 데이터가 텍스트 형식일 때는 크기를 오름차순으로 판단합니다. 즉, '가'보다 '나'가 더 크고, 'A'보다 'B'가 더 크다고 인식합니다.

[레이블 필터]에서 설정할 수 있는 필터의 종류

하면 된다! 〉 시작 문자가 '인천'인 행만 필터링하기 — [레이블 필터]

[레이블 필터] 시트

1 실습 파일은 [행: 지점명], [값: 결제금액]인 피벗 테이블입니다.

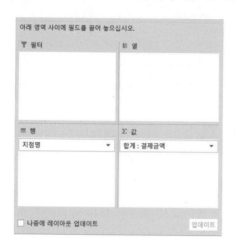

함께 보면 좋은
동영상 강의

2 [행 레이블]의 오른쪽에 있는 [필터 ▾]를 클릭한 후 [레이블 필터]를 선택하고 [시작 문자]를 선택합니다.

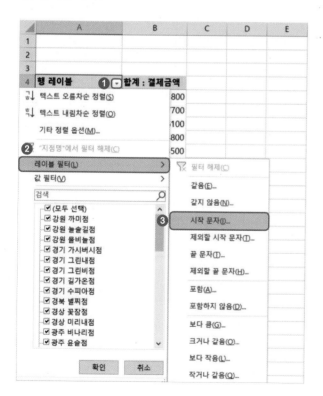

3 시작 문자에 인천을 입력한 후 [확인]을 클릭합니다. 지점명이 인천으로 시작하는 데이터만 필터링됐습니다.

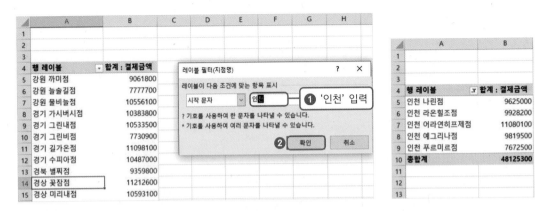

4 필터를 해제하기 위해 다시 [행 레이블]의 오른쪽에 있는 [필터 ▼]를 클릭한 후 ["지점명"에서 필터 해제]를 선택합니다. 필터가 해제돼 모든 행 레이블이 표시되는 것을 확인할 수 있습니다.

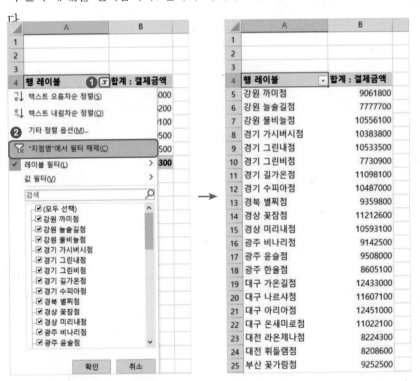

필요한 값을 골라볼 수 있는 [값 필터]

특정 조건에 해당하는 값만 분석할 때는 [값 필터]를 이용합니다. [값 필터]의 기능은 [레이블 필터]와 모두 같으며, 상위 또는 하위 몇 개의 값을 필터링해 주는 매우 유용한 [상위 10] 기능이 추가됐습니다.

하면 된다! ╲ 실매출이 가장 높은 10개 지점 필터링하기 — [값 필터]

[값 필터] 시트

1 실습 파일은 [행: 지점명], [값: 결제금액]인 피벗 테이블입니다.

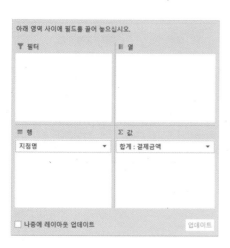

함께 보면 좋은
동영상 강의

2 [행 레이블]의 오른쪽에 있는 [필터 ▼]를 클릭해 [값 필터]를 클릭한 후 [상위 10]을 선택합니다.

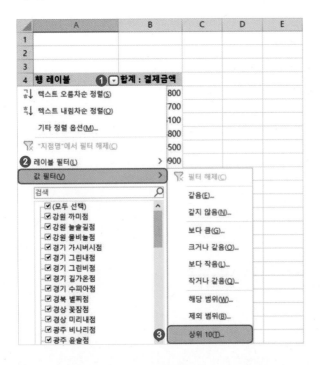

3 [상위 10 필터(지점명)] 대화상자가 나타납니다. 이미 설정돼 있으므로 [확인]을 누르면 상위 10개 지점이 필터링됩니다.

	A	B	C
1			
2			
3			
4	**행 레이블**	**합계 : 결제금액**	
5	경기 길가온점	11098100	
6	경상 꽃잠점	11212600	
7	대구 가온길점	12433000	
8	대구 나르샤점	11607100	
9	대구 아리아점	12451000	
10	세종 가람점	11150900	
11	세종 그린나래점	11942000	
12	전라 단미점	11313000	
13	전라 푸실점	11611800	
14	충청 마루점	13660600	
15	**총합계**	**118480100**	
16			

 **최반장의 꿀팁!** **[상위 10 필터] 대화상자 살펴보기**

[상위 10 필터] 대화상자에는 4개의 선택 박스가 있습니다. 첫 번째 박스에서는 [상위/하위]를 선택할 수 있는데 [상위]는 가장 큰 값, [하위]는 가장 작은 값을 기준으로 필터링합니다.

두 번째와 세 번째 박스에서는 필터의 범위를 결정합니다. 기본값으로 [10]과 [항목]이 설정돼 있는데 이 것은 10개를 의미합니다. 숫자를 바꾸면 필터링할 값의 범위가 결정됩니다. 세 번째 박스에서는 [항목] 이외에도 상위 몇 퍼센트의 값을 필터링할 수 있는 [%]와 값의 한계를 범위로 할 수 있는 [합계]가 있습 니다.

마지막 네 번째 박스인 [기준]은 필터링할 대상의 [값] 필드를 선택합니다. 특히 [값] 필드가 여러 개라면 기준으로 삼을 [값] 필드를 선택해야 합니다.

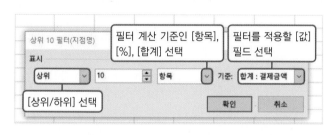

03-7 복잡한 필터 조작을 대신하는 직관적인 버튼 — 슬라이서

• 실습 파일 3.7슬라이서(실습).xlsx   • 완성 파일 3.7슬라이서(완성).xlsx

애플의 아이폰은 직관적인 사용법으로 유명합니다. 아직 걷지도 못하는 어린아이가 가르쳐 주지도 않았는데 '밀어서 잠금 해제' 기능으로 아이폰을 활성화하는 장면은 많은 사람에게 큰 충격을 줬습니다.

엑셀에도 아이폰처럼 직관적인 기능이 있습니다. 바로 슬라이서(slicer)입니다. 기능 자체만 보면 앞서 다룬 필터와 매우 비슷하지만, 버튼 형태로 돼 있어 사용자가 직접 타이핑하지 않아도 기능을 실행할 수 있습니다.

슬라이서는 엑셀 표와 피벗 테이블에서 모두 사용할 수 있습니다.

슬라이서 삽입하기

슬라이서를 사용해 보고서를 만들면 엑셀 또는 필터 기능을 잘 사용하지 못하는 사람도 데이터를 쉽게 조작할 수 있습니다. 슬라이서를 삽입하는 방법도 간단합니다. 바로 [피벗 테이블 분석] 메뉴에서 [슬라이서 삽입] 기능을 사용하면 되죠. 앞서 다뤘던 데이터에 슬라이서를 적용해 보겠습니다.

하면 된다! ⦆ 지점별 매출 데이터에 슬라이서 삽입하기

[슬라이서] 시트

1 실습 파일은 [행: 지점명], [값: 결제금액]으로 구성된 피벗 테이블입니다.

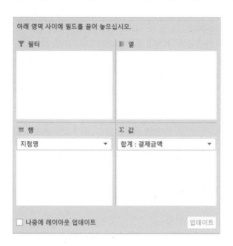

함께 보면 좋은
동영상 강의

2 피벗 테이블 아무 곳이나 선택한 후 [피벗 테이블 분석] 탭 → [필터] 그룹 → [슬라이서 삽입]
을 클릭합니다.

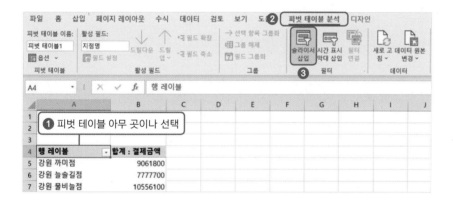

3 원본 데이터의 필드가 모두 들어 있는 [슬라이서 삽입] 대화상
자가 나타납니다. 필드를 1개 또는 여러 개를 선택할 수 있는데, 여
기에서는 [소재지역], [주문유형], [상품군]을 체크 표시하고 [확인]
을 클릭합니다.

4 슬라이서가 삽입됐습니다. 슬라이스는 도형과 같은 개체이므로 각각 마우스로 드래그 앤 드롭해 자유롭게 배치할 수 있습니다.

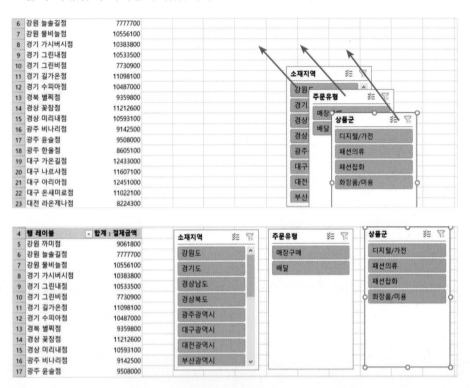

5 슬라이서를 하나씩 클릭해 보세요. 슬라이서에서 선택한 필드로 필터링된 데이터만 남는다는 것을 확인할 수 있습니다. 슬라이서의 오른쪽 위에서 [필터 해제 ▽]를 클릭하면 선택한 필터가 해제돼 모두 선택됩니다.

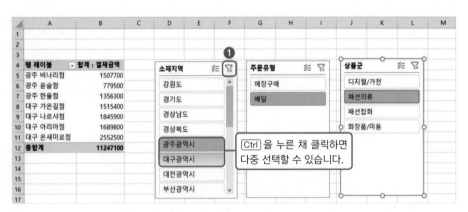

슬라이서의 핵심은 '연결 관리'

슬라이서를 정확히 다루려면 중요한 개념인 **연결**을 잘 이해해야 합니다. 슬라이서 기능의 핵심이 바로 '피벗 테이블과의 연결'이기 때문입니다.

슬라이서에서 [디지털/가전]을 선택해 '디지털/가전'에 해당하는 결제금액의 합계가 필터링된 상태입니다.

슬라이서는 1개 이상의 피벗 테이블에 연결할 수 있습니다. 즉, 슬라이서의 영향을 받아 필터링되는 피벗 테이블은 여러 개가 될 수 있으며, 이는 피벗 테이블의 필터 기능과 가장 큰 차이점이기도 합니다.

피벗 테이블이 여러 개일 때는 특히 어느 슬라이서를 어느 피벗 테이블에 연결할지 잘 설계해 관리해야 오류가 발생하지 않습니다.

하면 된다! ┝ 하나의 슬라이서에 여러 피벗 테이블 연결하기

[슬라이서 연결] 시트

1 실습 파일은 [행: 지점명], [값: 결제금액]으로 구성된 피벗 테이블입니다.

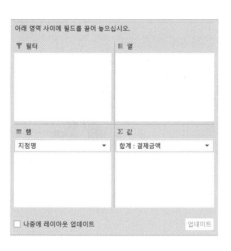

함께 보면 좋은 동영상 강의

2 [D4] 셀과 [G4] 셀에 피벗 테이블을 복사합니다.

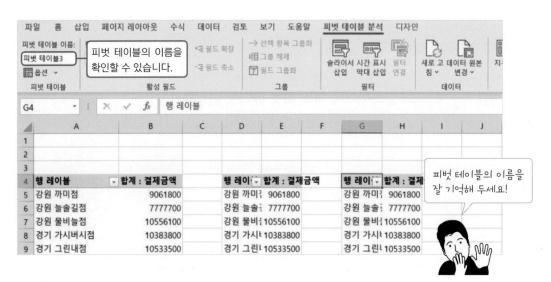

피벗 테이블을 복사하는 방법은 109쪽을 참고하세요.

3 피벗 테이블을 선택한 후 [피벗 테이블 분석] 탭을 눌러 새로 생성한 피벗 테이블의 이름을 확인하세요. [피벗 테이블1], [피벗 테이블2], [피벗 테이블3], … 식으로 설정돼 있는데, 직접 입력해 변경할 수도 있습니다.

피벗 테이블의 이름을 확인할 수 있습니다.

피벗 테이블의 이름을 잘 기억해 두세요!

4 이제 슬라이서를 삽입하겠습니다. 첫 번째 [피벗 테이블1]의 아무 곳이나 선택한 후 [피벗 테이블 분석] 탭 → [필터] 그룹 → [슬라이서 삽입]을 클릭합니다. [슬라이서 삽입] 대화상자가 나타나면 [주문유형]과 [성별]에 체크 표시하고 [확인]을 클릭합니다.

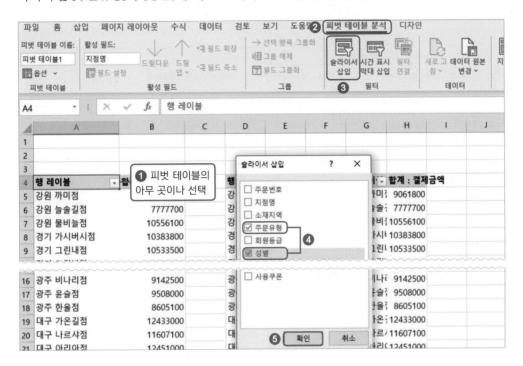

5 삽입된 슬라이서는 피벗 테이블의 오른쪽 위로 옮기고, 크기를 조절합니다.

6 슬라이서를 하나씩 클릭해 보세요. [피벗 테이블1]의 데이터만 필터되고, 나머지 피벗 테이블 2개의 데이터는 변화가 없습니다. 그 이유는 [피벗 테이블1]에만 슬라이서가 연결돼 있기 때문입니다.

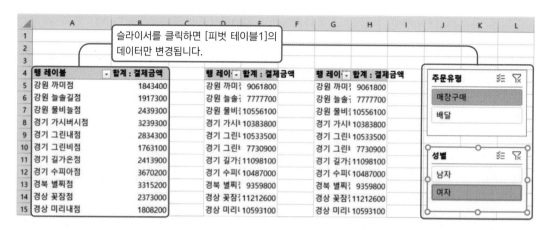

7 슬라이서를 조작하면 나머지 피벗 테이블에도 적용되도록 연결을 설정하겠습니다. [주문유형] 슬라이서를 선택한 후 [슬라이서] 탭 → [슬라이서] 그룹 → [보고서 연결]을 클릭합니다. [보고서 연결] 메뉴에서 [피벗 테이블1]만 선택돼 있는데, [피벗 테이블2]와 [피벗 테이블3]을 클릭해 선택하고 [확인]을 클릭합니다.

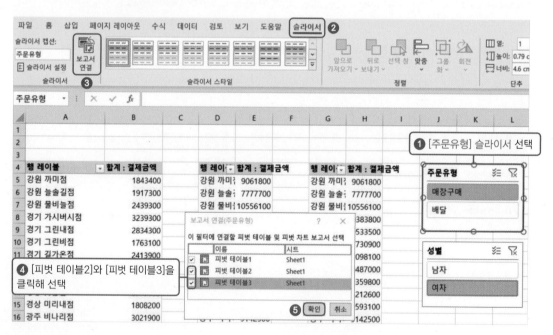

8 [성별] 슬라이서에도 [피벗 테이블2]와 [피벗 테이블3]을 연결합니다.

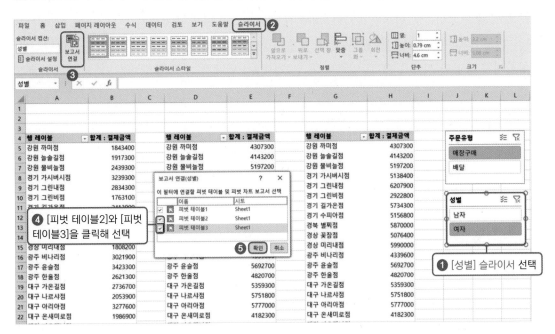

9 피벗 테이블 3개의 데이터가 똑같이 바뀐 것을 확인할 수 있습니다. 이제 슬라이서 2개가 피벗 테이블 3개에 연결돼 있는 것입니다. 슬라이서를 선택해 계속 변경해 보세요. 피벗 테이블 3개가 똑같이 영향을 받으면서 데이터가 필터링됩니다.

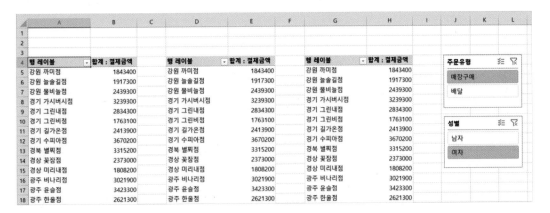

[슬라이서] 탭에서 자주 사용하는 3가지

눈치가 빠른 분이라면 알아챘겠지만, 피벗 테이블을 삽입하면 평소에는 없던 [피벗 테이블 분석] 탭과 [디자인] 탭이 나타났던 것처럼, 슬라이서를 삽입하면 [슬라이서] 탭이 나타납니다. 여기에서 다양한 설정을 할 수 있습니다. [슬라이서] 탭에서 자주 설정하는 3가지를 알아보겠습니다.

메뉴 ❶ 슬라이서 캡션 ― 머리글 이름 설정

슬라이서의 머리글에 표시되는 캡션을 설정할 수 있습니다. 사용자가 알아보기 쉬운 이름으로 설정해야 보고서의 효과를 높일 수 있습니다.

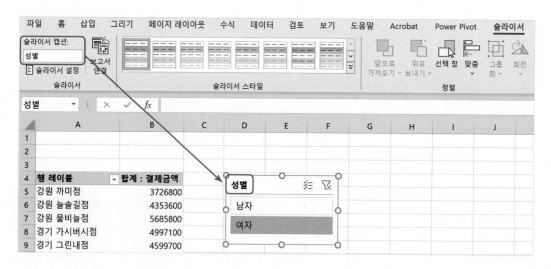

메뉴 ❷ 슬라이서 설정 ― 세부 설정

[슬라이서] 탭 → [슬라이서] 그룹 → [슬라이서 설정]을 누르면 [슬라이서 설정] 대화상자가 나타납니다. 여기서 다양한 설정을 할 수 있습니다.

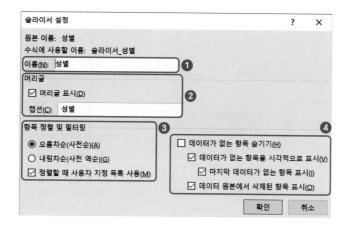

❶ **이름:** 슬라이서 개체의 이름을 설정합니다. 이 이름은 엑셀에서 인식하는 이름입니다. 실제 사용자의 화면에는 보이지 않아요.

❷ **머리글(캡션):** 슬라이서의 머리글에 표시되는 캡션을 설정할 수 있습니다. [머리글 표시] 앞의 체크 표시를 제거하면 슬라이서에서 캡션을 숨길 수 있습니다.

머리글이 표시된 모습과 머리글을 제거한 모습

❸ **항목 정렬 및 필터링:** 슬라이서에 표시되는 항목의 순서를 정렬합니다. [오름차순]이 기본값으로 설정돼 있지만, [내림차순]으로 변경할 수 있습니다. [정렬할 때 사용자 지정 목록 사용]에 체크 표시를 하면 엑셀 옵션에서 설정한 사용자 지정 목록을 사용할 수 있습니다. 정렬에 관한 내용은 03-4에서 자세히 다뤘습니다.

❹ **데이터가 없는 항목 숨기기 / 데이터가 없는 항목을 시각적으로 표시:** 슬라이서를 2개 이상 사용하면 하나의 슬라이서에서 필터링한 결과가 다른 슬라이서에서는 일부 없을 수 있습니다. 예를 들어 [소재지역] 슬라이서에서 [강원도]를 선택하면 [지점명] 슬라이서에서 강원도 이외 지역의 지점명은 선택할 수 없습니다. 이미 [강원도]로 복사됐기 때문에 그 지역 내 지점만 데이터를 갖고 있고, 추가 필터를 할 수 있기 때문입니다. 옵션 ❹는 이렇게 데이터가 없는 항목을 숨기거나 표시할 수 있습니다.

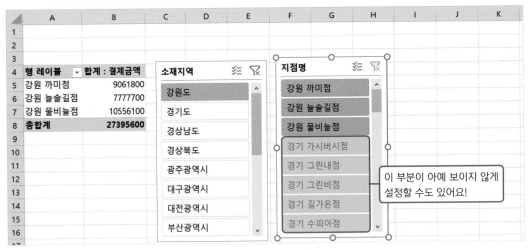

데이터가 없는 항목을 시각적으로 표시한 모습

메뉴 ❸ 슬라이서 스타일 — 슬라이서 꾸미기

다음으로 [슬라이서 스타일]을 알아보겠습니다. 여기에서는 엑셀에서 이미 조합해 놓은 스타일을 슬라이서에 적용할 수 있습니다.

[자세히 ▾]를 클릭하면 가려져 있던 다양한 스타일이 나타납니다. 확장된 [스타일] 창의 아래쪽에서 [새 슬라이서 스타일]을 선택하면 슬라이서의 구성 요소마다 스타일을 지정할 수 있습니다.

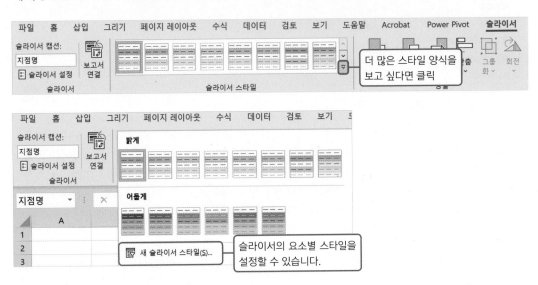

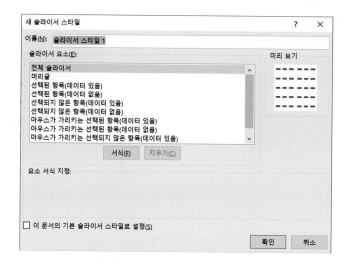

회사에서 주로 사용하는 색상 조합으로 스타일을 만들어 두고 사용하면 보고서가 훨씬 돋보일 수 있어요!

 **정렬은 디자인의 기본!**

'디자인은 정렬에서 시작한다.'라는 말이 있습니다. 창의적이고 아름다운 글씨나 그림을 만들어 내는 것도 중요하지만, 사용한 요소의 간격과 크기나 위치를 맞추는 것이 디자인의 기본입니다.

엑셀에서는 디자인의 기본을 지킬 수 있도록 정렬 기능을 제공합니다. 이 기능은 엑셀뿐만 아니라 파워포인트와 워드 등 마이크로소프트 오피스의 다른 제품군에서도 비슷하게 제공되므로 한 번 익혀 두면 다양하게 활용할 수 있습니다.

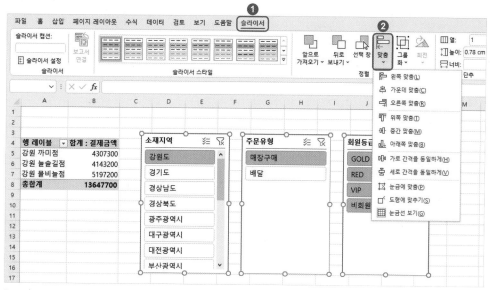

[슬라이서] 탭 → [정렬] 그룹 → [맞춤]을 클릭하면 선택한 개체를 정렬할 수 있습니다.

**이 문제 풀면
나도 능력자!** | **피벗 테이블 보고서 만들기**

• 실습 파일 능력시험(3장).xlsx • 완성 파일 능력시험(3장)_정답.xlsx

3장에서는 본격적으로 피벗 테이블을 만드는 방법과 기본 활용 방법을 시작으로 실무에서 가장 많이 사용되는
필수 기능인 정렬, 그룹, 필터까지 배웠습니다.

이제 배운 내용을 토대로 문제를 풀어 보세요! [원본 데이터]를 이용해 상품분류, 품명 및 판매처별 판매금액
분석용 피벗 테이블 보고서로 만드세요.

	A	B	C	D	E	F	G	H
1	판매일자	(모두)						
2								
3	합계 : 판매 금액	열 레이블						
4	행 레이블	오프라인	온라인	총합계				
5	⊟토마토	7,086,100	5,445,700	12,531,800				
6	경남 창녕 완숙토마토	713,600	572,000	1,285,600				
7	대추 방울토마토	1,512,000	1,128,400	2,640,400				
8	무농약 대추방울토마토	1,983,700	441,600	2,425,300				
9	지리산 대추 방울토마토	789,700	715,000	1,504,700				
10	찰 토마토 2.5kg	1,070,700	596,700	1,667,400				
11	찰토마토 5kg	1,016,400	1,992,000	3,008,400				
12	⊟기타 상품	14,784,400	10,784,500	25,568,900				
13	명품 산더덕 1kg	1,069,500	218,900	1,288,400				
14	무농약 햇연근1kg	1,332,000	136,000	1,468,000				
15	생딸기 1.5kg	340,800	1,775,500	2,116,300				
16	서귀포 한라봉	2,888,400	777,400	3,665,800				
17	설향 딸기	644,800	587,100	1,231,900				
18	울릉도 더덕	1,590,000	1,424,000	3,014,000				
19	제주 콜라비	3,224,200	788,400	4,012,600				
20	제주 한라봉	1,780,200	1,006,300	2,786,500				
21	타이벡 레드향 3kg	378,000	1,856,900	2,234,900				
22	한라봉 5kg	1,536,500	2,214,000	3,750,500				
23	총합계	21,870,500	16,230,200	38,100,700				
24								

 힌트

1단계 [필터: 판매일자], [행: 품명], [열: 판매처], [값: 총 판매 금액]
인 피벗 테이블을 만듭니다.

2단계 품명에 토마토가 포함된 항목을 그룹으로 묶고, 그룹 이름을
토마토로 설정해 주세요.

3단계 나머지 항목을 그룹으로 묶고, 그룹 이름을 기타 상품으로
설정해 주세요.

정답 및 풀이는
동영상을 참고하세요!

레이아웃, 서식과 피벗 차트로 완성하는 데이터 시각화

사람이 컴퓨터와 소통해 데이터를 활용하려면 엑셀과 같은 도구가 필요합니다. 그리고 분석 결과를 다른 사람에게 전달해 더욱 효과적으로 소통하려면 데이터 시각화가 필요합니다. 4장에서는 데이터 분석 결과를 효과적으로 전달하는 데 도움이 되는 피벗 테이블의 레이아웃과 스타일을 변경하는 방법부터 엑셀 데이터 시각화의 꽃이라고 할 수 있는 피벗 차트를 만드는 방법까지 알아보겠습니다.

행 레이블 ▼	합계 : 수량	합계 : 결제금액	합계 : 사용쿠폰	합계 : 수량2	합계 : 결제금액2
강원도	570	27395600	513000	570 →	27395600
경기도	1006	50233300	755000	1006 ↑	50233300
경상남도	446	21805700	308000	446 →	21805700
경상북도	182	9359800	142000	182 ↓	9359800
광주광역시	553	27255600	446000	553 →	27255600
대구광역시	898	47513200	606000	898 ↑	47513200
대전광역시	335	16432900	251000	335 ↓	16432900
부산광역시	498	24833800	367000	498 →	24833800
서울특별시	742	38102300	555000	742 ↑	38102300
세종특별자치시	447	23092900	318000	447 →	23092900
울산광역시	384	18706800	274000	384 ↓	18706800
인천광역시	965	48125300	695000	965 ↑	48125300
전라남도	182	7801100	155000	182 ↓	7801100
전라북도	799	40570000	574000	799 ↑	40570000
제주특별자치도	169	8785400	125000	169 ↓	8785400
충청남도	381	20394000	342000	381 ↓	20394000
충청북도	417	22032200	283000	417 →	22032200
총합계	8974	452439900	6709000	8974	452439900

복잡한 데이터를 보기 쉽게 만들어 보세요!

04-1 피벗 테이블을 풍성하게 만드는 레이아웃과 디자인

04-2 피벗 테이블을 보고서에 맞게 만드는 2가지 방법

04-3 조건부 서식으로 데이터 강조하기

04-4 데이터 시각화의 꽃, 피벗 차트

[이 문제 풀면 나도 능력자!] 피벗 테이블 레이아웃 변경하기

04-1 피벗 테이블을 풍성하게 만드는 레이아웃과 디자인

• 실습 파일 4.1레이아웃(실습).xlsx   • 완성 파일 4.1레이아웃(완성).xlsx

계층이 있는 필드 구조 이해하기

피벗 테이블로 2가지 이상의 변수를 조합해 분석할 때는 [행]이나 [열] 영역에 분석하고자 하는 필드를 추가하면 됩니다. 이때 필드가 2개 이상 되면 테이블이 계층(hierarchy) 구조를 형성하는데, 행과 열 영역의 위쪽이 상위 계층, 아래쪽이 하위 계층을 구성하므로 필드를 추가하는 순서는 매우 중요합니다.

다음 그림은 성별, 주문유형, 회원등급별 결제금액을 분석한 피벗 테이블입니다. 여기에서 [행] 영역의 각 필드는 위치에 따라 [성별]에 따른 [주문유형]을 분석하고, 다시 [회원등급]으로 분석하는 계층 구조를 이룹니다.

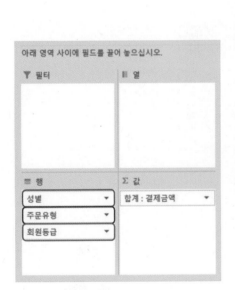

이렇게 [행] 영역이 2개 이상의 변수로 이뤄진 피벗 테이블은 여러 레이아웃을 설정할 수 있습니다. 지금부터 피벗 테이블의 각 레이아웃 특징과 설정 방법을 알아보겠습니다.

피벗 테이블의 레이아웃 변경하기

피벗 테이블의 레이아웃은 피벗 테이블을 클릭한 후 [디자인] 탭 → [레이아웃] 그룹에서 설정할 수 있습니다. 레이아웃의 종류에는 [압축 형식], [개요 형식] 그리고 [테이블 형식]이 있습니다. 피벗 테이블을 삽입하면 기본값인 [압축 형식]으로 만들어지는데, 상황과 목적에 따라 레이아웃을 변경해 설정할 수 있습니다.

❶ 압축 형식

압축 형식은 피벗 테이블의 기본 레이아웃 형식으로, [행] 영역에 추가한 '모든 필드가 하나의 열'에 압축돼 나타납니다. 각 필드가 자동으로 들여쓰기돼 알아보기 편하고, 공간을 가장 적게 차지한다는 장점이 있습니다.

② 개요 형식

개요 형식은 '하나의 필드마다 하나의 열'에 분리돼 표시되는 형식입니다. 필드의 개수만큼 열
이 늘어나 압축 형식에 비해 공간을 많이 차지하지만, 다음 열의 항목이 이전 열의 항목보다
한 행 아래에 표시돼 항목과 항목을 구분하기 쉽고, 그룹별 합계가 눈에 잘 띈다는 장점이 있
습니다.

③ 테이블 형식

테이블 형식은 '하나의 필드마다 하나의 열'에 분리돼 표시된다는 점에서 개요 형식과 같은 구
조인데, 다음 열의 항목이 이전 열의 항목과 같은 행에 표시된다는 점이 다릅니다. 부분합과
총합계를 삭제하고 모든 항목 레이블을 반복하면 다른 분석을 위한 원본 데이터로도 활용할
수 있습니다.

 **최반장의 꿀팁!**   **피벗 테이블의 빈 셀을 채울 수 있어요!**

개요 형식과 테이블 형식의 피벗 테이블에는 비어 있는 셀이 많습니다. 만약 분석용 원본 데이터라면 공백이 없도록 전처리 작업을 해야겠지만, 완성된 보고서를 받는 사람에게는 오히려 데이터를 쉽게 이해할 수 있도록 도와주는 효과가 있습니다. 하지만 이러한 공백 때문에 보고서를 이해하고 의사를 전달하는 데 방해가 된다면 필드명을 빈 셀에 모두 채워 주는 게 좋습니다. [디자인] → [레이아웃] 그룹 → [보고서 레이아웃] → [모든 항목 레이블 반복]을 선택하면 피벗 테이블의 빈 셀이 채워집니다.

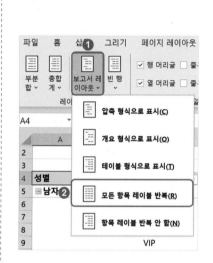

성별	주문유형	회원등급	합계 : 결제금액
남자			217001600
남자	매장구매		109002700
남자	매장구매	GOLD	29288900
남자	매장구매	RED	28548300
남자	매장구매	VIP	27387700
남자	매장구매	비회원	23777800
남자	배달		107998900
남자	배달	GOLD	27247700
남자	배달	RED	25283000
남자	배달	VIP	30136100
남자	배달	비회원	25332100
여자			235438300
여자	매장구매		116098800
여자	매장구매	GOLD	28871300
여자	매장구매	RED	34288300
여자	매장구매	VIP	27535800
여자	매장구매	비회원	25403400
여자	배달		119339500
여자	배달	GOLD	31759400
여자	배달	RED	28595100
여자	배달	VIP	26484400
여자	배달	비회원	32500600
총합계			452439900

부분합 표시하기/숨기기

필드가 2개 이상 되면 각 필드 간에 계층 관계가 형성되고, 상위 계층은 하위 계층의 필드로 구성된 그룹을 형성합니다. 이때 각 그룹의 부분합을 표시하거나 숨기는 방법을 알아보겠습니다.

하면 된다! } 부분합 표시하기

1 실습 파일은 [행: 성별, 주문유형, 회원등급], [값: 결제금액]으로 구성된 피벗 테이블로, 개요 형식의 레이아웃입니다. 개요 형식은 기본적으로 각 그룹의 상단에 부분합이 설정돼 있습니다.

함께 보면 좋은
동영상 **강의**

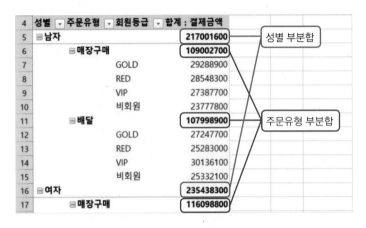

2 피벗 테이블을 선택한 후 [디자인] 탭 → [레이아웃] 그룹 → [부분합]을 클릭하고 [그룹 하단에 모든 부분합 표시]를 선택하면 각 그룹의 하단에 부분합이 나타납니다. 이때 각 그룹의 아래에 항목 이름 요약의 형태로 행이 추가됩니다.

3 부분합을 다시 그룹의 상단에 표시해 보겠습니다. 피벗 테이블을 선택한 후 [디자인] 탭 →
[레이아웃] 그룹 → [부분합]을 클릭하고 [그룹 상단에 모든 부분합 표시]를 선택하면 그룹의 하
단에 표시됐던 부분합이 다시 그룹의 상단에 표시되는 것을 확인할 수 있습니다.

4 피벗 테이블을 선택한 후 [디자인] 탭 → [레이아웃] 그룹 → [부분합] → [부분합 표시 안 함]
을 선택하면 상단 또는 하단에 표시됐던 부분합이 사라집니다.

총합계 나타내기/숨기기

피벗 테이블의 [값] 영역에 필드를 추가하면 해당 필드의 합계가 자동으로 나타납니다. 특히
행과 열이 교차하는 크로스 테이블 형식에서 합계가 없으면 피벗 테이블 보고서를 이해하기
어렵습니다. 피벗 테이블을 선택한 후 [디자인] 탭 → [레이아웃] 그룹 → [총합계] → [행 및 열의
총합계 설정]을 클릭하면 행과 열의 모든 총합계가 설정됩니다.

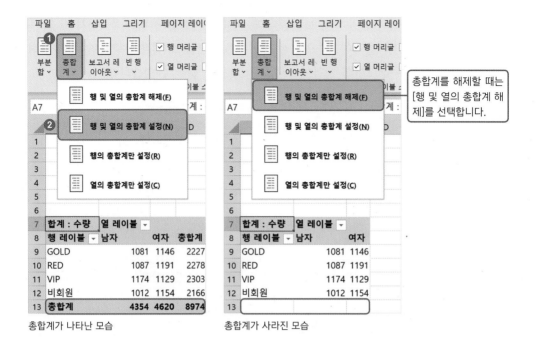

총합계를 해제할 때는 [행 및 열의 총합계 해제]를 선택합니다.

총합계가 나타난 모습   총합계가 사라진 모습

행 또는 열의 총합계를 개별적으로 설정할 수도 있습니다. [디자인] 탭 → [레이아웃] 그룹 → [총합계] → [행의 총합계만 설정]을 클릭하면 가로로 된 행 방향의 합계만 설정됩니다. 그리고 [열의 총합계만 설정]을 클릭하면 세로로 된 열 방향의 합계만 설정됩니다.

행의 총합계만 나타낸 모습   열의 총합계만 나타낸 모습

부분합과 총합계는 대부분 데이터를 쉽고 빠르게 이해하고 인사이트를 얻을 수 있는 중요한 요소입니다. 피벗 테이블이 아니라 일반 데이터 표를 사용할 때도 꼭 활용해 보세요.

피벗 테이블 스타일

글꼴 및 글꼴 크기부터 셀의 테두리와 음영에 이르기까지 미리 특정 서식으로 조합해 놓은 집합을 '스타일'이라고 합니다. 스타일을 이용하면 피벗 테이블 보고서를 쉽고 빠르게 돋보이는 서식으로 바꿔 줄 수 있습니다.

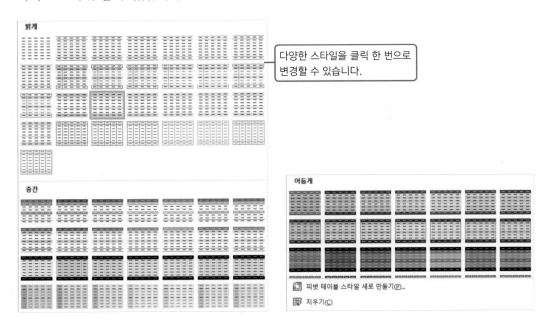

다양한 스타일을 클릭 한 번으로 변경할 수 있습니다.

스타일은 엑셀뿐만 아니라 파워포인트, 워드 등 마이크로소프트 오피스의 다른 제품에서도 똑같이 사용하므로 한 번 익혀 두면 여러 상황에서 활용할 수 있어서 편리합니다. 스타일을 변경하고 설정하는 방법을 알아보겠습니다.

하면 된다! } 피벗 테이블 스타일 변경하기

[스타일 변경] 시트

1 실습 파일은 [필터: 소재지역], [행: 상품군, 회원등급], [열: 주문유형], [값: 결제금액]으로 구성된 피벗 테이블입니다. 피벗 테이블을 선택한 후 [디자인] 탭 → [피벗 테이블 스타일] 그룹의 [자세히 ▾]를 클릭하면 [스타일 갤러리]가 펼쳐지는데, 여기에서 적용 가능한 스타일을 확인할 수 있습니다.

함께 보면 좋은
동영상 **강의**

2 이 스타일에 마우스 커서를 올려놓으면 스타일 이름이 나타납니다. 엑셀 버전마다 다를 수 있지만, 대부분 [연한 파랑, 스타일 밝게 16] 스타일이 적용돼 있습니다.

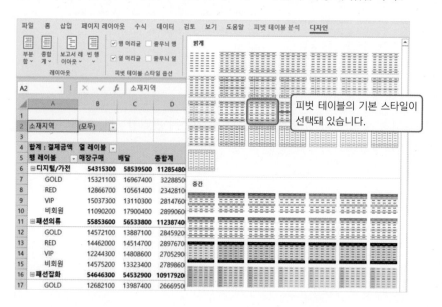

③ 스타일 갤러리에서 마음에 드는 스타일을 선택하면 피벗 테이블에 곧바로 적용됩니다. 스타일 갤러리의 [연한 주황, 피벗 스타일 보통 24]를 선택해 적용해 보겠습니다.

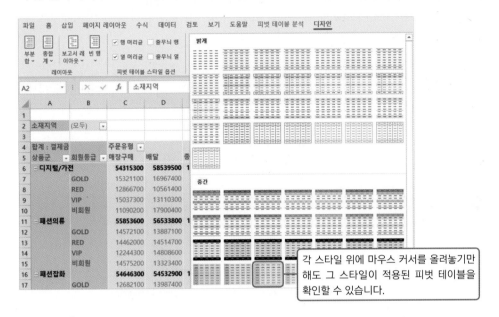

각 스타일 위에 마우스 커서를 올려놓기만 해도 그 스타일이 적용된 피벗 테이블을 확인할 수 있습니다.

④ 이번에는 스타일에 옵션을 설정해 보겠습니다. [디자인] 탭 → [피벗 테이블 스타일 옵션] 그룹에서 [줄무늬 행]과 [줄무늬 열]을 따로 선택해 보세요. 줄무늬 표시는 행과 열이 많을 때 데이터를 좀 더 보기 편하게 해주는 옵션입니다.

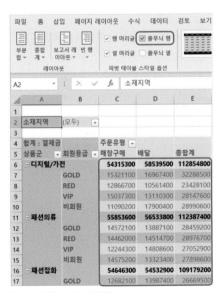

[줄무늬 행] 옵션을 선택함

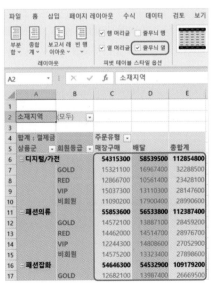

[줄무늬 열] 옵션을 선택함

5 [디자인] 탭 → [피벗 테이블 스타일 옵션] 그룹에서 [행 머리글]과 [열 머리글] 옵션은 피벗 테이블의 행과 열을 강조하거나 강조하지 않는 옵션입니다. 이 옵션을 해제하면 피벗 테이블의 모든 셀이 같은 서식으로 표시돼 가독성이 떨어지는 단점이 있으므로 필요에 따라 사용하세요.

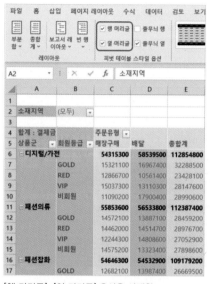

[행 머리글], [열 머리글] 옵션을 선택함

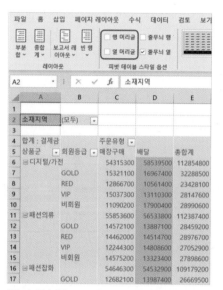

[행 머리글], [열 머리글] 옵션을 선택하지 않음

 **사용자 지정 스타일로 우리 회사만의 색을 저장하세요!**

사용자 지정 스타일을 이용하면 피벗 테이블의 모든 요소의 서식을 원하는 대로 지정하고 저장해 사용할 수 있습니다. 우리 회사만의 색을 스타일로 저장해 놓고 사용하면 더욱 멋진 보고서를 만들 수 있습니다.

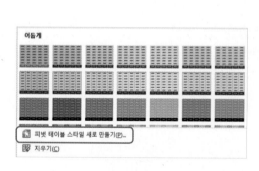

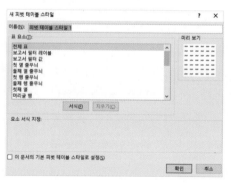

04-2 피벗 테이블을 보고서에 맞게 만드는 2가지 방법

• 실습 파일 4.2필드이름(실습).xlsx   • 완성 파일 4.2필드이름(완성).xlsx

보고서에 맞게 필드 이름 변경하기

필드(열) 이름은 필드에 포함된 데이터를 설명하는 제목입니다. 보고서가 잘 전달되려면 색상이나 구조와 같은 디자인 요소와 함께 필드(열) 이름이 매우 중요하므로 핵심 제목으로 정하는 것이 좋습니다.

예를 들어 피벗 테이블에서 [값] 영역에 필드를 추가하면 [합계: 결제금액] 형식으로 나타납니다. 이는 추가된 필드에서 어떤 계산이 수행됐는지를 보여 줍니다. 계산 유형이 평균이라면 [평균: 결제금액], 분산이라면 [분산: 결제금액]의 형식으로 표시되는데, 이는 보고서로 적절하지 않으므로 필드 이름을 변경하는 것이 좋습니다.

> 보고서를 보는 사람이 지표를 더욱 빠르게 이해하려면 필드의 이름이 명확해야 합니다.

필드 이름을 변경하는 방법은 몇 가지 있는데, 결과는 모두 같으므로 상황에 따라 쉽고 빠른 방법을 선택하면 됩니다. 다음 실습으로 필드 이름을 변경하는 방법을 알아보겠습니다.

하면 된다! } 피벗 테이블 필드 이름 변경하기

[필드이름] 시트

1 실습 파일은 [행: 상품군], [값: 결제금액]으로 구성된 피벗 테이블입니다.

함께 보면 좋은
동영상 강의

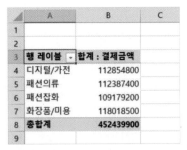

② 수식 입력줄에서 변경하기

결제금액 합계 열의 머리글을 매출액으로 수정해 보겠습니다. [B3]을 선택한 후 수식 입력줄에서 [합계: 결제금액]을 삭제하고 매출액을 입력한 다음 Enter 를 누릅니다. 머리글이 즉시 변경되는 것을 확인할 수 있습니다.

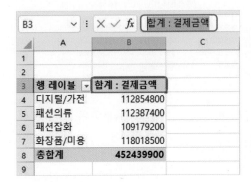

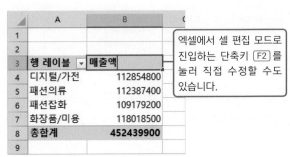

> 엑셀에서 셀 편집 모드로 진입하는 단축키 F2 를 눌러 직접 수정할 수도 있습니다.

③ 활성 필드에서 변경하기

다른 방법도 있습니다. 이름을 변경할 필드를 선택한 후 [피벗 테이블 분석] 탭 → [활성 필드] 항목 아래의 입력란에 있는 피벗 필드의 이름을 직접 수정하면 됩니다. 수식 입력줄에서 수정할 때와 달리 해당 필드의 아무 셀(열)이나 선택해도 내용을 바꿀 수 있다는 점이 다릅니다.

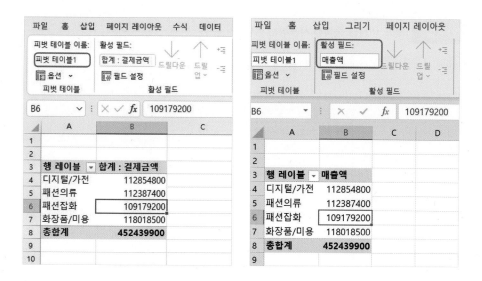

④ [값 필드 설정] 대화상자에서 변경하기

열 머리글을 더블클릭하면 [값 필드 설정] 대화상자가 나타나는데, 여기에서 [사용자 지정 이름] 항목의 오른쪽에 열 머리글 이름을 입력해 변경해도 됩니다.

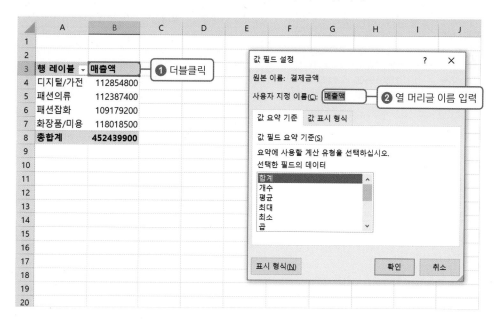

 **최반장의 꿀팁!** 필드 이름을 중복해 사용하는 방법

원본 데이터의 필드 이름은 피벗 테이블의 필드 이름으로 중복해 사용할 수 없습니다.

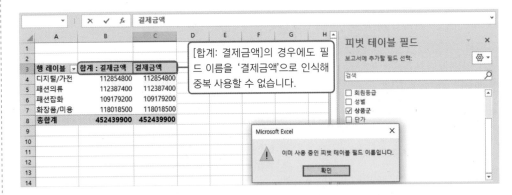

[합계: 결제금액]의 경우에도 필드 이름을 '결제금액'으로 인식해 중복 사용할 수 없습니다.

같은 이름을 사용하고 싶다면 어떻게 해야 할까요? 가장 쉬운 방법은 필드 이름 바로 뒤에 공백(스페이스바)을 넣는 것입니다. 엑셀에서는 '결제금액'과 '결제금액 '을 다르게 인식하기 때문입니다.

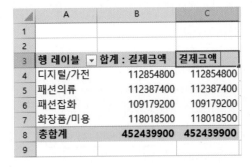

빈 셀에 값 표시하기

피벗 테이블로 데이터 분석을 하다 보면 빈 셀이 나타날 때가 있습니다. 해당하는 값이 없을 때 빈 셀로 표시되는 것은 당연한 결과입니다. 하지만 보고서에서는 빈 셀이 애매하게 보일 수 있습니다.

다음은 2010년대 KBO 리그의 팀별 성적 피벗 테이블입니다. 곳곳의 데이터가 공백 상태입니다. 그 시기에 아직 리그에 합류하지 않았거나 다른 이름을 사용했기 때문이죠.

데이터가 비어 있어서 보기 불편합니다.

합계 : 순위	열 레이블										
행 레이블	2010년	2011년	2012년	2013년	2014년	2015년	2016년	2017년	2018년	2019년	총합계
KIA 타이거즈	5	4	5	8	8	7	5	1	5	7	55
kt 위즈						10	10	10	9	6	45
LG 트윈스	6	7	7	3	4	9	4	6	8	4	58
NC 다이노스				7	3	3	2	4	10	5	34
SK 와이번스	1	2	2	6	5	5	6	5	1	3	36
넥센 히어로즈	7	8	6	4	2	4	3	7	4		45
두산 베어스	3	5	3	2	6	1	1	2	2	1	26
롯데 자이언츠	4	3	4	5	7	8	8	3	7	10	59
삼성 라이온즈	2	1	1	1	1	2	9	9	6	8	40
키움 히어로즈										2	2
한화 이글스	8	6	8	9	9	6	7	8	3	9	73
총합계	36	36	36	45	45	55	55	55	55	55	473

다음과 같이 보고서의 빈 셀을 [창단 전]으로 채우면 보는 사람이 더욱 쉽게 이해할 수 있겠죠?

합계 : 순위	열 레이블										
행 레이블	2010년	2011년	2012년	2013년	2014년	2015년	2016년	2017년	2018년	2019년	총합계
KIA 타이거즈	5	4	5	8	8	7	5	1	5	7	55
kt 위즈	창단 전	창단 전	창단 전	창단 전	창단 전	10	10	10	9	6	45
LG 트윈스	6	7	7	3	4	9	4	6	8	4	58
NC 다이노스	창단 전	창단 전	창단 전	7	3	3	2	4	10	5	34
SK 와이번스	1	2	2	6	5	5	6	5	1	3	36
넥센 히어로즈	7	8	6	4	2	4	3	7	4	창단 전	45
두산 베어스	3	5	3	2	6	1	1	2	2	1	26
롯데 자이언츠	4	3	4	5	7	8	8	3	7	10	59
삼성 라이온즈	2	1	1	1	1	2	9	9	6	8	40
키움 히어로즈	창단 전	창단 전	창단 전	창단 전	창단 전	창단 전	창단 전	창단 전	창단 전	2	2
한화 이글스	8	6	8	9	9	6	7	8	3	9	73
총합계	36	36	36	45	45	55	55	55	55	55	473

이처럼 피벗 테이블에서 빈 셀을 특정 값으로 표시하는 방법을 알아보겠습니다.

하면 된다! ﹜ 빈 셀을 원하는 값으로 바꾸기

[빈 셀 표시] 시트

1 실습 파일은 [행: 팀], [열: 연도], [값: 순위]로 구성된 피벗 테이블입니다.

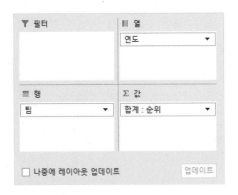

함께 보면 좋은
동영상 강의

합계 : 순위	열 레이블										
행 레이블	2010년	2011년	2012년	2013년	2014년	2015년	2016년	2017년	2018년	2019년	총합계
KIA 타이거즈	5	4	5	8	8	7	5	1	5	7	55
kt 위즈						10	10	10	9	6	45
LG 트윈스	6	7	7	3	4	9	4	6	8	4	58
NC 다이노스				7	3	3	2	4	10	5	34
SK 와이번스	1	2	2	6	5	5	6	5	1	3	36
넥센 히어로즈	7	8	6	4	2	4	3	7	4		45
두산 베어스	3	5	3	2	6	1	1	2	2	1	26
롯데 자이언츠	4	3	4	5	7	8	8	3	7	10	59
삼성 라이온즈	2	1	1	1	1	2	9	9	6	8	40
키움 히어로즈										2	2
한화 이글스	8	6	8	9	9	6	7	8	3	9	73
총합계	36	36	36	45	45	55	55	55	55	55	473

2 피벗 테이블을 선택한 후 [피벗 테이블 분석] 탭 → [피벗 테이블] 그룹 → [옵션]을 클릭합니다. [피벗 테이블 옵션] 대화상자가 나타나면 [서식] 항목의 [빈 셀 표시]에 창단 전을 입력한 후 [확인]을 클릭합니다.

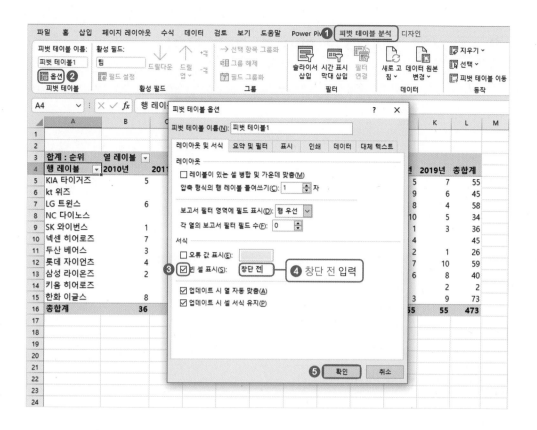

③ 빈 셀에 창단 전이라는 텍스트가 표시되는 것을 확인할 수 있습니다. 숫자나 영문자도 이와 똑같은 방법으로 입력할 수 있습니다.

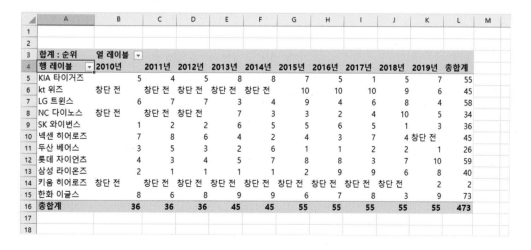

행 레이블	2010년	2011년	2012년	2013년	2014년	2015년	2016년	2017년	2018년	2019년	총합계
KIA 타이거즈	5	4	5	8	8	7	5	1	5	7	55
kt 위즈	창단 전	창단 전	창단 전	창단 전	창단 전	10	10	10	9	6	45
LG 트윈스	6	7	7	3	4	9	4	6	8	4	58
NC 다이노스	창단 전	창단 전	창단 전	7	3	3	2	4	10	5	34
SK 와이번스	1	2	2	6	5	5	6	5	1	3	36
넥센 히어로즈	7	8	6	4	2	4	3	7	4 창단 전		45
두산 베어스	3	5	3	1	1	1	1	2	2	1	26
롯데 자이언츠	4	3	4	5	7	8	8	3	7	10	59
삼성 라이온즈	2	1	1	1	1	2	9	9		8	40
키움 히어로즈	창단 전	창단 전	창단 전	창단 전	창단 전	창단 전	창단 전	창단 전	창단 전	2	2
한화 이글스	8	6	8	9	9	6	7	8	3	9	73
총합계	36	36	36	45	45	55	55	55	55	55	473

04-3 조건부 서식으로 데이터 강조하기

• 실습 파일 4.3조건부서식(실습).xlsx • 완성 파일 4.3조건부서식(완성).xlsx

조건부 서식이란?

아무리 훌륭한 내용을 담은 분석 보고서라도 보고서를 받는 사람이 궁금해하는 기본적인 내용조차도 쉽게 파악하기 어렵다면 효용 가치가 높다고 평가하기는 어려울 것입니다. 예를 들어 지역별 판매 데이터를 보고해야 한다고 가정해 봅시다. 피벗 테이블 보고서를 만들 때부터 다음과 같이 보고를 받는 사람이 가질 만한 기본적인 의문 사항을 예측해 즉시 파악할 수 있도록 구성해야 좋은 보고서가 될 수 있습니다.

- 어느 지역에서 가장 많이 판매했는가?
- 가장 많이 판매한 지역과 가장 적게 판매한 지역은 어느 정도 차이가 나는가?
- 전체 평균보다 판매량이 적은 지역은 어디인가?

이때 필요한 엑셀 기능은 특정한 조건에 따라 색상, 도형 등을 활용해 데이터를 표시하는 기능인 **조건부 서식**(conditional formatting)입니다. 조건부 서식은 피벗 테이블의 고유 기능이 아니므로 엑셀 전반에 걸쳐 사용할 수 있습니다.

다음 그림을 비교해 봅시다. 왼쪽 피벗 테이블은 값이 나열돼 가장 큰 값 또는 작은 값이 무엇인지, 각 값의 차이가 얼마인지 알기 어렵습니다. 반면, 오른쪽의 조건부 서식이 적용된 피벗 테이블은 전달하고자 하는 메시지가 분명하게 나타납니다.

3	행 레이블	합계 : 수량
4	강원도	570
5	경기도	1006
6	경상남도	446
7	경상북도	182
8	광주광역시	553
9	대구광역시	898
10	대전광역시	335
11	부산광역시	498
12	서울특별시	742
13	세종특별자치시	447
14	울산광역시	384
15	인천광역시	965
16	전라남도	182
17	전라북도	799
18	제주특별자치도	169
19	충청남도	381
20	충청북도	417
21	총합계	8974

조건부 서식을 적용하기 전

3	행 레이블	합계 : 수량	합계 : 수량2	합계 : 수량3	합계 : 수량4	합계 : 수량5
4	강원도	570	570	570	570	570
5	경기도	1006	1006	1006	1006	1006
6	경상남도	446	446	446	446	446
7	경상북도	182	182	182	182	182
8	광주광역시	553	553	553	553	553
9	대구광역시	898	898	898	898	898
10	대전광역시	335	335	335	335	335
11	부산광역시	498	498	498	498	498
12	서울특별시	742	742	742	742	742
13	세종특별자치시	447	447	447	447	447
14	울산광역시	384	384	384	384	384
15	인천광역시	965	965	965	965	965
16	전라남도	182	182	182	182	182
17	전라북도	799	799	799	799	799
18	제주특별자치도	169	169	169	169	169
19	충청남도	381	381	381	381	381
20	충청북도	417	417	417	417	417
21	총합계	8974	8974	8974	8974	8974

조건부 서식을 적용한 후

지금부터 조건부 서식을 설정하고 관리하는 방법을 알아보겠습니다.

하면 된다! } 수량이 600개 이상인 행 강조하기 — '셀 강조 규칙' 조건부 서식

[셀 강조 규칙] 시트

1 실습 파일은 [행: 소재지역], [값: 수량]으로 구성된 피벗 테이블입니다.

함께 보면 좋은
동영상 강의

3	행 레이블 ▼	합계 : 수량
4	강원도	570
5	경기도	1006
6	경상남도	446
7	경상북도	182
8	광주광역시	553
9	대구광역시	898
10	대전광역시	335
11	부산광역시	498

2 판매 수량이 600개를 초과하는 지역을 조건부 서식으로 표시해 보겠습니다. [값] 영역에 추가된 [수량] 필드인 [B4:B20] 셀을 선택합니다. [홈] 탭 → [스타일] 그룹 → [조건부 서식] → [셀 강조 규칙]을 클릭한 후 [보다 큼]을 선택합니다.

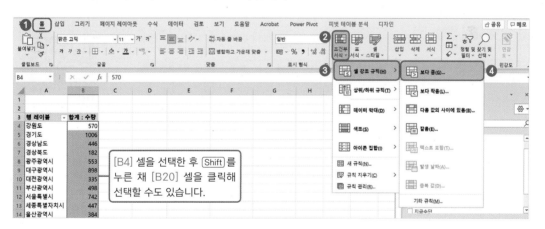

3 [보다 큼] 대화상자가 나타나면 값 입력란에 600을 입력한 후 [확인]을 클릭합니다. 피벗 테이블에 판매 수량이 600을 초과하는 값에만 조건부 서식을 적용해 빨간색으로 나타난 것을 확인할 수 있습니다.

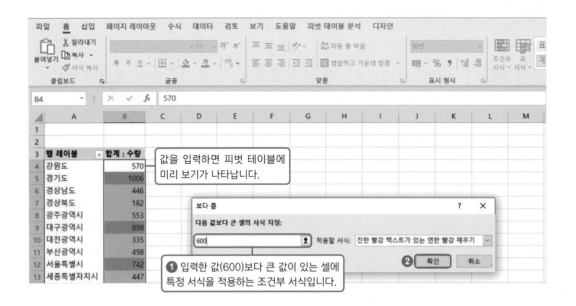

값을 입력하면 피벗 테이블에 미리 보기가 나타납니다.

보다 큼

다음 값보다 큰 셀의 서식 지정:

600   적용할 서식: 진한 빨강 텍스트가 있는 연한 빨강 채우기

❶ 입력한 값(600)보다 큰 값이 있는 셀에 특정 서식을 적용하는 조건부 서식입니다.

❷ 확인   취소

하면 된다! 〉 매출 하위 5개 지역 강조하기 — '상위/하위 규칙' 조건부 서식

[상위 하위 규칙] 시트

1 이번에는 매출이 가장 저조한 5개 지역을 찾아 표시해 보겠습니다. 실습 파일은 앞서 실습한 피벗 테이블의 [값] 영역에 [결제금액]이 추가 된 피벗 테이블입니다.

함께 보면 좋은 동영상 강의

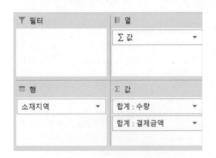

2 [C4:C20] 셀을 선택한 후 [홈] 탭 → [스타일] 그룹 → [조건부 서식] → [상위/하위 규칙]을 클릭하고 [하위 10개 항목]을 선택합니다.

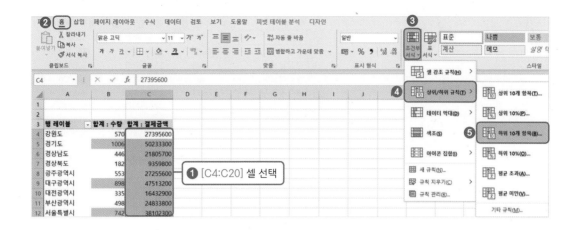

③ 하위 순위 값을 입력하는 항목에 5를 입력한 후 [적용할 서식]을 클릭해 [진한 노랑 텍스트가 있는 노랑 채우기]를 선택하고 [확인]을 클릭합니다. 지역별 결제금액에 값이 가장 적은 5개 지역이 조건부 서식으로 설정돼 노란색으로 표시된 것을 확인할 수 있습니다.

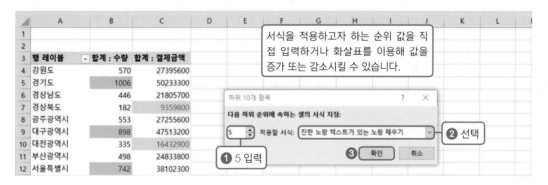

하면 된다! } 숫자 뒤에 막대그래프로 표시하기 — '데이터 막대' 조건부 서식

[데이터 막대] 시트

① 이번에는 지역별로 사용한 쿠폰 금액의 크기를 비교해 보겠습니다. 실습 파일은 앞서 실습한 피벗 테이블에서 [값] 영역에 [사용쿠폰]이 추가된 피벗 테이블입니다.

함께 보면 좋은
동영상 강의

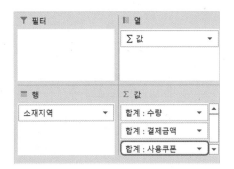

3 행 레이블	합계 : 수량	합계 : 결제금액	합계 : 사용쿠폰
4 강원도	570	27395600	513000
5 경기도	1006	50233300	755000
6 경상남도	446	21805700	308000
7 경상북도	182	9359800	142000
8 광주광역시	553	27255600	446000
9 대구광역시	898	47513200	606000
10 대전광역시	335	16432900	251000
11 부산광역시	498	24833800	367000
12 서울특별시	742	38102300	555000
13 세종특별자치시	447	23092900	318000

2 [D4:D20] 셀을 선택한 후 [홈] 탭 → [스타일] 그룹 → [조건부 서식] → [데이터 막대]를 클릭하고 [그라데이션 채우기] 그룹의 [자주 데이터 막대]를 선택합니다.

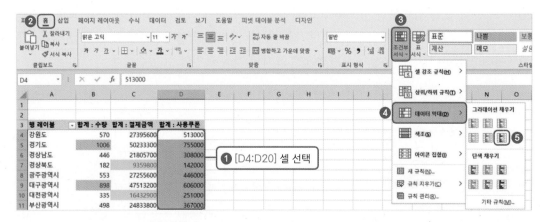

3 사용쿠폰 합계에서 값의 크기에 따라 막대가 표시됐습니다. 숫자 데이터로 볼 때는 지역별 크기의 차이를 쉽게 알기 어려웠지만, 이제 막대로 나타나 경기도와 경상북도의 값이 확연하게 구별됩니다.

3 행 레이블	합계 : 수량	합계 : 결제금액	합계 : 사용쿠폰
4 강원도	570	27395600	513000
5 경기도	1006	50233300	755000
6 경상남도	446	21805700	308000
7 경상북도	182	9359800	142000
8 광주광역시	553	27255600	446000
9 대구광역시	898	47513200	606000
10 대전광역시	335	16432900	251000
11 부산광역시	498	24833800	367000
12 서울특별시	742	38102300	555000
13 세종특별자치시	447	23092900	318000
14 울산광역시	384	18706800	274000
15 인천광역시	965	48125300	695000
16 전라남도	182	7801100	155000

하면 된다! ⟩ 녹색-노랑-빨강으로 의미 담아 강조하기 — '색조' 조건부 서식

[색조] 시트

'색조' 조건부 서식은 대상 범위의 값이 크기에 따라 색조를 다르게 설정해 일정한 범위의 데이터 분포를 쉽게 알아볼 수 있게 합니다. 보통 빨간색 계열은 경고의 의미를 담고 있고, 부정적인 느낌을 표현하지만, 파란색 계열은 긍정적인 느낌을 표현합니다. 따라서 대상 데이터의 낮은 값과 높은 값 중에서 어느 쪽이 긍정적인지를 먼저 판단해야 합니다. 예를 들어 골프 선수의 타수, 공장의 불량률, 배송 소요 기간 등은 숫자가 낮을수록 긍정적인 반면, 매출액, 자동차의 연비 등은 숫자가 높을수록 긍정적이므로 색조를 설정할 때는 지표의 종류를 반드시 고려해야 합니다.

함께 보면 좋은 동영상 강의

| 좋음 0 | ~30 | 보통 | ~80 | 나쁨 | ~150 | 매우나쁨 | 151~ |

주요 국가의 미세먼지 환경기준 (일평균)

| 한국100μg/m³ | 일본100μg/m³ | WHO50μg/m³ | 미국150μg/m³ | EU50μg/m³ | 중국150μg/m³ |

색조 데이터를 활용한 대기오염정보

1 실습 파일은 앞서 실습한 피벗 테이블에서 [값] 영역에 [수량]을 추가한 피벗 테이블입니다. 필드가 [합계: 수량2]라는 열 제목으로 추가된 것을 확인할 수 있습니다.

3	행 레이블 ▼	합계 : 수량	합계 : 결제금액	합계 : 사용쿠폰	합계 : 수량2
4	강원도	570	27395600	513000	570
5	경기도	1006	50333300	755000	1006
6	경상남도				446
7	경상북도				182
8	광주광역시				553
9	대구광역시	898	47313200	606000	898
10	대전광역시	335	16432900	251000	335
11	부산광역시	498	24833800	367000	498
12	서울특별시	742	38102300	555000	742
13	세종특별자치시	447	23092900	318000	447
14	울산광역시	384	18706800	274000	384
15	인천광역시	965	48125300	695000	965
16	전라남도	182	7801100	155000	182
17	전라북도	799	40570000	574000	799
18	제주특별자치도	169	8785400	125000	169
19	충청남도	381	20394000	342000	381
20	충청북도	417	22032200	283000	417
21	총합계	8974	452439900	6709000	8974

이때 열 제목은 중복할 수 없다는 원칙이 적용되므로 수량2, 수량3, 수량4, …의 형식으로 번호가 하나씩 커집니다.

2 판매 수량은 숫자가 클수록 좋은 지표이므로 낮은 값이 빨간색, 높은 값이 파란색으로 나타나도록 색조를 설정하겠습니다. [E4:E20] 셀을 선택한 후 [홈] 탭 → [스타일] 그룹 → [조건부 서식] → [색조]를 클릭하고 [녹색 - 노랑 - 빨강 색조]를 선택합니다.

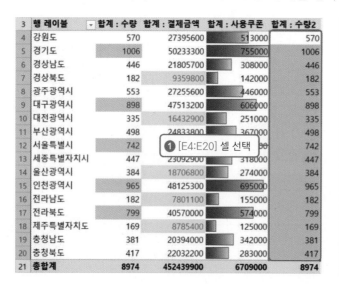

3 [수량2] 필드에 낮은 값은 붉은색 계열, 높은 값은 녹색 계열로 표시된 것을 확인할 수 있습니다.

행 레이블	합계 : 수량	합계 : 결제금액	합계 : 사용쿠폰	합계 : 수량2
강원도	570	27395600	513000	570
경기도	1006	50233300	755000	1006
경상남도	446	21805700	308000	446
경상북도	182	9359800	142000	182
광주광역시	553	27255600	446000	553
대구광역시	898	47513200	606000	898
대전광역시	335	16432900	251000	335
부산광역시	498	24833800	367000	498
서울특별시	742	38102300	555000	742
세종특별자치시	447	23092900	318000	447
울산광역시	384	18706800	274000	384
인천광역시	965	48125300	695000	965
전라남도	182	7801100	155000	182
전라북도	799	40570000	574000	799
제주특별자치도	169	8785400	125000	169
충청남도	381	20394000	342000	381
충청북도	417	22032200	283000	417
총합계	8974	452439900	6709000	8974

하면 된다! } 화살표 포함해 강조하기 — '아이콘 집합' 조건부 서식   [아이콘 집합] 시트

'아이콘 집합' 조건부 서식은 값의 크기에 따라 삼각형, 화살표 등의 도형으로 표시합니다. 색을 이용하는 방식보다 크고 작음을 직관적으로 인지할 수 있는 장점이 있는 반면, 잘못 사용하면 지저분해져서 보고서를 망칠 수도 있다는 것에 유의해야 합니다.

함께 보면 좋은
동영상 강의

1 실습 파일은 앞서 실습한 피벗 테이블에서 [값] 영역에 [결제금액]이 추가된 피벗 테이블입니다. 필드가 [결제금액2]라는 열 제목으로 추가된 것을 확인할 수 있습니다.

2 [F4:F20] 셀을 선택한 후 [홈] 탭 → [스타일] 그룹 → [조건부 서식] → [아이콘 집합]을 클릭하고 [3방향 화살표(컬러)]를 선택합니다. 범위에 '아이콘 집합' 조건부 서식이 설정됐습니다.

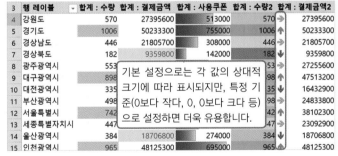

기본 설정으로는 각 값의 상대적 크기에 따라 표시되지만, 특정 기준(0보다 작다, 0, 0보다 크다 등)으로 설정하면 더욱 유용합니다.

조건부 서식 옵션

피벗 테이블의 조건부 서식을 적용할 때는 [B4:B7] 셀과 같이 범위를 선택하는 것보다 '필드' 단위로 설정하는 것이 좋습니다. 필드 단위로 설정하면 특히 복잡한 피벗 테이블일수록 조건부 서식을 정확하게 설정할 수 있고, 원본 데이터에 항목을 추가하는 등 변화가 생길 때도 서식을 추가로 설정할 필요가 없어 적용을 동적으로 유지할 수 있습니다. 지금부터 조건부 서식의 옵션을 값 필드 단위로 설정하는 방법을 알아보겠습니다.

하면 된다! 〉 서식 옵션 1 ─ 선택한 값을 표시하는 모든 셀

[서식 옵션 1] 시트

1 실습 파일은 [행: 상품군], [값: 수량]으로 구성된 피벗 테이블입니다.

함께 보면 좋은
동영상 강의

2 [B4] 셀을 선택한 후 [홈] 탭 → [스타일] 그룹 → [조건부 서식] → [아이콘 집합] → [3색 신호 등(테두리 없음)]을 선택합니다. 범위가 아니라 셀 하나를 선택하는 것에 유의하세요!

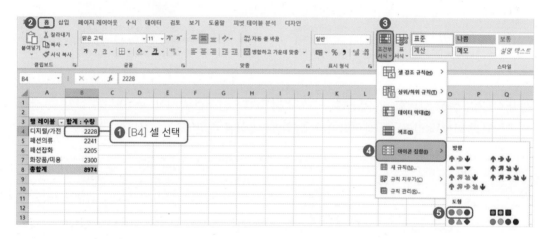

3 [B4] 셀에만 조건부 서식이 적용된 것을 확인할 수 있습니다. [B4] 셀 오른쪽의 [서식 옵션 🖼]을 클릭하면 조건부 서식에 적용할 수 있는 옵션 메뉴가 나타납니다. 현재 선택된 옵션은 기본값인 [선택한 셀]로, 사용자가 직접 선택한 셀만 조건부 서식을 적용합니다.

4 서식 옵션을 변경해 적용해 보겠습니다. [서식 옵션 ▣] 버튼을 클릭해 ["합계: 수량" 값을 표시하는 모든 셀]을 선택합니다. [B4:B8] 셀, 즉 수량을 표시하는 모든 값에 조건부 서식이 적용됐습니다.

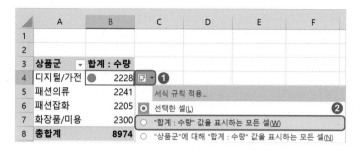

5 현재 옵션을 그대로 유지한 채 [행] 영역에 [성별] 필드를 추가해 보겠습니다. 각 그룹의 부분합과 총합계 모두에 조건부 서식이 표시돼 값의 크기를 비교하기가 더욱 어려워졌습니다.

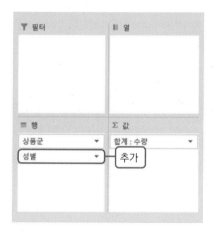 

6 ["합계: 수량" 값을 표시하는 모든 셀] 옵션은 부분합과 총합계를 해제했을 때 유용하므로 해제해 보겠습니다. 피벗 테이블을 선택한 후 [디자인] 탭 → [레이아웃] 그룹 → [부분합] → [부분합 표시 안 함]을 선택합니다. 그런 다음 [디자인] 탭 → [레이아웃] 그룹 → [총합계] → [행 및 열의 총합계 해제]를 선택합니다.

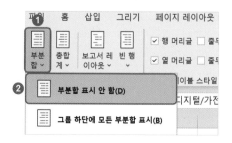 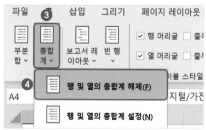

7 부분합과 총합계를 해제했더니 항목별 수량 값에 조건부 서식이 적용돼 크고 작음이 확실하게 나타나는 것을 볼 수 있습니다.

하면 된다! ⟩ 서식 옵션 2 — 특정 항목에 값을 표시하는 모든 셀

[서식 옵션 2] 시트

첫 번째 서식 옵션인 [선택한 값을 표시하는 모든 셀]은 행에 어떤 필드가 있든 해당 값에 조건부 서식을 모두 적용해 부분합과 총합계까지 나타난 것을 확인할 수 있었습니다. 이번에는 두 번째 서식 옵션인 [특정 항목에 값을 표시하는 모든 셀]을 알아보겠습니다.

함께 보면 좋은 동영상 강의

1 실습 파일은 [행: 상품군], [값: 수량]으로 구성된 피벗 테이블로, 값 필드 중 하나의 셀에 [아이콘 집합] 조건부 서식이 적용된 상태입니다.

2 [B4] 셀을 선택한 후 [서식 옵션 ⊡]을 클릭해 ["상품군"에 대해 "합계: 수량" 값을 표시하는 모든 셀]을 선택합니다. 앞서 실습한 첫 번째 서식 옵션과 달리 총합계를 제외하고 조건부 서식이 적용됐습니다. [상품군]이라는 필드에 대한 값에만 조건부 서식이 적용됐기 때문입니다.

3 [회원등급] 필드를 행 영역에서 [상품군] 필드 위로 추가해 보겠습니다.

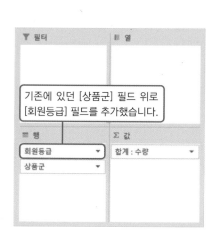

기존에 있던 [상품군] 필드 위로 [회원등급] 필드를 추가했습니다.

회원등급 필드가 추가됐습니다.

4 조건부 서식이 [회원등급]의 값에는 적용되지 않지만, 회원등급별(GOLD, RED, VIP, 비회원) 그룹 안의 상품군 값에는 적용된 것을 확인할 수 있습니다.

3	행 레이블	▼	합계 : 수량
4	⊟ GOLD		2227
5	디지털/가전	●	585
6	패션의류	●	532
7	패션잡화	◐	545
8	화장품/미용	◐	565
9	⊟ RED		2278
10	디지털/가전	●	486
11	패션의류	◐	571
12	패션잡화	◐	591
13	화장품/미용	◐	630
14	⊟ VIP		2303
15	디지털/가전	●	587
16	패션의류	◐	560
17	패션잡화	●	557
18	화장품/미용	●	599

> 각 그룹의 합계에 대한 상대적 크기에 따라 상품군에 대한 수량 값의 조건부 서식이 적용됐습니다.

조건부 서식 규칙 관리

설정된 조건부 서식은 [조건부 서식 규칙 관리자] 대화상자에서 세부 설정을 할 수 있습니다. [조건부 서식 규칙 관리자] 대화상자는 [홈] 탭 → [스타일] 그룹 → [조건부 서식] → [규칙 관리]를 선택해 실행할 수 있습니다. [조건부 서식 규칙 관리자] 대화상자에서 [규칙 편집]을 클릭하면 조건부 서식의 세부 내용을 설정할 수 있습니다.

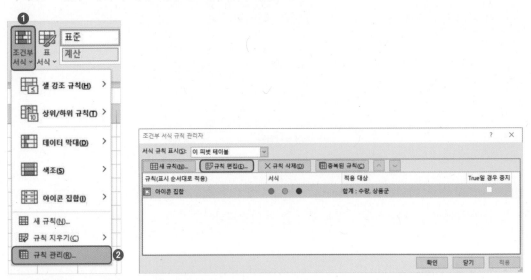

[서식 규칙 편집] 대화상자의 규칙 편집 화면에서는 크게 3가지를 설정할 수 있습니다.

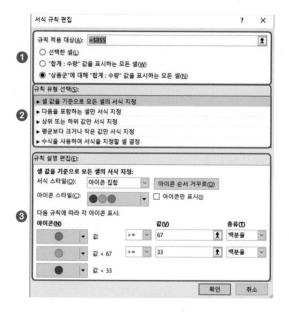

❶ **[규칙 적용 대상]:** 조건부 서식을 적용할 대상을 설정합니다. 앞의 실습에서 [서식 옵션]을 설정하는 것과 같습니다.

❷ **[규칙 유형 선택]:** 조건부 서식의 규칙 유형을 선택합니다.

❸ **[규칙 설명 편집]:** 규칙을 적용할 값의 범위와 종류 등 세부 내용을 설정합니다.

04-4 데이터 시각화의 꽃, 피벗 차트

• 실습 파일 4.4피벗차트(실습).xlsx　　• 완성 파일 4.4피벗차트(완성).xlsx

데이터를 시각화하는 가장 대표적인 방법은 차트로 표현하는 것입니다. 엑셀은 차트를 쉽고 빠르게 그릴 수 있는 가장 뛰어난 도구입니다. 피벗 차트의 기능과 사용법은 엑셀의 일반 차트와 거의 같습니다. 가장 큰 차이점은 피벗 테이블과 '연결'돼 있다는 것입니다.

이번에는 차트를 잘 만들기 위한 3가지 원칙을 알아보고, 실습을 하면서 주요 피벗 차트의 사용 방법을 알아보겠습니다.

차트를 잘 만들기 위한 3가지 원칙

차트를 만드는 것 자체는 크게 어렵지 않습니다. 하지만 실무에서 사용하려면 어려움을 겪는 경우가 많습니다. 차트를 잘 만들어 사용하기 위한 기본 원칙 3가지를 알아보겠습니다.

원칙 ❶ 목적과 데이터에 적합한 차트 사용하기

차트는 단순히 보고서를 아름답게 만드는 요소가 아니라 데이터를 효과적으로 전달하는 도구입니다. 따라서 주어진 데이터와 사용 목적 그리고 전달할 내용에 적합한 차트를 골라 사용해야 합니다. 차트의 유형은 사용 목적에 따라 다음과 같이 크게 5가지로 나뉩니다.

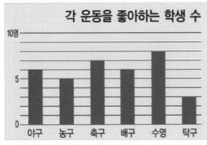

비교를 하는 데 적합한 막대형 차트

추이를 파악하는 데 적합한 꺾은선형 차트

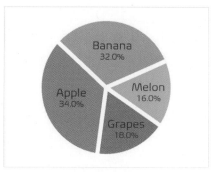

비중을 표현하는 데 적합한 원형 차트

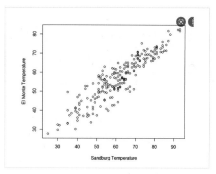

관계를 파악하는 데 적합한 산점도 차트

영역별 데이터 크기를 표현하는 데 적합한 지도 차트

원칙 ❷ 데이터가 왜곡되지 않게 단순하게 만들기

차트는 데이터를 잘 전달하는 수단이므로 만들 때 데이터를 변형하거나 왜곡해서는 안 됩니다. 또한 차트를 만들 때 색깔이나 도형을 복잡하게 사용하면 전달력이 떨어지고 주의를 분산시켜 효과가 줄어들 수 있습니다. 앞에서 소개한 차트 유형 5가지 중 비교를 위한 막대형 차트와 추이 분석을 위한 꺾은선형 차트만 이용해도 거의 대부분의 보고서를 잘 만들 수 있습니다. 차트를 만들 때는 화려함보다 단순함을 추구해 메시지를 명확하게 전달하는 것이 가장 중요합니다. 특히 3차원(입체) 막대형 차트와 원형 차트는 데이터를 정확히 전달하기 어려우므로 가능한 한 사용하지 않는 것이 좋습니다.

3차원 막대형 차트는 각 항목별 값을 정확히 알기 어렵습니다.

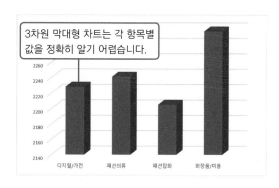

원형 차트의 항목이 3개를 초과하면 크기 비교나 각 항목의 비중을 확인하기 어렵습니다.

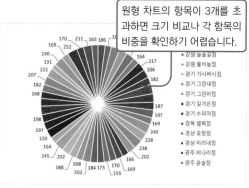

원칙 ❸ 차트 영역 서식 활용하기

엑셀에서 차트 만들기는 매우 간단하고 쉽습니다. 하지만 차트의 구성 요소는 생각보다 다양하므로 설정 방법을 잘 알아 둬야 알맞게 사용할 수 있습니다. 단순하게 표현하되, [차트 영역 서식]에서 세부 설정으로 메시지를 명확하게 전달할 수 있어야 합니다.

[차트 영역 서식]의 다양한 기능을 통해 차트를 설정해야 합니다.

크기를 비교할 때는 '막대형 차트'

가장 잘 알려졌으면서도 널리 사용하는 차트의 종류는 단연 '막대형'입니다. 각 항목의 값을 막대로 표시하므로 크기를 비교하는 데 가장 적합하기 때문입니다. 막대의 방향에 따라 '세로 막대형 차트'와 '가로 막대형 차트'가 있고, 범주 안의 여러 계열을 별도로 표시하는 '묶은 막대형 차트'와 막대 하나로 표시하는 '누적형 차트'가 있습니다.

하면 된다! } 묶은 막대형 차트로 지역별 매출액 비교하기

[세로 막대형] 시트

1 실습 파일은 [행: 소재지역], [값: 결제금액]으로 구성된 피벗 테이블입니다.

함께 보면 좋은
동영상 강의

2 [피벗 테이블 분석] 탭 → [도구] 그룹 → [피벗 차트]를 클릭해 [차트 삽입] 대화상자가 나타나면 [세로 막대형]을 선택합니다. 오른쪽에 나타나는 여러 가지 세로 막대형 차트 중에서 [묶은 세로 막대형] 차트를 선택한 후 [확인]을 클릭하면 묶은 세로 막대형 피벗 차트가 삽입됩니다.

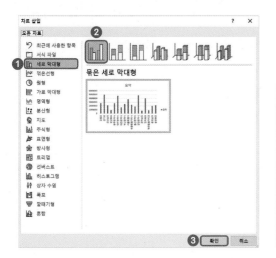
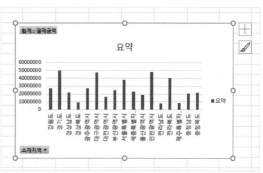

3 가로(항목)축은 피벗 테이블의 [행] 영역에 추가한 [소재지역] 필드의 항목, 세로(값)축은 피벗 테이블의 [값] 영역에 추가한 [결제금액] 필드의 값입니다. 차트 영역 안에는 왼쪽부터 각 필드를 제어할 수 있는 [필드] 버튼, 가운데 위에는 [차트 제목], 오른쪽에는 [범례] 항목이 있습니다.

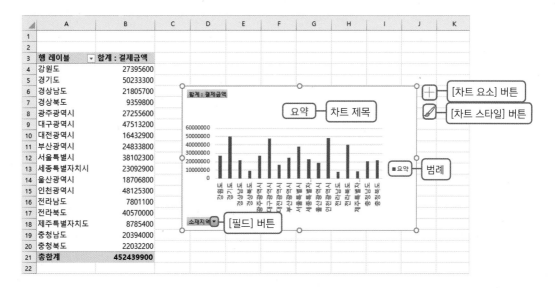

4️⃣ 차트를 정렬해 보겠습니다. 막대형 차트는 가로(항목)축이 연도 또는 월과 같이 순서가 있는 경우가 아니라면 값의 크기에 따라 오름차순 또는 내림차순으로 정렬해야 차트를 읽기 쉽습니다. 차트 영역의 왼쪽 아래에 있는 [소재지역]의 [필드 ▾]를 클릭한 후 [기타 정렬 옵션]을 선택합니다.

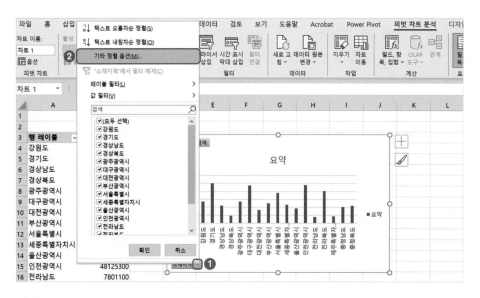

5️⃣ [정렬] 대화상자가 나타나면 [오름차순 기준]을 [합계: 결제금액]으로 선택한 후 [확인]을 클릭합니다. 막대형 피벗 차트가 [결제금액] 필드의 값 크기에 따라 오름차순으로 정렬됐습니다.

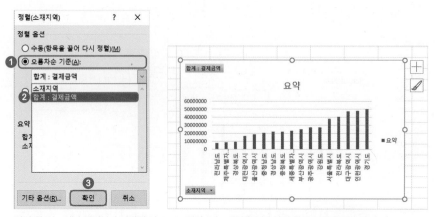

피벗 차트는 피벗 테이블과 연결돼 있으므로 필터 또는 정렬을 적용하면 함께 영향을 받습니다.

6 차트 제목을 변경하겠습니다. 현재 차트 제목인 요약을 클릭하면 쉽게 수정할 수 있습니다. 지역별 매출액 현황을 입력하고 다른 영역을 클릭합니다.

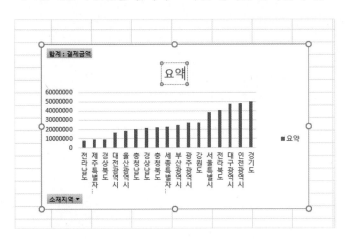

7 각 항목의 이름이 회전돼 보기가 불편합니다. 항목에 마우스 오른쪽 버튼을 누르고 [축 서식]을 선택하면 나타나는 [축 서식] 대화상자에서 [크기 및 속성] → [텍스트 방향]을 [세로]로 변경합니다.

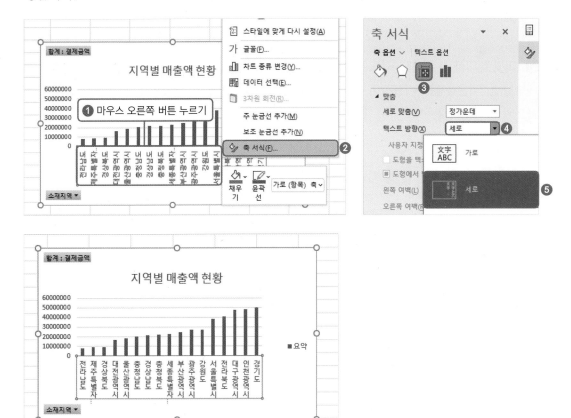

추이를 확인하려면 '꺾은선형 차트'

시간이 경과함에 따라 나타나는 데이터의 변화인 추이, 추세를 관찰하거나 경향을 살펴봐야 할 때는 꺾은선형 차트를 이용합니다. 원본 데이터에 날짜 데이터가 있을 때 연, 분기, 월, 주차, 일 등의 다양한 날짜 계층을 이용하면 유용하게 활용할 수 있습니다.

하면 된다! } 꺾은선형 차트로 월별 판매 수량 추이 확인하기

[꺾은선형] 시트

1 실습 파일은 [행: 구매일자, 월], [값: 수량]으로 구성된 피벗 테이블입니다.

함께 보면 좋은
동영상 강의

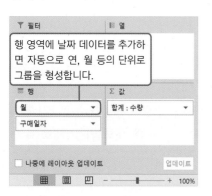

행 영역에 날짜 데이터를 추가하면 자동으로 연, 월 등의 단위로 그룹을 형성합니다.

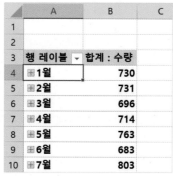

	A	B	C
1			
2			
3	**행 레이블** ▾	**합계 : 수량**	
4	⊞**1월**	730	
5	⊞**2월**	731	
6	⊞**3월**	696	
7	⊞**4월**	714	
8	⊞**5월**	763	
9	⊞**6월**	683	
10	⊞**7월**	803	

2 [피벗 테이블 분석] 탭 → [도구] 그룹 → [피벗 차트]를 클릭합니다. [차트 삽입] 대화상자가 나타나면 [꺾은선형] → [표식이 있는 꺾은 선형 차트]를 선택하고 [확인]을 클릭하면 꺾은선형 차트가 삽입됩니다.

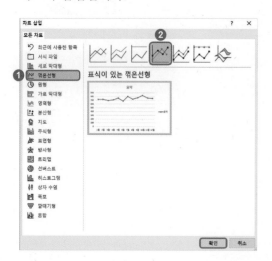

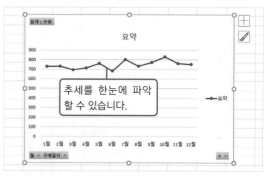

추세를 한눈에 파악할 수 있습니다.

3 추세를 확인하기 위한 그래프이므로 차트 제목과 범례를 제거해 보겠습니다. 차트 영역의 바깥쪽 오른쪽 위의 [차트 요소 ▓]를 클릭한 후 [차트 요소]에서 [차트 제목]과 [범례]를 선택해 체크 표시를 해제합니다.

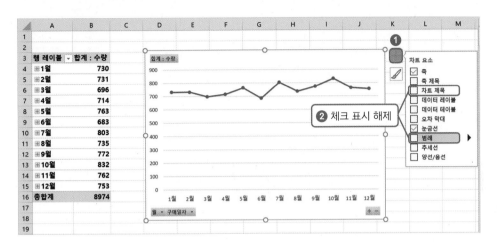

4 [행] 영역의 필드가 날짜 데이터이므로 월별로 그룹화돼 있는데, 피벗 차트 영역의 오른쪽 아래에 이 그룹을 확장 또는 축소할 수 있는 버튼이 있습니다. [확장 ➕]을 눌러 보겠습니다. 축소돼 있던 모든 날짜가 확장되면서 알아보기 어려울 정도로 복잡한 모양이 됐습니다.

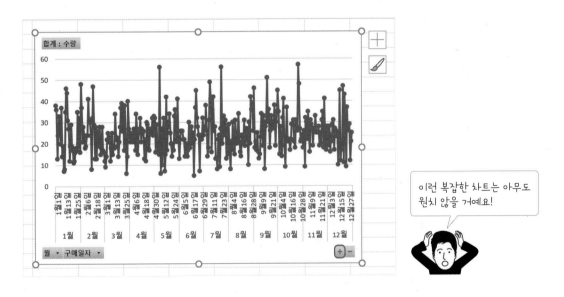

이런 복잡한 차트는 아무도 원치 않을 거예요!

5 판매가 가장 저조했던 6월만 살펴보겠습니다. 왼쪽 아래에서 [월]의 [필드 월 ▾]를 선택한 후 [(모두 선택)]을 클릭해 전체 월을 선택 해제하고 [6월]만 체크 표시한 다음 [확인]을 클릭합니다.

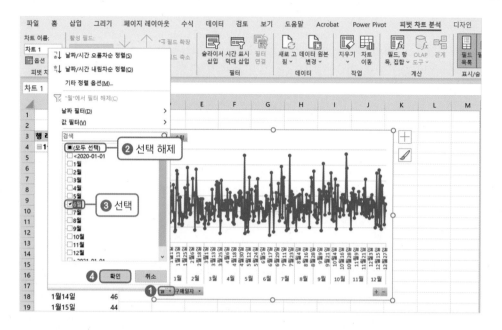

6 6월의 매출 현황이 날짜별로 표시됐습니다. 6월 19일과 26일에 매출이 크게 떨어졌는데, 어떤 요인이 영향을 미쳤는지 분석하면 됩니다.

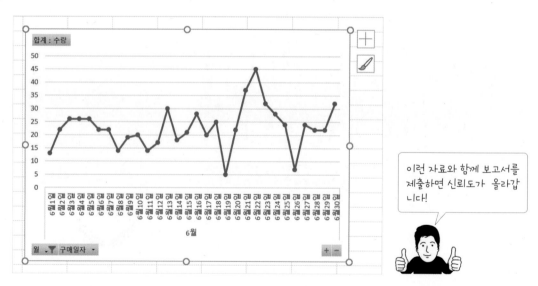

이런 자료와 함께 보고서를 제출하면 신뢰도가 올라갑니다!

비중을 강조하려면 '원형 차트'

전체에서 각 항목이 차지하는 비중을 알고 싶을 때는 원형 차트를 이용합니다. 원형 차트에서는 각 항목의 값을 백분율로 해 크기를 표시합니다. 다만 데이터 시각화 전문가들은 대부분 원형 차트보다 막대형 차트를 권장합니다. 원형 차트는 정확한 값이나 상대적 크기를 인지하기 어렵고 왜곡되기 쉽기 때문입니다. 원형 차트를 사용할 때는 다음 3가지에 유의하세요.

1. 항목이 1~3개일 때 유용하고, 5~6개가 넘지 않는 것이 좋습니다.
2. 각 항목의 값이 거의 비슷할 때도 효용이 떨어집니다.
3. 특히 입체(3D) 형태는 사용하지 마세요. 입체 형태의 차트는 평면 차트에 비해 정보를 정확하게 파악하기가 더욱 어렵습니다.

하면 된다! } 원형 차트로 성별별 결제 금액 비교하기

[원형] 시트

1 실습 파일은 [행: 성별], [값: 수량]으로 구성된 피벗 테이블입니다.

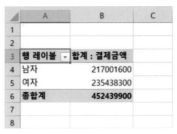

함께 보면 좋은
동영상 강의

2 [A3] 셀을 선택한 후 [피벗 테이블 분석] 탭 → [도구] 그룹 → [피벗 차트]를 클릭합니다. [차트 삽입] 대화상자가 나타나면 [원형] 차트 가운데 첫 번째를 선택한 후 [확인]을 클릭합니다. 원형 차트가 삽입됩니다.

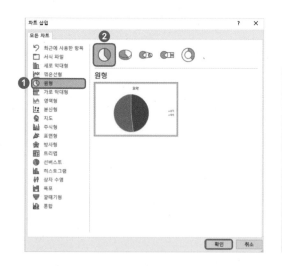

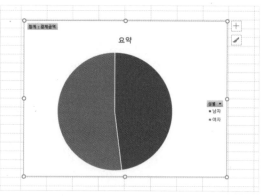

❸ 차트로 표시된 각 도형의 데이터를 표시하겠습니다. 차트를 선택한 후 차트 영역의 바깥쪽 오른쪽 위의 [차트 요소■]를 클릭하고 [데이터 레이블]을 선택합니다. 차트에 데이터 레이블이 추가됩니다.

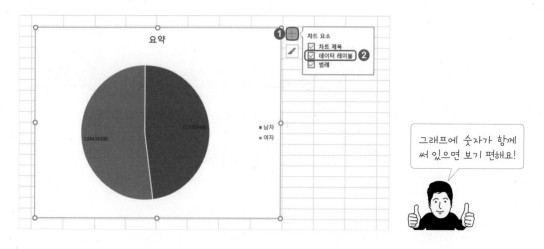

그래프에 숫자가 함께 써 있으면 보기 편해요!

❹ 추가한 데이터 레이블의 내용과 위치를 조정해 보겠습니다. 데이터 레이블을 선택한 후 마우스 오른쪽 버튼을 누르고 [데이터 레이블 서식]을 선택합니다.

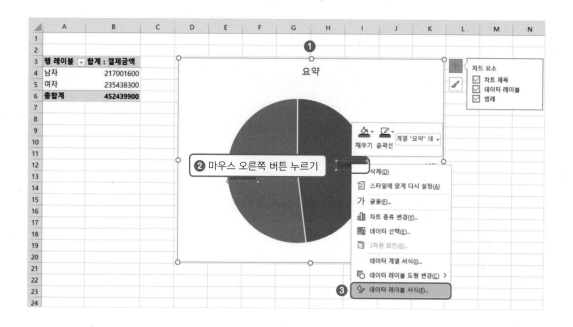

5 화면의 오른쪽에 [데이터 레이블 서식] 대화상자가 나타납니다. [레이블 옵션] 아래의 [레이블 내용] 항목에서 [항목 이름]과 [백분율]에 체크 표시를 하고, [레이블 위치] 항목의 [바깥쪽 끝에]를 선택합니다. 항목 이름과 백분율이 있는 데이터 레이블이 차트의 바깥쪽에 나타납니다.

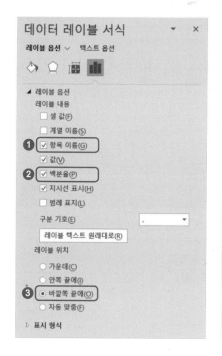

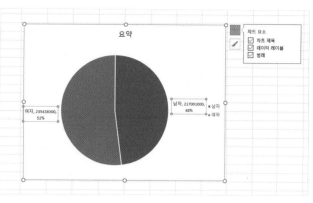

입체적 분석에는 '혼합 차트'

월별 생산량과 불량률, 시도별 인구와 실업률 등과 같이 실무에서는 2개 이상의 값을 동시에 분석할 때가 많습니다. 이러한 분석 방법은 데이터를 편향하지 않고 입체적으로 확인할 수 있다는 장점이 있습니다. 이때 값의 단위를 각각 다르게 사용하는 경우가 많습니다. 예를 들어 하나의 값은 일반적인 숫자 지표를 사용하고, 다른 하나의 값은 비율을 사용하는 것입니다. 이렇게 값이 여러 개인 데이터 분석을 입체적으로 시각화할 때 혼합 차트를 사용합니다.

하면 된다! } 지역별 판매 수량과 거래액을 함께 표시하는 혼합 차트 만들기

[혼합차트] 시트

1 실습 파일은 [행: 소재지역], [값: 결제금액, 수량]으로 구성된 피벗 테이블입니다.

함께 보면 좋은
동영상 강의

2 [A3] 셀을 선택한 후 [피벗 테이블 분석] 탭 → [도구] 그룹 → [피벗 차트]를 클릭합니다.

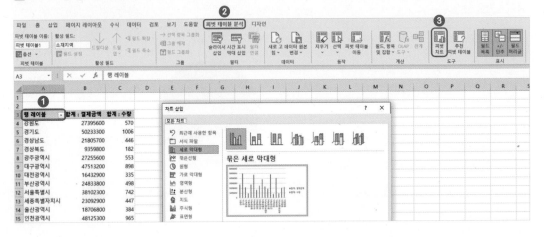

3 [차트 삽입] 대화상자에서 [혼합]을 선택한 후 [합계: 수량] 계열의 [보조 축]에 체크 표시한 다음 [확인]을 클릭합니다.

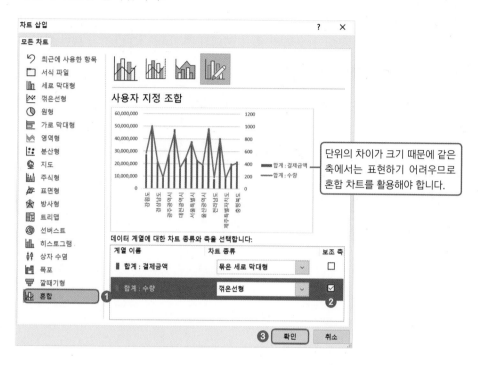

4 소재지역별 결제금액과 수량을 함께 살펴볼 수 있는 혼합 차트가 삽입됐습니다. 결제금액을 표시한 막대형 차트는 왼쪽 세로축, 수량을 표시한 꺾은선형 차트는 오른쪽 세로축에 값이 나타납니다.

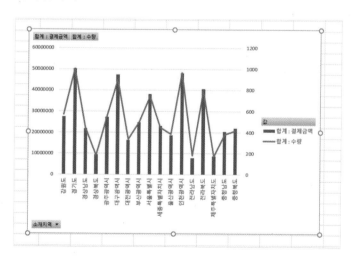

⑤ 세로 막대형 차트와 꺾은선형 차트가 겹쳐서 알아보기 어렵다면 축 서식을 조정해 두 차 트를 분리할 수 있습니다. 세로 막대형 차트의 값인 왼쪽 세로축은 0부터 60,000,000까지 10,000,000 단위로 표시돼 있는데, 최댓값으로 세로 막대형 차트의 전체 크기를 조절할 수 있 습니다. 왼쪽의 세로축 영역 아무 곳이나 클릭해 축을 선택한 후 Ctrl + 1 을 누르면 화면의 오른쪽에 [축 서식] 대화상자가 나타납니다.

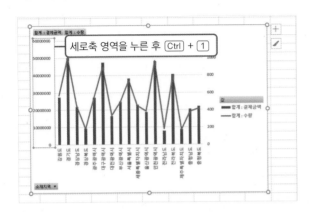
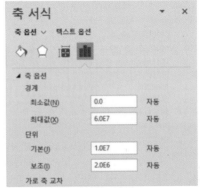

⑥ [축 서식] 대화상자의 [축 옵션] 항목 아래 [경계]에서 [최대값]을 100,000,000(0이 8개)으 로 변경하고 Enter 를 누릅니다. 세로 막대형 차트와 꺾은선형 차트가 분리돼 나타나는 것을 확인할 수 있습니다.

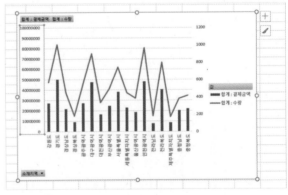

혼합 차트는 세로 막대형 차트와 꺾은선형 차트를 혼합하는 형태가 가장 일반적입니다. 이때 각 축의 단위를 설정하는 것이 좋은 차트를 만드는 핵심입니다.

피벗 테이블 레이아웃 변경하기

• 실습 파일 능력시험(4장).xlsx　　• 완성 파일 능력시험(4장)_정답.xlsx

4장에서는 피벗 테이블의 레이아웃과 디자인을 관리하는 방법부터 조건부 시각화와 차트를 이용한 데이터 시각화 방법까지 배웠습니다.

[원본 데이터]는 2021년 KBO리그 정규 시즌 상위 20위까지의 평균 타율에 해당하는 팀과 선수입니다. 이 데이터를 이용해 구단 및 선수별 평균 타율을 개요 형식의 피벗 테이블을 만들고 조건부 서식을 적용하세요.

	A	B	C	D	E
3	팀명 ▾	선수명 ▾	합계 : 평균 타율		
4	⊟ KIA				
5		김선빈	●	0.307	
6		최원준	●	0.295	
7	⊟ KT				
8		강백호	●	0.347	
9		황재균	●	0.291	
10	⊟ LG				
11		홍창기	◐	0.328	
12	⊟ NC				
13		양의지	◐	0.325	
14	⊟ SSG				
15		박성한	●	0.302	
16	⊟ 두산				
17		박건우	◐	0.325	
18		페르난데스	◐	0.315	
19	⊟ 롯데				
20		손아섭	◐	0.319	
21		안치홍	●	0.306	
22		이대호	●	0.286	
23		전준우	●	0.348	
24		정훈	●	0.292	
25	⊟ 삼성				
26		강민호	●	0.291	
27		구자욱	●	0.306	
28		박해민	●	0.291	
29		피렐라	●	0.286	
30	⊟ 키움				
31		김혜성	●	0.304	
32		이용규	●	0.296	
33		이정후	◐	0.36	

 힌트

1단계 [행: 팀명, 선수명], [값: 평균 타율]인 피벗 테이블을 만듭니다.

2단계 레이아웃을 [개요 형식]으로 변경하고 부분합을 표시하지 않습니다.

3단계 평균 타율에 [아이콘 집합 조건부 서식]을 적용합니다.

정답 및 풀이는
동영상을 참고하세요!

05

입체적 분석을 위한
피벗 테이블의 계산 활용

지금까지 피벗 테이블을 활용해 데이터 분석을 하는 기본적이고 핵심적인 기능을 살펴봤습니다. 그런데 실습에서 연산은 대부분 합계를 이용해 정렬과 필터를 활용했는데, 실무에서는 합계를 넘어서 다양한 연산을 활용해야만 데이터를 입체적이고 다각적으로 분석할 수 있습니다.

예를 들어 "이번 달 매출은 100만 원입니다."라고 표현하는 것 대신 "이번 달 매출은 전월 대비 20% 상승한 100만 원입니다."라고 표현하는 것이 의사 결정에 도움을 줍니다. 또한 'OECD 국가 중 몇 번째', '여의도의 몇 배 면적'과 같이 지표의 상대적인 크기 또는 위치를 비교해 표현하면 더욱 직관적으로 이해하는 데 도움을 줍니다.

5장에서는 지금까지 학습한 기본 요약을 이용한 데이터 분석을 응용해 비율과 계산을 이용한 고급 데이터 분석과 원본 데이터의 관리 방법을 알아보겠습니다.

피벗 테이블 안에서
계산할 수 있어요!

05-1 피벗 테이블의 다양한 계산 — 값 요약 기준

• 실습 파일 5.1값 필드(실습).xlsx   • 완성 파일 5.1값 필드(완성).xlsx

[값] 필드의 기본 요약 기준은 '합계/개수'다!

피벗 테이블의 [값] 영역에 배치한 필드가 숫자 데이터이면 '합계', 텍스트 데이터이면 '개수'가 나타납니다. 즉, 숫자 데이터는 데이터를 더해 요약하고, 텍스트 데이터는 데이터의 개수를 세어 요약합니다. 이렇게 [값] 필드는 일정한 기준에 따라 데이터를 요약한 결과를 나타냅니다.

행 레이블	합계 : 수량	개수 : 지점명
디지털/가전	2228	750
패션의류	2241	743
패션잡화	2205	731
화장품/미용	2300	776
총합계	8974	3000

> [수량]은 숫자 데이터이므로 '합계'라는 연산을 기본 요약 기준으로 합니다.

> [지점명]은 텍스트 데이터이므로 '개수'라는 연산을 기본 요약 기준으로 합니다.

[값] 필드 요약 기준 변경하기

피벗 테이블에서는 데이터를 요약할 때 우리가 익히 알고 있는 함수가 작동합니다. [값] 영역에 추가한 필드가 숫자 데이터이면 기본 연산으로 SUM 함수(인수를 모두 더하는 함수), 텍스트 데이터이면 COUNTA 함수(범위에서 비어 있지 않은 셀의 개수를 세는 함수)가 작동합니다.

이러한 피벗 테이블의 요약 기능은 기본값 외에도 평균, 최대, 최소 등 여러 가지 방식으로 변경할 수 있습니다. 엑셀 내부에서 작동할 수 있는 함수는 다양하기 때문입니다.

하면 된다! ⎰ '합계' 기준, [값] 필드 기준을 '개수', '평균'으로 변경하기   [요약기준변경] 시트

1 실습 파일은 [행: 상품군], [값: 수량]으로 구성된 피벗 테이블입니다. [수량] 필드는 숫자 데이터이기 때문에 [값] 필드 기준이 합계로 돼 있습니다.

함께 보면 좋은
동영상 강의

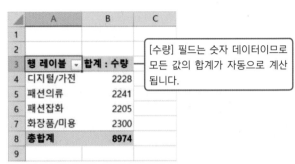

[수량] 필드는 숫자 데이터이므로 모든 값의 합계가 자동으로 계산됩니다.

2 상품군별 판매 수량의 합계를 개수로 변경해 보겠습니다. [B4] 셀을 선택한 후 [피벗 테이블 분석] 탭 → [활성 필드] 그룹 → [필드 설정]을 클릭합니다. 그런 다음 [값 필드 설정] 대화상자에서 [선택한 필드의 데이터] 항목의 [개수]를 선택하고 [확인]을 클릭합니다.

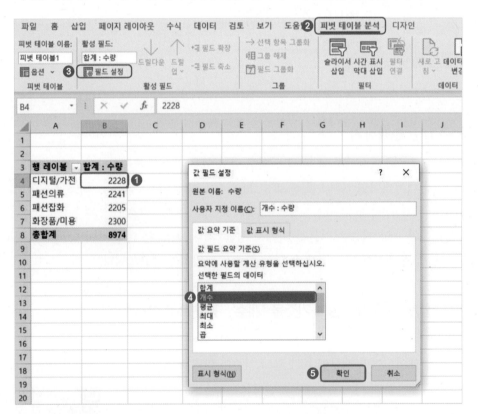

❸ [수량] 필드의 열 이름이 [합계 : 수량]에서 [개수 : 수량]으로 변경됐고, 값도 바뀐 것을 확인할 수 있습니다. 맨 아래의 총합계 3000은 원본 데이터의 행 수가 총 3000개라는 것을 나타냅니다.

현재 실습 데이터에서 한 행은 하나의 주문을 뜻하기 때문에 '개수'를 세면 주문 수를 집계할 수 있습니다.

❹ 이번에는 판매 수량의 평균을 계산해 보겠습니다. [B4] 셀을 선택한 후 오른쪽 필드 목록의 아래쪽 영역 구역에서 [값] 영역에 있는 [수량] 필드를 클릭하고 [값 필드 설정]을 클릭합니다. [값 필드 설정] 대화상자의 [선택한 필드의 데이터] 항목에서 [평균]을 선택하고 [확인]을 클릭합니다. 판매 수량이 상품군별 평균으로 요약된 것을 확인할 수 있습니다.

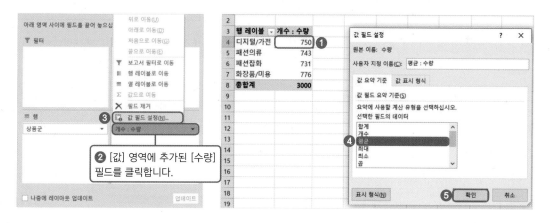

❺ 소수점 아래의 자릿수가 많아 보기가 좋지 않으므로 표시 형식을 변경하겠습니다. [B4] 셀을 선택한 후 [피벗 테이블 분석] 탭 → [활성 필드] 그룹 → [필드 설정]을 클릭하고 [값 필드 설정] 대화상자에서 [표시 형식]을 선택합니다.

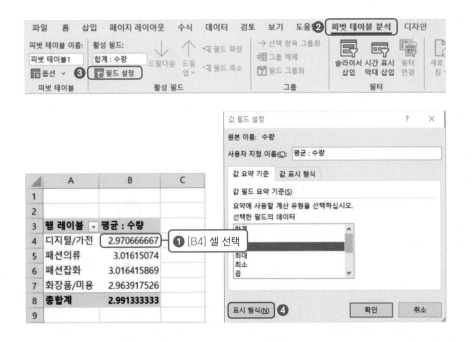

6 [셀 서식] 대화상자가 나타나면 [범주] 항목에서 [숫자]를 선택한 후 오른쪽에서 [소수 자릿수]를 2로 변경하고 [확인]을 클릭합니다. [값 필드 설정] 대화상자에서 다시 [확인]을 클릭하면 수량의 평균값이 모두 소수점 둘째 자리까지만 숫자로 바뀝니다.

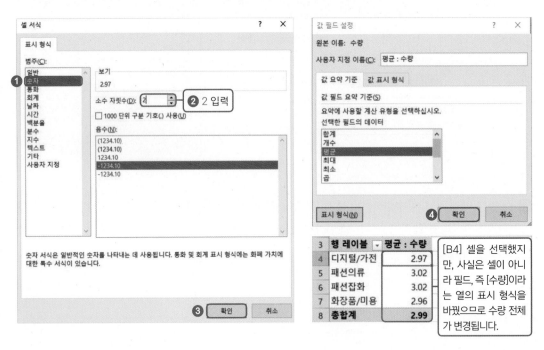

[값] 필드에 적용할 수 있는 요약 기준의 종류

피벗 테이블에서 [값] 필드를 요약하는 기준은 기본값인 합계와 개수, 평균 외에 분산 등의 기술 통곗값까지 다양합니다. 이러한 요약을 상황에 맞게 적절히 사용하면 데이터를 쉽고 빠르게 분석하면서 더욱 풍성한 보고서를 만들 수 있습니다.

[값] 필드의 다양한 요약 기준을 적용해 값의 변화를 살펴보세요.

종류	설명	연산 함수
합계	값의 합입니다. 숫잣값에 대한 기본 함수입니다.	SUM
개수	값의 개수입니다. 원본 데이터에서는 행의 개수인데, 공백 값은 계산에서 제외된다는 점을 유의해야 합니다.	COUNT
평균	값의 평균을 구합니다. 원본 데이터에서 이미 평균으로 계산된 값을 다시 평균으로 요약하면 값에 오차가 발생하므로 유의해야 합니다.	AVERAGE
최대	범위에서 가장 큰 값을 구합니다.	MAX
최소	범위에서 가장 작은 값을 구합니다.	MIN
곱	값의 곱을 구합니다. 실무에서는 거의 사용하지 않습니다. 다만 곱하기 연산자(*)는 공백 값을 0으로 인식하는 반면, 피벗 테이블에서는 PRODUCT 함수를 사용해 1로 인식하므로 계산 결과에 유의해야 합니다.	PRODUCT
숫자 개수	숫자인 값의 개수입니다.	COUNT
표본 표준 편차	전체 모집단의 부분 집합을 표본으로 해서 모집단의 표준 편차에 대한 예상 값을 구합니다.	STDEV
표준 편차	모집단의 표준 편차를 구합니다. 여기에서 모집단은 요약할 모든 값입니다.	STDEVP
표본 분산	전체 목록의 부분 집합을 표본으로 해서 모집단의 분산에 대한 예상 값을 구합니다.	VAR
분산	모집단의 분산을 구합니다. 여기에서 모집단은 요약할 모든 값입니다.	VARP

값 필드의 다양한 요약 기준

05-2 피벗 테이블로 비율과 순위 나타내기 ― 값 표시 형식

• 실습 파일 5.2값 표시 형식(실습).xls • 완성 파일 5.2값 표시 형식(완성).xlsx

값 표시 형식을 바꾸면 데이터를 한눈에 볼 수 있다!

앞서 피벗 테이블에서 값 영역에 추가한 필드는 설정된 요약 기준에 따라서 데이터를 요약(계산)해 데이터를 표시하고, 요약 기준은 합계 또는 개수를 기본으로 다양한 방식이 있다는 것을 배웠습니다.

그런데 피벗 테이블은 요약된 데이터에 다른 계산을 할 수 있는 기능도 지원합니다. 바로 값 표시 형식입니다. 값 표시 형식을 변경하면 그 항목의 데이터가 전체에서 차지하는 비중을 계산하거나 다른 항목의 데이터와의 차이를 표시할 수 있습니다.

예를 들어 값 영역은 동일한 필드를 중첩해 추가할 수 있습니다. 값 표시 형식을 활용해 같은 필드의 데이터를 비율과 순위 등으로 표시할 수 있습니다. 이를 활용하면 단순히 합계 또는 평균이 얼마라고 직접 표시할 때보다 입체적이고 다양한 인사이트를 얻을 수 있습니다.

값 표시 형식은 우리들의 분석 보고서를 한층 높은 수준으로 끌어올리고 풍성하게 만들어 줄 수 있는 강력한 기능입니다. 다양한 표시 형식이 제공되고 있으니 하나씩 꼼꼼하게 배워 보고 실무에 잘 활용해 보세요.

전체에서 차지하는 비율을 표시하는 '합계 비율'

합계 비율은 특정 항목의 값이 전체에서 차지하는 비율로 나타나도록 설정하는 표시 형식입니다. 합계 비율에는 열(또는 행) 합계 비율과 총합계 비율이 있습니다. **열(행) 합계 비율**은 열(행)의 값 합계에서 해당하는 값의 비율, **총합계 비율**은 테이블의 전체 총합계에서 해당 값의 비율을 표시합니다. 이렇듯 합계 비율은 정확한 값보다 해당하는 항목 값의 상대적인 크기를 확인할 때 매우 유용합니다. 피벗 테이블에 합계 비율을 적용하는 방법은 여러 가지가 있는데, 실습을 하면서 알아보겠습니다.

하면 된다! ⟩ 합계 비율로 값 표시 형식 변경하기

[합계 비율] 시트

1 실습 파일은 [행: 상품군], [열: 주문유형], [값: 결제금액]으로 구성된 피벗 테이블입니다. 즉, 상품군에 따라 주문유형별 결제금액(매출액)을 집계한 피벗 테이블입니다.

함께 보면 좋은
동영상 강의

	A	B	C	D	E
1					
2					
3	합계 : 결제금액	열 레이블 ▾			
4	행 레이블 ▾	매장구매	배달	총합계	
5	디지털/가전	54315300	58539500	112854800	
6	패션의류	55853600	56533800	112387400	
7	패션잡화	54646300	54532900	109179200	
8	화장품/미용	60286300	57732200	118018500	
9	총합계	225101500	227338400	452439900	
10					

2 합계 비율 전과 후를 비교해 보려면 피벗 테이블을 복사해 표시 형식을 변경해야 합니다. 피벗 테이블에서 아무 곳이나 클릭한 후 Ctrl + A를 눌러 피벗 테이블을 전체 선택하고 Ctrl + C를 눌러 선택한 피벗 테이블을 복사합니다. 그런 다음 [A13] 셀을 선택하고 Ctrl + V를 눌러 복사한 피벗 테이블을 붙여 넣습니다.

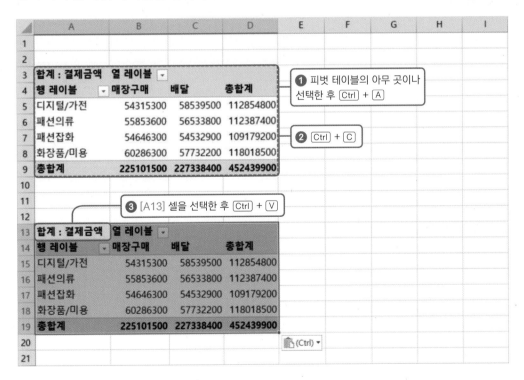

3 열 합계 비율 적용하기

먼저 '열 합계 비율'을 적용해 보겠습니다. 새로 생성된 피벗 테이블을 선택한 후 [값] 영역에서 [결제금액] 필드를 클릭하고 [값 필드 설정]을 선택합니다.

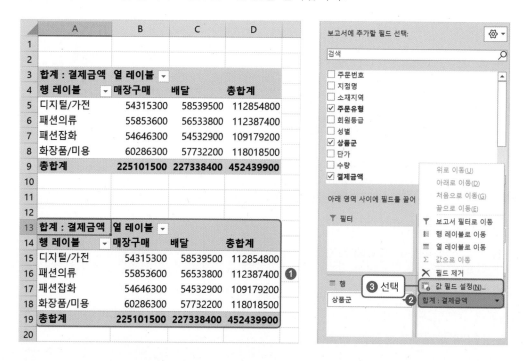

4 [값 필드 설정] 대화상자가 나타나면 [값 표시 형식] 탭을 클릭한 후 [열 합계 비율]을 선택하고 [확인]을 클릭합니다.

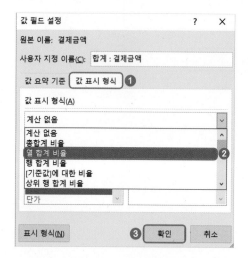

5 값 필드에 원래 있던 결제금액 숫자 데이터가 백분율로 변경된 것을 확인할 수 있습니다. 이 비율을 열 방향으로 더하면 모두 100%입니다. 즉, 주문유형인 매장구매 결제금액의 합계(열 합계)에서 [디지털/가전]은 24.13%, [패션의류]는 24.81%, [패션잡화]는 24.28%, [화장품/미용]은 26.78%를 각각 차지하는 것을 나타냅니다.

각 열(매장구매, 배달)의 합계에서 각 행(상품군)이 차지하는 '비율'을 나타낸 것이 열 합계 비율이므로 각 열의 총합계는 언제나 100%입니다.

6 행 합계 비율 적용하기

이번에는 행 합계 비율을 적용해 보겠습니다. 다시 첫 번째 피벗 테이블을 복사해 [G3] 셀에 붙여 넣습니다.

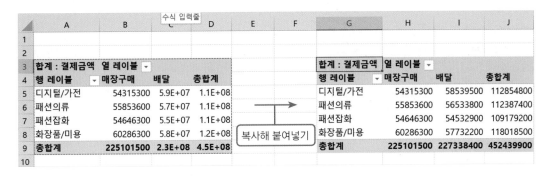

7 오른쪽에 새로 생성된 피벗 테이블의 값 필드의 아무 곳이나 클릭합니다. 여기에서는 [H5] 셀을 선택합니다. [피벗 테이블 분석] → [활성 필드] 그룹 → [필드 설정]을 클릭합니다.

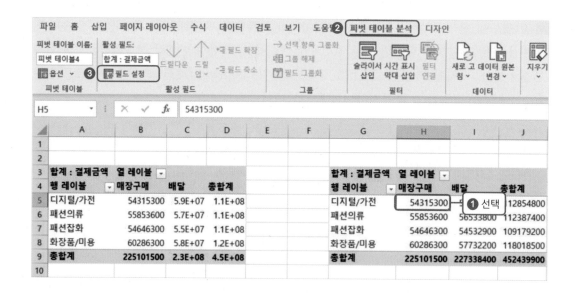

8 [값 필드 설정] 대화상자에서 [값 표시 형식] 탭을 클릭한 후 [행 합계 비율]을 선택하고 [확인]을 클릭합니다.

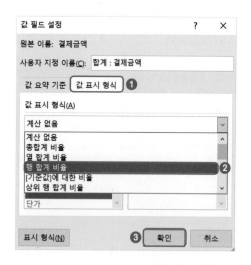

9 앞에서 실습한 것과 달리 행 방향으로 총합계 100%가 표시됐습니다. 즉, [디지털/가전]의 총합계 비율에서 [매장구매]가 48.13%, [배달]이 51.87%를 차지한 것입니다.

필드 목록 영역 아래의 [행] 영역에 있는 필드(여기에서는 [상품군])의 합계에 대한 비율을 확인할 때는 열 합계 비율, [열] 영역에 있는 필드(여기에서는 [주문유형])의 합계에 대한 비율을 확인할 때는 열 합계 비율을 이용합니다.

합계 : 결제금액	열 레이블		
행 레이블	매장구매	배달	총합계
디지털/가전	54315300	5.9E+07	1.1E+08
패션의류	55853600	5.7E+07	1.1E+08
패션잡화	54646300	5.5E+07	1.1E+08
화장품/미용	60286300	5.8E+07	1.2E+08
총합계	225101500	2.3E+08	4.5E+08

합계 : 결제금액	열 레이블		
행 레이블	매장구매	배달	총합계
디지털/가전	48.13%	51.87%	100.00%
패션의류	49.70%	50.30%	100.00%
패션잡화	50.05%	49.95%	100.00%
화장품/미용	51.08%	48.92%	100.00%
총합계	49.75%	50.25%	100.00%

100%가 어느 값인지, 어느 방향으로 더했을 때 100%인지 유의하세요!

합계 : 결제금액	열 레이블		
행 레이블	매장구매	배달	총합계
디지털/가전	24.13%	25.75%	24.94%
패션의류	24.81%	24.87%	24.84%
패션잡화	24.28%	23.99%	24.13%
화장품/미용	26.78%	25.39%	26.08%
총합계	100.00%	100.00%	100.00%

⑩ 끝으로 총합계 비율을 이용해 보겠습니다. 첫 번째 피벗 테이블을 복사해 [G13] 셀에 붙여 넣습니다.

합계 : 결제금액	열 레이블		
행 레이블	매장구매	배달	총합계
디지털/가전	54315300	58539500	112854800
패션의류	55853600	56533800	112387400
패션잡화	54646300	54532900	109179200
화장품/미용	60286300	57732200	118018500
총합계	225101500	227338400	452439900

⑪ 새로 생성된 피벗 테이블의 값 필드에서 아무 곳이나(여기에서는 [H15] 셀) 마우스 오른쪽 버튼을 누른 후 [값 표시 형식] → [총합계 비율]을 차례대로 선택합니다.

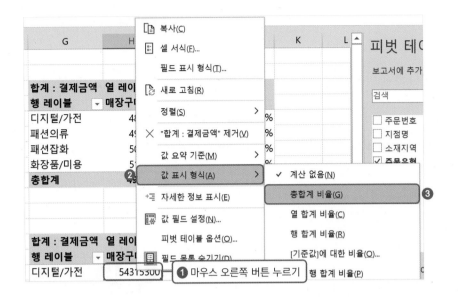

12 [J19] 셀이 100%로 바뀐 것을 확인할 수 있습니다. 즉, 행과 열에 관계 없이 값 필드인 결제금액의 총합계에서 각 항목이 차지하는 비율이 나타납니다. 행과 열에 관계 없이 항목 하나하나를 개별 요소로 비교할 때 매우 유용합니다.

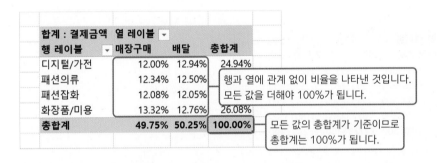

값 표시 형식은 상단 메뉴, 필드 목록, 마우스 오른쪽 버튼을 누르면 나타나는 메뉴에서 모두 변경할 수 있습니다. 설정하는 방법만 다를 뿐, 기능은 같으므로 편한 방법을 선택해 사용하세요.

최반장의 꿀팁! **값 표시 형식으로 돌려놓기**

어떤 값 표시 형식이 적용돼 있더라도 값 필드 아무 곳에서나 마우스 오른쪽 버튼을 눌러 [값 표시 형식] → [계산 없음]을 선택하면 원래의 값으로 복구됩니다.

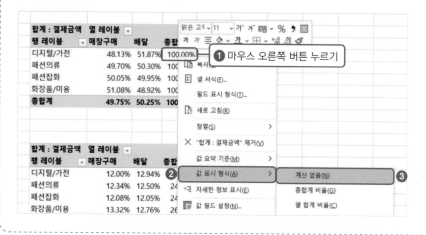

한 단계 위 계층에서 차지하는 비율을 표시하는 '상위 합계 비율'

행 또는 열 영역에 필드를 2개 이상 추가해 계층 구조를 형성하는 피벗 테이블에서는 하위 행이나 하위 열의 값을 상위 행이나 상위 열의 합계에 대한 비율로 표시할 수 있습니다. 상위 합계 비율의 종류는 상위 행 합계 비율, 상위 열 합계 비율, 상위 합계 비율 3가지입니다.

다음 그림은 [행: 상품군, 주문유형], [값: 결제금액]으로 구성된 피벗 테이블인데, 왼쪽은 앞서 실습한 '열 합계 비율'로 값을 표시한 것이고, 오른쪽은 '상위 행 합계 비율'로 값을 표시한 것입니다. '열 합계 비율'이 열의 값을 모두 합친 합계에서 각 열의 값이 차지하는 비율을 나타낸다면, '상위 행 합계 비율'은 행의 모든 값의 합계 대한 비율을 나타냅니다. 실습을 하면서 자세히 알아보겠습니다.

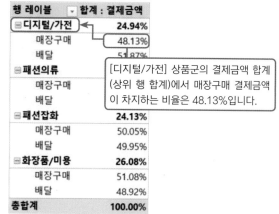

하면 된다! } 상위 행 합계 비율로 표시하기

[상위 합계 비율] 시트

1 실습 파일은 [행: 상품군, 주문유형], [값: 수량, 수량2]로 구성된 피벗 테이블입니다. [수량] 필드를 값 영역에 2번 추가했습니다.

함께 보면 좋은
동영상 강의

같은 지표를 값과 비율로 함께 표시하면 정확한 값과 상대적인 크기를 함께 알 수 있습니다.

2 [C4] 셀을 선택한 후 마우스 오른쪽 버튼을 눌러 [값 표시 형식] → [상위 행 합계 비율]을 선택합니다.

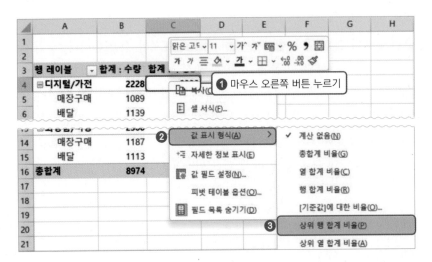

3 각 상품군의 주문유형별 결제금액 비율 합계가 100%인 [상위 행 합계 비율]로 값이 계산돼 표시된 것을 확인할 수 있습니다.

	행 레이블 ▼	합계 : 수량	합계 : 수량2
2			
3	행 레이블 ▼	합계 : 수량	합계 : 수량2
4	⊟디지털/가전	2228	**24.83%**
5	매장구매	1089	48.88%
6	배달	1139	51.12%
7	⊟패션의류	2241	**24.97%**
8	매장구매	1094	48.82%
9	배달	1147	51.18%
10	⊟패션잡화	2205	**24.57%**
11	매장구매	1113	50.48%
12	배달	1092	49.52%
13	⊟화장품/미용	2300	**25.63%**
14	매장구매	1187	51.61%
15	배달	1113	48.39%
16	총합계	8974	100.00%
17			

> [주문유형] 필드의 상위 행인 [상품군]의 합계에서 주문유형의 값이 차지하는 비율이 각각 표시됐습니다.

[디지털/가전] 상품 중에서 [매장구매]의 수량이 차지하는 비율은 다음과 같은 과정으로 계산하며, 상위 행 합계 비율 메뉴를 이용해 구합니다.

$$\frac{(항목에 \ 대한 \ 값)}{(행의 \ 상위 \ 항목에 \ 대한 \ 값)} = \frac{매장 \ 구매 \ 수량}{디지털/가전 \ 수량} = \frac{1,089}{2,228} = 0.48877 = 48.88\%$$

하면 된다! 〉 상위 열 합계 비율로 표시하기

[상위 합계 비율] 시트

1 이번에는 [열] 영역에 필드를 2개 이상 추가한 피벗 테이블에서 사용할 수 있는 상위 열 합계 비율로 값을 표시해 보겠습니다. 실습 파일은 [행: 회원등급], [열: 성별, 상품군], [값: 수량]으로 구성된 피벗 테이블입니다.

함께 보면 좋은 동영상 강의

	A	B	C	D	E	F	G
18							
19							
20	합계 : 수량	열 레이블 ▼					
21		⊟남자				남자 요약	⊟여자
22	행 레이블 ▼	디지털/가전	패션의류	패션잡화	화장품/미용		디지털/가
23	GOLD	296	280	221	284	1081	289
24	RED	236	281	272	298	1087	250
25	VIP	319	262	312	281	1174	268
26	비회원	253	287	232	240	1012	317
27	총합계	1104	1110	1037	1103	4354	1124
28							
29							

2 [B23] 셀을 선택한 후 마우스 오른쪽 버튼을 눌러 [값 표시 형식] → [상위 열 합계 비율]을 선택합니다.

3 [B23:E23] 셀의 합계를 확인해 보겠습니다. [B23:E23] 셀은 상위 열인 [성별] 필드의 [남자] 항목에서 하위 열인 각 상품군의 회원등급별 값이 차지하는 비율을 나타낸 것으로, 합계가 100%라는 것을 알 수 있습니다.

행 레이블	디지털/가전	패션의류	패션잡화	화장품/미용	남자 요약	디지털/가전	패션의류	패션잡화	화장품/미용	여자 요약	총합계
GOLD	27.38%	25.90%	20.44%	26.27%	48.54%	25.22%	21.99%	28.27%	24.52%	51.46%	100.00%
RED	21.71%	25.85%	25.02%	27.41%	47.72%	20.99%	24.35%	26.78%	27.88%	52.28%	100.00%
VIP	27.17%	22.32%	26.58%	23.94%	50.98%	23.74%	26.40%	21.70%	28.17%	49.02%	100.00%
비회원	25.00%	28.36%	22.92%	23.72%	46.72%	27.47%	25.22%	24.26%	23.05%	53.28%	100.00%
총합계	25.36%	25.49%	23.82%	25.33%	48.52%	24.33%	24.48%	25.28%	25.91%	51.48%	100.00%

[남자] 고객이 주문한 상품군 중에서 [디지털/가전]의 수량이 차지하는 비율은 다음과 같은 과정으로 계산하며, 상위 열 합계 비율 메뉴를 이용해 구합니다.

$$\frac{(항목에 대한 값)}{(열의 상위 항목에 대한 값)} = \frac{디지털/가전 수량}{남자 수량} = \frac{1{,}104}{4{,}354} = 0.25355 = 25.36\%$$

하면 된다! } 상위 합계 비율로 표시하기

[상위 합계 비율] 시트

상위 행/열 합계 비율은 각 행/열의 값이 바로 직전 상위의 행 또는 열의 값에서 차지하는 비율을 표시한 것입니다. 합계 비율을 바로 직전이 아닌 특정 행 또는 열의 값을 기준으로 표시할 때는 '상위 합계 비율'을 이용합니다.

함께 보면 좋은
동영상 강의

1 실습 파일은 [행: 성별, 회원등급, 상품군], [값: 수량]으로 구성된 피벗 테이블입니다.

2 [B34] 셀을 선택한 후 마우스 오른쪽 버튼을 눌러 [값 표시 형식] → [상위 합계 비율]을 선택합니다. [값 표시 형식] 대화상자가 나타나면 [기준 필드]를 [행] 영역의 두 번째 필드인 [성별]로 선택하고 [확인]을 클릭합니다.

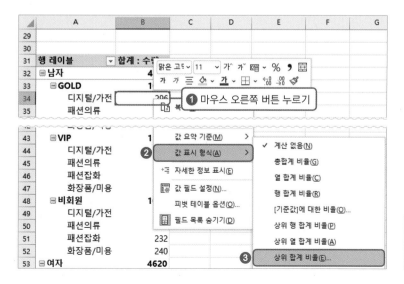

❸ 상품군의 [수량] 값이 [성별]에서 차지하는 비율로 모두 표시됐습니다. [상품군] 필드와 [회원등급] 필드도 [성별]을 기준으로 비율이 표시된 것을 확인할 수 있습니다.

⏴	A	B	C	D	E	F
29						
30						
31	행 레이블 ▾	합계 : 수량				
32	⊟남자	100.00%				
33	⊟GOLD	24.83%				
34	디지털/가전	6.80%				
35	패션의류	6.43%				
36	패션잡화	5.08%				
37	화장품/미용	6.52%				
38	⊟RED	24.97%				
39	디지털/가전	5.42%				
40	패션의류	6.45%				
41	패션잡화	6.25%				
42	화장품/미용	6.84%				
43	⊟VIP	26.96%				
44	디지털/가전	7.33%				

> [회원등급]의 값도 기준 필드인 [남자]에서 차지하는 비율로 표시됐습니다.

> [상품군]의 값도 기준 필드인 [남자]에서 차지하는 비율(상위 행인 [회원등급]이 아닌)로 표시됐습니다.

[남자] 고객이 주문한 것 상품군 중에서 [디지털/가전]의 수량이 차지하는 비율은 다음과 같은 과정으로 계산하며, 상위 합계 비율 메뉴를 이용해 구합니다.

$$\frac{\text{(항목에 대한 값)}}{\text{(선택한 기준 필드의 상위 항목에 대한 값)}} = \frac{\text{디지털/가전 수량}}{\text{남자 수량}} = \frac{296}{4{,}354} = 0.06798 = 6.8\%$$

비교하기 쉬운 [기준값]과의 차이

신문이나 뉴스를 보면 '여의도 면적의 3배', '대한민국 인구의 절반', '라면 박스 5상자 분량' 등의 표현이 자주 등장합니다. 익숙하게 알고 있는 구체적인 대상을 기준으로 표현함으로써 전달력을 높이는 방법입니다. 피벗 테이블에서는 기준값을 제시해 값이 얼마나 차이 나는지를 쉽게 표시할 수 있습니다.

하면 된다! } [기준값]과의 차이 표시하기

1 실습 파일은 [행: 소재지역], [값: 결제금액, 결제금액2]로 구성된 피벗 테이블입니다.

함께 보면 좋은
동영상 **강의**

2 강원도의 결제금액을 기준으로 다른 지역의 매출액이 얼마나 차이가 나는지 표시해 보겠습니다. [C4] 셀을 선택한 후 마우스 오른쪽 버튼을 눌러 [값 표시 형식] → [[기준값]과의 차이]를 선택합니다.

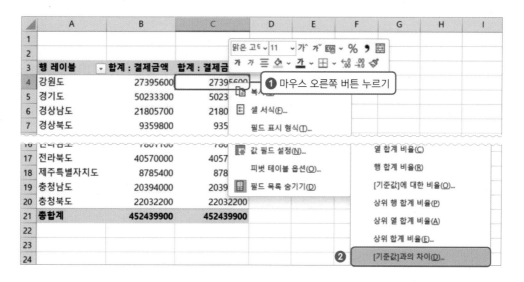

3 기준값을 선택하는 [값 표시 형식] 대화상자가 나타납니다. [기준 필드]와 [기준 항목]이 처음에 선택한 [C4] 셀의 [소재지역]과 [강원도]로 설정돼 있으면 [확인]을 클릭합니다.

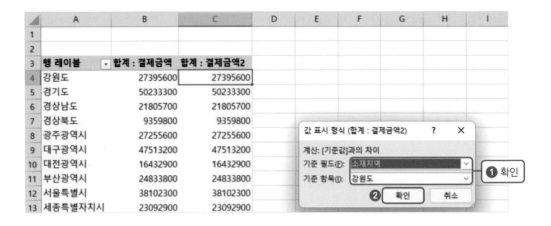

4 [결제금액2] 필드에서 기준값인 [강원도]의 결제금액은 공백으로 표시되고, 나머지 지역은 강원도의 결제금액과 어느 정도 차이가 나는지 표시됐습니다. 이 피벗 테이블은 이제 [결제금액] 열에서 해당 지역의 실제 매출금액을 표시하는 동시에 [결제금액2] 열에서 강원도와 차이 나는 금액을 표시합니다.

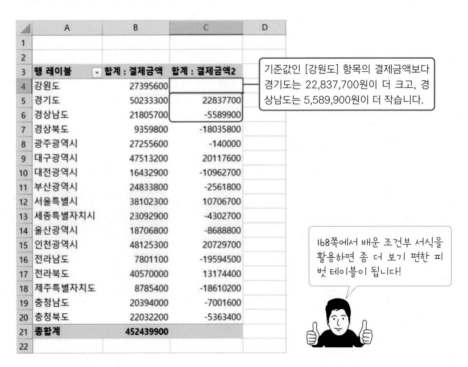

기준값인 [강원도] 항목의 결제금액보다 경기도는 22,837,700원이 더 크고, 경상남도는 5,589,900원이 더 작습니다.

168쪽에서 배운 조건부 서식을 활용하면 좀 더 보기 편한 피벗 테이블이 됩니다!

하면 된다! } [기준값]에 대한 비율 차이 표시하기

[기준값 비율] 시트

1 이번에는 값의 차이를 비율로 표시해 보겠습니다. 실습 파일은 [행: 소재지역], [값: 결제금액, 결제금액2, 결제금액3]으로 구성된 피벗 테이블입니다. [결제금액2] 필드는 기준값인 [강원도] 항목의 값에 비해 다른 지역의 값이 얼마나 차이 나는지를 나타낸 상태입니다.

함께 보면 좋은
동영상 강의

행 레이블	합계 : 결제금액	합계 : 결제금액2	합계 : 결제금액3
강원도	27395600		27395600
경기도	50233300	22837700	50233300
경상남도	21805700	-5589900	21805700
경상북도	9359800	-18035800	9359800
광주광역시	27255600	-140000	27255600
대구광역시	47513200	20117600	47513200
대전광역시	16432900	-10962700	16432900
부산광역시	24833800	-2561800	24833800
서울특별시	38102300	10706700	38102300
세종특별자치시	23092900	-4302700	23092900

2 [D4] 셀을 선택한 후 마우스 오른쪽 버튼을 눌러 [값 표시 형식] →[[기준값]에 대한 비율의 차이]를 클릭합니다. 기준값을 선택하는 [값 표시 형식] 대화상자에서 [기준 필드]가 [소재지역], [기준 항목]이 [강원도]로 선택돼 있으면 [확인]을 클릭합니다.

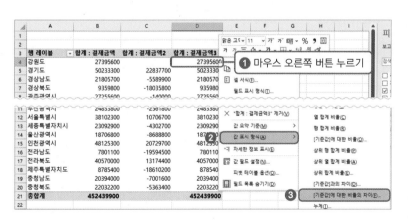

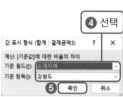

3 기준값인 강원도와 다른 시도의 값 차이가 비율로 표시됐습니다. 즉, 값이 얼마나 크다 또는 작다가 아니라 몇 퍼센트 크다 또는 작다로 표시한 것입니다.

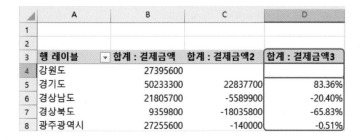

행 레이블	합계 : 결제금액	합계 : 결제금액2	합계 : 결제금액3
강원도	27395600		
경기도	50233300	22837700	83.36%
경상남도	21805700	-5589900	-20.40%
경상북도	9359800	-18035800	-65.83%
광주광역시	27255600	-140000	-0.51%

누적 값을 확인할 수 있는 '누계'와 '누계 비율'

누계는 값을 표시할 때 누적해 더한 값을 표시하는 방법을 의미합니다. 다음은 1월부터 12월까지 월별 결제금액을 나타낸 피벗 테이블입니다. 첫 번째 [결제금액] 필드는 해당 월에 발생한 결제금액의 합계를 나타내는 반면, [결제금액2] 필드는 이것을 누계로 표현한 것으로, 2월에 표시된 금액은 1월 결제금액에 2월 결제금액을 더해 누적한 값입니다. 이런 식으로 12월까지 더해 누적한 값이 반복돼 마지막 12월의 값은 연간 총 누적액이 됩니다. 또한 총합계에서 각 월별 누적 금액이 차지하는 정도를 비율로 표시한 것이 [결제금액3] 필드의 누계 비율입니다.

누계와 누계 비율은 흔히 KPI(핵심 성과 지표)라고도 하는 목표 대비 달성률을 관리할 때 특히 유용합니다. 지금부터 실습을 하면서 누계와 누계 비율을 자세히 알아보겠습니다.

> 지난 달의 결제금액을 이번 달의 결제금액에 더하여 누적해 표시한 누계

3	행 레이블 ▼	합계 : 결제금액	합계 : 결제금액2	합계 : 결제금액3
4	1월	34,317,700	34,317,700	7.59%
5	2월	37,751,800	72,069,500	15.93%
6	3월	34,338,500	106,408,000	23.52%
7	4월	36,313,300	142,721,300	31.54%
8	5월	37,831,800	180,553,100	39.91%
9	6월	35,906,000	216,459,100	47.84%
10	7월	39,295,400	255,754,500	56.53%
11	8월	36,762,100	292,516,600	64.65%
12	9월	43,776,900	336,293,500	74.33%
13	10월	42,632,800	378,926,300	83.75%
14	11월	36,770,500	415,696,800	91.88%
15	12월	36,743,100	452,439,900	100.00%
16	총합계	452,439,900		

> 누계한 값을 총합계에서 차지하는 비율로 표시한 누계 비율

하면 된다! ⟩ 매출액을 연간 월 누계로 표시하기

[누계] 시트

1 실습 파일은 [행: 월], [열: 값], [값: 결제금액, 결제금액2]로 구성된 피벗 테이블입니다. 이지스마트의 1년간 결제금액의 총합계가 452,439,900원인 것을 알 수 있습니다.

함께 보면 좋은
동영상 강의

3	행 레이블 ▼	합계 : 결제금액	합계 : 결제금액2
4	1월	34,317,700	34,317,700
5	2월	37,751,800	37,751,800
6	3월	34,338,500	34,338,500
7	4월	36,313,300	36,313,300
8	5월	37,831,800	37,831,800
9	6월	35,906,000	35,906,000
10	7월	39,295,400	39,295,400
11	8월	36,762,100	36,762,100
12	9월	43,776,900	43,776,900
13	10월	42,632,800	42,632,800
14	11월	36,770,500	36,770,500
15	12월	36,743,100	36,743,100
16	총합계	452,439,900	452,439,900

2 [C4] 셀을 선택한 후 마우스 오른쪽 버튼을 눌러 [값 표시 형식] → [누계]를 선택합니다. [값 표시 형식] 대화상자에서 [기준 필드]를 기본값인 [월]로 선택하고 [확인]을 클릭합니다.

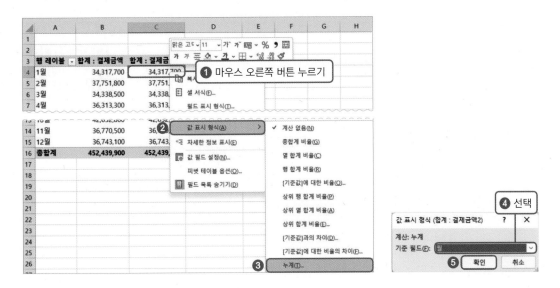

3 [결제금액2] 필드의 값이 누계로 바뀌었습니다. 누계는 누적해 더하는 계산을 의미합니다. 기준 필드를 [월]로 선택했으므로 지난달의 결제금액을 이번 달 결제금액과 더해 표시함으로써 값이 계속 커집니다. 따라서 첫 번째 항목의 값은 이전 항목의 값이 없으므로 그대로 표시되고, 마지막 항목의 값은 모든 항목의 값이 더해져 총합계가 표시되는 것을 확인할 수 있습니다.

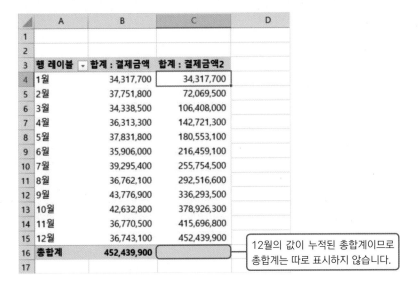

행 레이블	합계 : 결제금액	합계 : 결제금액2
1월	34,317,700	34,317,700
2월	37,751,800	72,069,500
3월	34,338,500	106,408,000
4월	36,313,300	142,721,300
5월	37,831,800	180,553,100
6월	35,906,000	216,459,100
7월	39,295,400	255,754,500
8월	36,762,100	292,516,600
9월	43,776,900	336,293,500
10월	42,632,800	378,926,300
11월	36,770,500	415,696,800
12월	36,743,100	452,439,900
총합계	452,439,900	

12월의 값이 누적된 총합계이므로 총합계는 따로 표시하지 않습니다.

하면 된다! } 누계 비율로 값 표시하기

[누계 비율] 시트

누계한 값을 총합계에서 차지하는 비율로 표시하는 것을 누계 비율이라고
합니다. 이번에는 누계 비율로 값을 표시하는 방법을 알아보겠습니다.

함께 보면 좋은
동영상 강의

1 실습 파일은 앞서 실습한 피벗 테이블에 [결제금액] 필드를 한 번 더
추가한 피벗 테이블입니다.

2 [D21] 셀을 선택한 후 마우스 오른쪽 버튼을 눌러 [값 표시 형식] → [누계 비율]을 선택합니
다. [값 표시 형식] 대화상자에서 [기준 필드]를 [월]로 선택하고 [확인]을 클릭합니다.

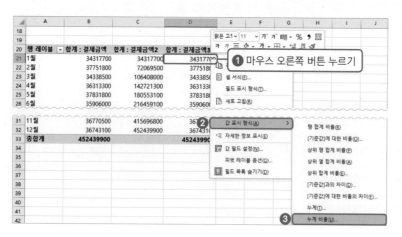

3 [결제금액3] 필드가 누계 비율로 표시됐습니다. 백분율이므로 총합계인 마지막 항목(12월)이 100%로 표시되는데, 각 항목의 누계를 비율로 표시함으로써 진행률과 달성률을 쉽게 파악할 수 있습니다.

	A	B	C	D
18				
19				
20	행 레이블 ▼	합계 : 결제금액	합계 : 결제금액2	합계 : 결제금액3
21	1월	34317700	34317700	7.59%
22	2월	37751800	72069500	15.93%
23	3월	34338500	106408000	23.52%
24	4월	36313300	142721300	31.54%
25	5월	37831800	180553100	39.91%
26	6월	35906000	216459100	47.84%
27	7월	39295400	255754500	56.53%
28	8월	36762100	292516600	64.65%
29	9월	43776900	336293500	74.33%
30	10월	42632800	378926300	83.75%
31	11월	36770500	415696800	91.88%
32	12월	36743100	452439900	100.00%
33	총합계	452439900		

만약 분기마다 25%씩 달성하는 것을 목표로 한다면, 앞으로 우리는 이 데이터를 이용해 다음과 같이 보고서를 작성해 발표할 수 있습니다.

"6월의 결제금액 누계 비율은 47.84%이고, 상반기의 매출액은 전체 금액의 50%에 미치지 못하므로 다소 부진했습니다. 또한 9월 누계 비율 역시 74.33%여서 목표 지표인 75%에 미치지 못했습니다."

상대적인 값을 비교하는 '순위 지정'

100점 만점인 시험에서 90점을 받았다면 결과가 좋다고 생각할 수 있지만, 응시생의 대다수가 95점 이상을 받았다면 90점이라는 점수는 그다지 좋은 평가를 받기 어렵습니다. 이런 상황에서는 절대적인 값의 크기보다 상대적인 값의 위치, 즉 순위가 중요합니다. 피벗 테이블에서는 값의 크기에 따라 오름차순 또는 내림차순으로 순위를 지정해 알아보기 쉽게 나타낼 수 있습니다.

하면 된다! } 지점별 매출 순위 표시하기

[순위] 시트

1 실습 파일은 [행: 소재지역], [값: 결제금액, 결제금액2]로 구성된 피 벗 테이블입니다.

함께 보면 좋은
동영상 강의

3	행 레이블 ▼	합계 : 결제금액	합계 : 결제금액2
4	강원도	27395600	27395600
5	경기도	50233300	50233300
6	경상남도	21805700	21805700
7	경상북도	9359800	9359800
8	광주광역시	27255600	27255600
9	대구광역시	47513200	47513200
10	대전광역시	16432900	16432900
11	부산광역시	24833800	24833800
12	서울특별시	38102300	38102300
13	세종특별자치시	23092900	23092900
14	울산광역시	18706800	18706800
15	인천광역시	48125300	48125300
16	전라남도	7801100	7801100

2 [C4] 셀을 선택한 후 마우스 오른쪽 버튼을 눌러 [값 표시 형식] → [내림차순 순위 지정]을 선택합니다. 그런 다음 [값 표시 형식] 대화상자에서 [기준 필드]를 [소재지역]으로 선택하고 [확인]을 클릭합니다.

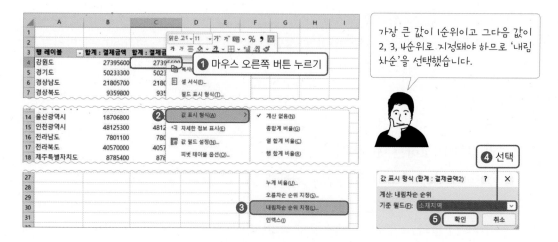

가장 큰 값이 1순위이고 그다음 값이 2, 3, 4순위로 지정돼야 하므로 '내림 차순'을 선택했습니다.

3 결제금액이 가장 큰 경기도가 1위, 가장 작은 전라남도가 17위로, 순위가 내림차순으로 지 정된 것을 확인할 수 있습니다.

행 레이블 ▼	합계 : 결제금액	합계 : 결제금액2
강원도	27395600	6
경기도	50233300	1
경상남도	21805700	11
경상북도	9359800	15
광주광역시	27255600	7
대구광역시	47513200	3
대전광역시	16432900	14
부산광역시	24833800	8
서울특별시	38102300	5
세종특별자치시	23092900	9
울산광역시	18706800	13
인천광역시	48125300	2
전라남도	7801100	17
전라북도	40570000	4
제주특별자치도	8785400	16
충청남도	20394000	12
충청북도	22032200	10
총합계	452439900	

중요도, 기여도를 확인할 수 있는 '인덱스'

피벗 테이블의 값 표시 형식 가운데 마지막으로 인덱스를 알아보겠습니다. 인덱스는 일정한
공식에 따라 상대적인 수치를 이용해 총합계에서 해당 항목의 값이 기여한 정도, 즉 중요한 정
도를 숫자로 표시합니다.

다음 그림에서 왼쪽 피벗 테이블은 지역에 따라 각 상품군의 결제금액을 나타낸 것이고, 오른
쪽 피벗 테이블은 같은 값을 인덱스로 표시한 것입니다. 인덱스는 숫자가 클수록 총합계에 기
여한 정도가 크다고 해석할 수 있습니다.

합계 : 결제금액	열 레이블 ▼				
행 레이블 ▼	디지털/가전	패션의류	패션잡화	화장품/미용	총합계
강원도	5719600	7242900	7327300	7105800	27395600
경기도	13375500	11982400	12878200	11997200	50233300
경상남도	7500600	5534000	3875100	4896000	21805700
경상북도	2086100	2064400	2723500	2485800	9359800
광주광역시	6728000	8352300	6480900	5694400	27255600
대구광역시	13744500	12203700	12056200	9508800	47513200
대전광역시	3890400	4538900	4605900	3397700	16432900
부산광역시	7341600	5527800	6032700	5931700	24833800
서울특별시	9064900	9884600	9909200	9243600	38102300
세종특별자치시	5347200	4303600	5750900	7691200	23092900
울산광역시	6525200	3361300	3971600	4848700	18706800
인천광역시	11556400	12110500	9029300	15429100	48125300
전라남도	912900	1845100	2232400	2810700	7801100
전라북도	8816200	12050700	8840700	10862400	40570000
제주특별자치도	1627400	1533600	3172200	2452200	8785400
충청남도	3828400	6256600	4805500	5503500	20394000
충청북도	4789900	3595000	5487600	8159700	22032200
총합계	112854800	112387400	109179200	118018500	452439900

인덱스로 나타내기 전

합계 : 결제금액	열 레이블 ▼				
행 레이블 ▼	디지털/가전	패션의류	패션잡화	화장품/미용	총합계
강원도	0.84	1.06	1.11	0.99	1.00
경기도	1.07	0.96	1.06	0.92	1.00
경상남도	1.38	1.02	0.74	0.86	1.00
경상북도	0.89	0.89	1.21	1.02	1.00
광주광역시	0.99	1.23	0.99	0.80	1.00
대구광역시	1.16	1.03	1.05	0.77	1.00
대전광역시	0.95	1.11	1.16	0.79	1.00
부산광역시	1.19	0.90	1.01	0.92	1.00
서울특별시	0.95	1.04	1.08	0.93	1.00
세종특별자치시	0.93				1.00
울산광역시	1.40				1.00
인천광역시	0.96				1.00
전라남도	0.47	0.95	1.19	1.30	1.00
전라북도	0.87	1.20	0.90	1.03	1.00
제주특별자치도	0.74	0.70	1.50	1.07	1.00
충청남도	0.75	1.24	0.98	1.03	1.00
충청북도	0.87	0.66	1.03	1.42	1.00
총합계	1.00	1.00	1.00	1.00	1.00

> 인덱스 숫자가 클수록 기여도가 큼

인덱스로 나타낸 후

하면 된다! } 인덱스로 값 표시하기

[인덱스] 시트

1 실습 파일은 [열: 상품군], [행: 소재지역], [값: 결제금액]으로 구성된 피벗 테이블입니다.

함께 보면 좋은
동영상 강의

2 [B5] 셀을 선택한 후 마우스 오른쪽 버튼을 눌러 [값 표시 형식] → [인덱스]를 클릭합니다.

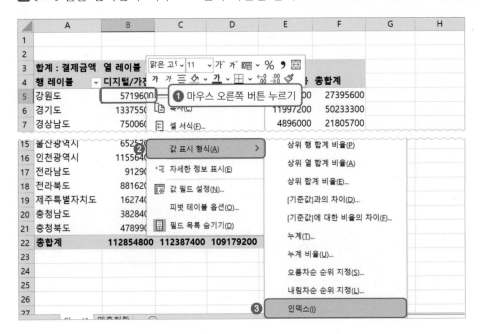

3 엑셀에 내장된 계산 공식에 따라 인덱스가 표시되는데, 소수점 이하 자릿수가 들쭉날쭉해서 알아보기 어려우므로 표시 형식을 조정하겠습니다. [B5] 셀을 선택한 후 [피벗 테이블 분석] 탭 → [활성 필드] 그룹 → [필드 설정]을 선택하고 [값 필드 설정] 대화상자의 왼쪽 아래에 있는 [표시 형식]을 클릭합니다.

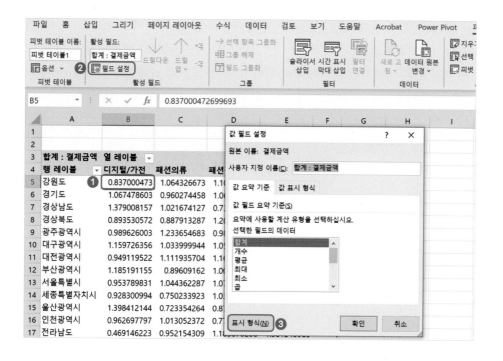

4 [셀 서식] 대화상자의 [범주]에서 [숫자]를 선택한 후 [소수 자릿수]를 2로 입력하고 [확인]을 클릭합니다. 그리고 [값 필드 설정] 대화상자에서도 [확인]을 클릭합니다. 소수점 둘째 자리까지 인덱스로 정리한 피벗 테이블을 완성했습니다. 이 수치는 총합계에서 각 항목이 기여한 정도를 나타냅니다.

3	합계 : 결제금액	열 레이블 ▾				
4	행 레이블 ▾	디지털/가전	패션의류	패션잡화	화장품/미용	총합계
5	강원도	0.84	1.06	1.11	0.99	1.00
6	경기도	1.07	0.96	1.06	0.92	1.00
7	경상남도	1.38	1.02	0.74	0.86	1.00
8	경상북도	0.89	0.89	1.21	1.02	1.00
9	광주광역시	0.99	1.23	0.99	0.80	1.00
10	대구광역시	1.16	1.03	1.05	0.77	1.00
11	대전광역시	0.95	1.11	1.16	0.79	1.00
12	부산광역시	1.19	0.90	1.01	0.92	1.00
13	서울특별시	0.95	1.04	1.08	0.93	1.00
14	세종특별자치시	0.93	0.75	1.03	1.28	1.00
15	울산광역시	1.40	0.72	0.88	0.99	1.00
16	인천광역시	0.96	1.01	0.78	1.23	1.00
17	전라남도	0.47	0.95	1.19	1.38	1.00
18	전라북도	0.87	1.20	0.90	1.03	1.00
19	제주특별자치도	0.74	0.70	1.50	1.07	1.00
20	충청남도	0.75	1.24	0.98	1.03	1.00
21	충청북도	0.87	0.66	1.03	1.42	1.00
22	총합계	1.00	1.00	1.00	1.00	1.00

행 단위로 표를 해석하면, 첫 번째 행인 [강원도] 전체 매출액에 대한 [디지털/가전] 상품의 인덱스는 0.84인 데 비해 [패션잡화]의 인덱스는 1.11이므로 [패션잡화]의 기여도가 높다고 할 수 있습니다. 이처럼 모든 인덱스는 총합계에서 지역별 각 상품군의 결제금액 값이 기여한 정도를 나타냅니다. 인덱스를 구하는 공식은 다음과 같습니다.

$$\frac{\text{셀에 있는 값} \times \text{총합계의 총합계}}{\text{행 총합계} \times \text{열 총합계}} = \frac{\text{강원도\&디지털/가전} \times \text{총합계의 총합계}}{\text{강원도 행 총합계} \times \text{디지털/가전 열 총합계}}$$

$$= \frac{5719600 \times 452439900}{27395600 \times 112854800} = 0.84$$

05-3 원본 데이터에 없는 계산된 열 만들기 — 계산 필드

• 실습 파일 5.3계산 필드 추가(실습).xlsx • 완성 파일 5.3계산 필드 추가(완성).xlsx

원본 데이터에는 없지만, 원본 데이터에서 계산해 새로운 필드를 추가할 수는 있습니다. 예를 들어 원본 데이터에 [매출액] 필드에서 [원가] 필드를 빼 [순이익] 필드를 만들거나 [단가] 필드와 [판매수량] 필드를 곱해 [판매금액]을 계산할 수 있습니다. 이때 원본 데이터에 실제로 열을 추가할 수도 있지만, 원본 데이터에는 추가하지 않고 피벗 테이블에만 필드를 만들어 사용할 수 있는데, 이를 계산 필드라고 합니다. 지금부터 계산 필드를 만들고 활용하는 방법을 알아보겠습니다.

계산 필드 추가

계산 필드는 원본 데이터에 없는 열을 피벗 테이블에서 계산해 삽입하는데, 이때 계산을 하려면 수식을 작성해야 합니다. 이번 실습에서는 고객이 결제한 금액 중에서 쿠폰 금액을 제외한 실제 결제 금액 계산 필드를 추가해 보겠습니다.

하면 된다! } 계산 필드로 실제 결제 금액 구하기

[계산 필드] 시트

1 실습 파일은 [행: 주문번호], [값: 결제금액, 사용쿠폰]으로 구성된 피벗 테이블입니다.

함께 보면 좋은
동영상 강의

3	행 레이블 ▼	합계 : 결제금액	합계 : 사용쿠폰
4	100182	51400	5000
5	100360	119500	5000
6	101591	396500	5000
7	101663	266500	0
8	101724	177000	3000
9	101988	127200	1000
10	102417	43100	0
11	102580	20600	5000
12	102581	78500	1000
13	103045	95400	5000
14	103320	313600	0

필터

열
Σ 값

행
주문번호 ▼

Σ 값
합계 : 결제금액 ▼
합계 : 사용쿠폰 ▼

2 [A4] 셀을 선택한 후 [피벗 테이블 분석] 탭 → [계산] 그룹 → [필드, 항목 및 집합]을 클릭하고 [계산 필드]를 선택합니다.

3 [계산 필드 삽입] 대화상자가 나타납니다. 여기에서 [이름] 항목에 생성할 계산 필드의 이름으로 실제 결제 금액을 입력합니다. 계산 필드 이름은 기존 필드 이름과 중복해 사용하면 안 됩니다. [수식] 항목에는 수행할 계산식을 입력하는데, 먼저 바로 아래의 [필드] 항목에서 스크롤을 내려 [결제금액] 필드를 선택하고 [필드 삽입]을 클릭합니다.

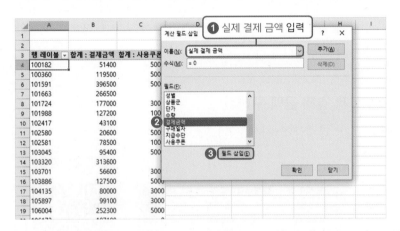

4 [수식] 항목에 추가된 [결제금액] 뒤에 연산자 -를 입력합니다. 그런 다음 다시 [필드] 항목에서 [사용쿠폰]을 더블클릭하고 [추가] 버튼을 클릭한 후 [확인]을 클릭합니다.

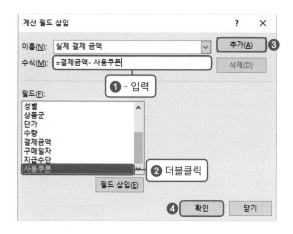

5 필드 목록 영역 아래의 영역 구역에 기존에 없던 [실제 결제 금액] 필드가 추가되고, 피벗 테이블에도 이 필드가 추가된 것을 확인할 수 있습니다.

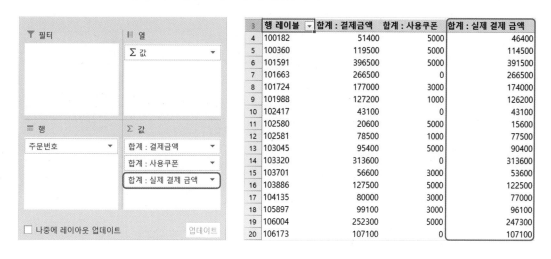

수식은 원본 데이터의 필드 또는 상수를 함수 또는 연산자(+, -, ×, /)를 이용해 계산할 수 있습니다. 다만 [A4] 등의 셀 주소나 정의된 이름은 수식에 사용할 수 없습니다.

원본 데이터에서 필드를 추가하면 계산 필드와 같은 수식 제한이 없어서 더욱 다양하게 계산할 수 있습니다. 하지만 계산 필드는 모든 행에서 계산을 수행하므로 데이터가 클수록 속도와 용량 면에서 효율이 뛰어납니다.

계산 필드의 수정·삭제

계산 필드는 처음 삽입할 때 사용하는 메뉴에서 수정하거나 삭제할 수 있습니다. 삽입한 계산 필드의 수식을 수정하거나 계산 필드 자체를 삭제하는 방법을 알아보겠습니다.

하면 된다! } 계산 필드 수정하기

[계산 필드] 시트

이지스마트에서는 고객에게 결제금액의 5%를 적립금으로 지급해 주기로 결정했습니다. 앞서 삽입한 [실제 결제 금액] 계산 필드를 수정해 [적립금] 계산 필드를 삽입해 보겠습니다.

함께 보면 좋은
동영상 강의

1 실습 파일은 [행: 주문번호], [값: 결제금액, 사용쿠폰]으로 구성된 피벗 테이블로 바로 앞의 실습에서 [실제 결제 금액] 계산 필드가 삽입됐습니다. [A3] 셀을 선택한 후 [피벗 테이블 분석] 탭 → [계산] 그룹 → [필드, 항목 및 집합] → [계산 필드]를 선택합니다.

2 [계산 필드 삽입] 대화상자의 [이름] 항목 오른쪽에서 [드롭다운 ▾]을 클릭한 후 피벗 테이블에 삽입한 계산 필드인 [실제 결제 금액]을 선택합니다.

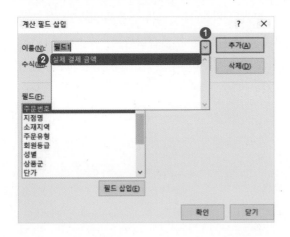

3 [실제 결제 금액]을 선택하면 해당 계산 필드와 수식이 나타납니다. [수식]을 =(결제금액 - 사용쿠폰)*0.05으로 변경한 후 [수정] → [확인]을 클릭합니다. 주문번호별로 [실제 결제 금액] 열에 적립할 금액이 표시됐습니다.

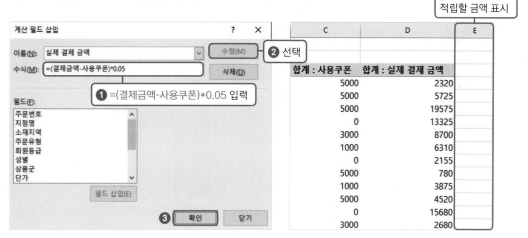

하면 된다! ⎬ 계산 필드 삭제하기

[계산 필드] 시트

1 이번에는 삽입한 계산 필드를 삭제해 보겠습니다. [A4] 셀을 선택한 후 [피벗 테이블 분석] 탭 → [계산] 그룹 → [필드, 항목 및 집합] → [계산 필드]를 클릭합니다.

함께 보면 좋은
동영상 강의

2 [계산 필드 삭제] 대화상자의 [이름] 항목 오른쪽에서 [드롭다운 ⌄]을 클릭해 [실제 결제 금액] 계산 필드를 선택한 후 [삭제] → [확인]을 클릭합니다.

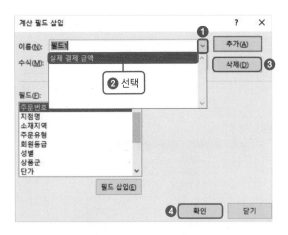

3 [실제 결제 금액] 계산 필드가 삭제되고 필드 목록 영역의 영역 구역과 피벗 테이블에서도 제거된 것을 확인할 수 있습니다.

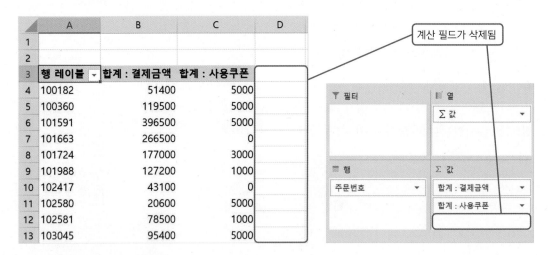

05-4 피벗 테이블 안에서만 계산하기 ─ 계산 항목

• 실습 파일 5.4계산 항목(실습).xlsx • 완성 파일 5.4계산 항목(완성).xlsx

표에서 열인 필드를 구성하는 데이터를 '항목'이라고 합니다. 앞서 학습한 계산 필드는 수식으로 계산한 새로운 열인 필드를 생성하는데, 이때 필드 안에서 항목을 추가할 수 있는 기능이 계산 항목입니다. 계산 필드가 값으로 사용하는 필드를 추가하는 것과 달리, 계산 항목은 필터나 행, 열 레이블로 사용하는 항목을 추가한다는 데 차이가 있습니다.

계산 항목 추가

계산 항목은 원본 데이터의 필드에 있는 항목만으로 분석할 수 없을 때 기존 항목에 추가로 생성할 수 있습니다. 계산 항목은 총합계를 계산할 때 중복될 수 있으므로 주의해야 합니다. 또한 계산 항목을 추가할 필드를 선택하면 메뉴가 활성화되므로 처음 추가할 때 셀을 유의해 선택해야 합니다.

하면 된다! } 회원등급에서 회원 항목 생성하기

[계산 항목] 시트

1 실습 파일은 [행: 회원등급], [값: 수량]으로 구성된 피벗 테이블입니다.

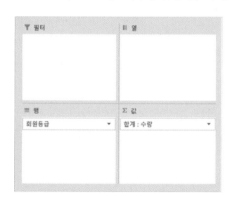

함께 보면 좋은
동영상 강의

2 [A4] 셀을 선택한 후 [피벗 테이블 분석] 탭 → [계산] 그룹 → [필드, 항목 및 집합] → [계산 항목]을 선택합니다.

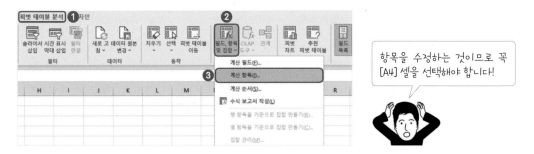

항목을 수정하는 것이므로 꼭 [A4] 셀을 선택해야 합니다!

3 ["회원등급"에 계산 항목 삽입] 대화상자의 [이름] 항목에 회원을 입력한 후 아래 [필드]에서 [회원등급]을 클릭합니다. 그런 다음 오른쪽 항목에서 [GOLD], [RED], [VIP]를 각각 더블클릭해 [수식]에 모두 삽입합니다. 이때 각 회원등급 사이에 연산자 +를 삽입해 수식을 완성한 후 [확인]을 클릭합니다.

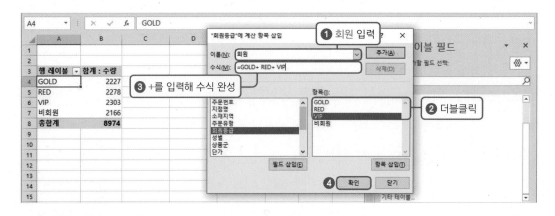

4 [행 레이블]에 [회원] 항목이 추가됐습니다. 그런데 이 [회원] 항목은 비회원이 아니라 GOLD, RED, VIP 회원을 모두 더한 것이므로 현재의 총합계는 각 회원등급을 2번 더한 것이 됩니다.

이렇게 계산한 데이터를 보고하면 안 돼요!

5 중복 계산하지 않도록 [행 레이블] 오른쪽에서 [드롭다운 ▾]을 클릭한 후 [GOLD], [RED], [VIP] 항목을 클릭해 체크 표시를 해제하고 [비회원], [회원] 항목을 체크 표시하면 전체 주문 데이터가 회원과 비회원으로 구분됩니다.

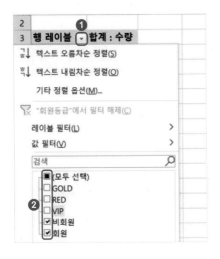

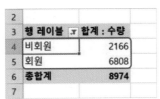

계산 항목의 수정, 삭제

계산 필드를 추가하면 필드 목록 영역의 구역 영역에 나타나지만, 계산 항목은 표면적으로 나타나지 않는다는 차이점이 있습니다. 하지만 계산 항목의 수정·삭제는 계산 필드에서 하는 방법과 같습니다.

하면 된다! } 계산 항목 수정·삭제하기

[계산 항목] 시트

1 앞에서 사용한 실습 파일에 이어서 진행하겠습니다. [A4] 셀을 선택한 후 [피벗 테이블 분석] 탭 → [계산] 그룹 → [필드, 항목 및 집합] → [계산 항목]을 선택합니다.

함께 보면 좋은
동영상 강의

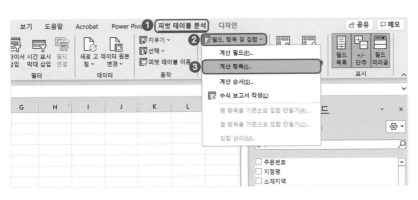

2 ["회원등급"에 계산 항목 삽입] 대화상자의 [이름] 항목 오른쪽에서 [드롭다운 ⌄]을 클릭한 후 앞서 삽입한 [회원] 계산 항목을 선택하고 바로 아래에서 수식을 수정한 후 [수정]을 클릭하면 계산 항목을 수정할 수 있습니다.

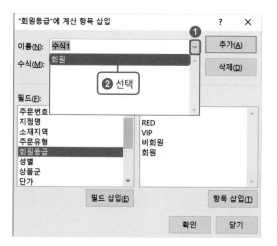
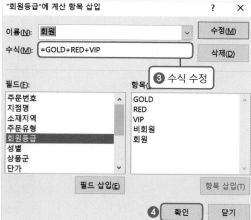

3 계산 항목을 삭제하려면 항목을 선택한 후 [삭제]를 클릭하면 됩니다. 계산 항목을 삭제하고 나면 원래 항목만 남는 것을 확인할 수 있습니다.

05-5 원본 데이터를 변경할 때 — 새로 고침

• **실습 파일** 5.5원본 데이터 변경(실습).xlsx   • **완성 파일** 5.5원본 데이터 변경(완성).xlsx

실무 데이터 분석에서 피벗 테이블 보고서를 만들 때 고려해야 할 중요한 요소는 '확장성'입니다. 실무에서 보고서는 주기적으로 반복해 작성하는데, 이 과정에서 대부분 데이터를 변경·추가하기 때문입니다. 대표적인 예로 주 차나 월별로 추가하는 데이터를 보고서에 계속 반영하거나 부서 또는 협력사에서 데이터를 지속적으로 취합해 보고서를 작성하는 경우를 들 수 있습니다. 이렇게 원본 데이터를 변경·추가할 때 피벗 테이블을 관리하는 방법을 알아보겠습니다.

원본 데이터의 변경·추가

피벗 테이블을 다루다 보면 원본 데이터를 추가할 때가 많습니다. 대표적인 예로 매일, 매주, 매월 데이터를 추가하거나 여러 부서의 데이터를 계속 취합하는 것을 들 수 있습니다. 이때 원본 데이터의 범위 안이나 바깥에 데이터를 추가하는데, 각각 방법이 다르므로 실습을 하면서 알아보겠습니다.

하면 된다! } 원본 데이터 변경하기

[데이터 변경] 시트

1 실습 데이터는 [행: 상품군], [값: 결제금액]으로 구성된 피벗 테이블입니다.

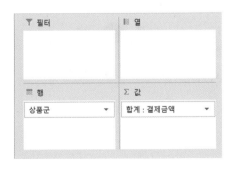

함께 보면 좋은
동영상 강의

2 원본 데이터에서 상품군을 변경해 보겠습니다. [매출현황] 시트로 이동한 후 [G2] 셀의 [패션잡화]를 식품으로 변경하고 [Enter]를 누릅니다.

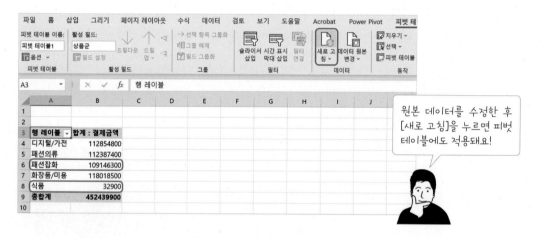

	A	B	C	D	E	F	G	H
1	주문번호	지점명	소재지역	주문유형	회원등급	성별	상품군	단가
2	772904	인천 예그리나점	인천광역시	매장구매	GOLD	여자	식품	32900
3	403842	경기 길가온점	경기도	매장구매	비회원	남자	디지털/가전	83600
4	689416	인천 어라연히프제점	인천광역시	매장구매	비회원	여자	식품 입력 후 Enter 7700
5	510384	대전 휘들램점	대전광역시	매장구매	비회원	여자	디지털/가전	22400
6	658801	인천 푸르미르점	인천광역시	매장구매	VIP	여자	화장품/미용	69900
7	210302	인천 어라연히프제점	인천광역시	배달	RED	남자	패션잡화	43900
8	744123	인천 푸르미르점	인천광역시	배달	VIP	여자	화장품/미용	41100
9	597607	부산 미르점	부산광역시	배달	RED	남자	디지털/가전	19500
10	346369	대구 아리아점	대구광역시	배달	비회원	여자	패션잡화	31500

3 [데이터 변경] 시트로 돌아와 [피벗 테이블 분석] 탭 → [데이터] 그룹 → [새로 고침]을 클릭합니다. 앞서 원본 데이터에서 항목 1개를 [패션잡화]에서 [식품]으로 변경해 [식품] 항목이 추가됐고, 그에 따라 [패션잡화] 항목의 결제금액이 새로 생긴 [식품] 항목의 결제금액(32900)만큼 감소했습니다. 다음은 [새로 고침]을 실행해 원본 데이터를 다시 저장한 결과입니다.

행 레이블	합계 : 결제금액
디지털/가전	112854800
패션의류	112387400
패션잡화	109146300
화장품/미용	118018500
식품	32900
총합계	452439900

> 원본 데이터를 수정한 후 [새로 고침]을 누르면 피벗 테이블에도 적용돼요!

하면 된다! ▶ 원본 데이터의 범위 안에서 데이터 추가하기

[데이터 변경] 시트

피벗 테이블을 처음 삽입할 때 설정한 범위 안에서 원본 데이터를 변경하려면 [새로 고침]을 실행해 반영할 수 있다는 것을 확인했습니다. 이번에는 원본 데이터의 범위 안에 데이터를 어떻게 추가하는지 알아보겠습니다.

함께 보면 좋은
동영상 강의

1 [매출현황] 시트로 이동해 2행과 3행 사이에 새로운 행을 추가해 보겠습니다. 3행의 행 번호에서 마우스 오른쪽 버튼을 누른 후 [삽입]을 클릭합니다.

2 2행과 3행 사이에 빈 행이 삽입됐습니다. [G3] 셀에는 도서, [J4] 셀에는 10000을 입력한 후 각각 Enter 를 누릅니다.

3 [데이터 변경] 시트로 돌아와 [피벗 테이블 분석] 탭 → [데이터] 그룹 → [새로 고침]을 클릭합니다. 새로 추가한 [도서] 항목과 그 결제금액이 피벗 테이블에 나타난 것을 확인할 수 있습니다.

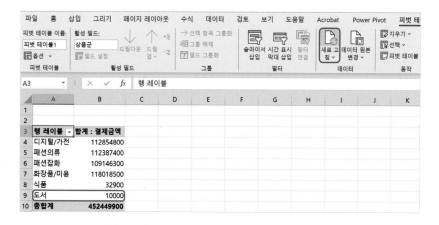

하면 된다! } 원본 데이터의 범위 밖에서 데이터 추가하기

[데이터 변경] 시트

원본 데이터의 범위 안에 추가한 데이터는 [새로 고침]을 실행해 피벗 테이블에 반영할 수 있다는 것을 확인했습니다. 이번에는 원본 데이터의 범위 바깥에 데이터를 추가하는 방법은 무엇인지 알아보겠습니다.

함께 보면 좋은
동영상 강의

1 [매출현황] 시트에서 원본 데이터의 맨 아래인 3002행으로 이동합니다. [G3002] 셀에는 과일, [J3002] 셀에는 50000을 입력한 후 Enter 를 누릅니다.

2 [데이터 변경] 시트로 돌아와 [피벗 테이블 분석] 탭 → [데이터] 그룹 → [새로 고침]을 클릭합니다. 새로 추가한 [과일] 항목이 나타나지 않는 것을 확인할 수 있습니다. 처음 설정했던 원본 데이터의 범위 바깥에 추가한 데이터가 가까이 있어도 [새로 고침]을 하면 피벗 테이블에 반영되지 않는 것입니다.

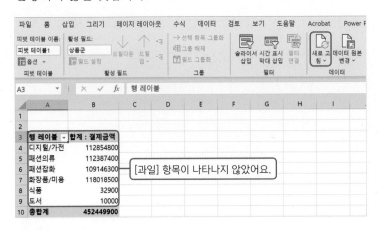

피벗 테이블은 지정한 범위의 데이터로만 만드는 특성이 있다는 것을 반드시 기억하세요!

❸ 이러한 상황에서는 [데이터 원본 변경]을 이용해 원본 데이터의 범위를 변경해야 합니다. 리본 메뉴에서 [피벗 테이블 분석] 탭 → [데이터] 그룹 → [데이터 원본 변경]을 클릭합니다.

❹ 원본 데이터가 있는 [매출현황] 시트로 이동하면 [피벗 테이블 데이터 원본 변경] 대화상자가 나타납니다. [피벗 테이블 데이터 원본 변경] 대화상자의 [표/범위] 항목 오른쪽에 원본 데이터의 범위가 나타나는데, 끝부분의 3002를 3003으로 변경합니다. 즉, 매출현황!$A$1:$M$3003을 입력하고 [확인]을 클릭합니다. 원본 데이터에 추가한 [과일] 항목이 피벗 테이블에 추가된 것을 확인할 수 있습니다.

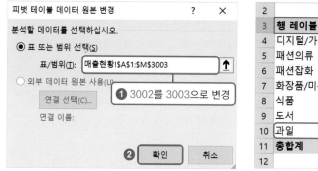

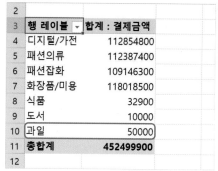

이번 실습에서는 행을 1개만 추가했지만, 몇만 개를 추가하더라도 방법은 똑같습니다. 월별 또는 부서별로 데이터를 대량 추가할 때도 [데이터 원본 변경]을 이용해 원본 데이터의 범위를 변경해 설정해 줌으로써 피벗 테이블에 저장된 원본 데이터를 변경할 수 있습니다.
또한 행뿐만 아니라 열도 똑같은 기준과 방법으로 원본 데이터의 변경·추가를 적용할 수 있습니다. 앞에서 배운 내용을 표로 정리하면 다음과 같습니다.

원본 데이터 변경	원본 데이터 추가	
	원본 데이터 범위 안	원본 데이터 범위 밖
[새로 고침]	[새로 고침]	[데이터 원본 변경]

 **최반장의 꿀팁!** 피벗 테이블의 계산 속도가 빠른 이유 — 피벗 캐시

옵션을 설정해 삽입을 실행하면 피벗 테이블 또는 피벗 차트가 순식간에 만들어집니다. 그후 필드를 추가·이동·삭제해 데이터를 계산·요약하는 것 역시 대부분 소요 시간을 측정하기조차 어려울 정도로 빠르게 반응합니다. 컴퓨터의 성능에 따라 다를 수 있지만 SUM(IF), COUNT(IF), AVERAGE(IF) 등의 함수를 이용해 같은 결과물을 만들고, 비교해 본다면 그 차이를 확연하게 느낄 수 있습니다. 특히 10만 행이 넘는 큰 데이터에서는 연산 속도의 차이를 비교할 수 없을 정도입니다. 피벗 테이블은 어떻게 이렇게 빠르게 실행할 수 있을까요?

그것은 바로 피벗 테이블이 원본 데이터를 '피벗 캐시(pivot cache)'라는 데이터 캐시(data cache)에 저장해 작동하기 때문입니다.

피벗 테이블을 만들 때 원본 데이터를 선택하는데, 이때 피벗 테이블은 사용자가 선택한 범위 또는 표 등의 원본 데이터를 엑셀의 내부 메모리 영역인 데이터 캐시에 저장합니다. 피벗 캐시에 저장되는 원본 데이터는 우리가 엑셀 시트에서 흔히 보는 구조가 아니라 컴퓨터가 연산을 하는 데 최적화된 방식으로 실행되므로 피벗 테이블의 계산 속도가 매우 빠른 것입니다.

여기에서 기억해야 할 중요한 개념은 피벗 테이블이 원본 데이터와 연결되는 게 아니라 자체 저장 공간에 원본 데이터를 저장해 작동한다는 것입니다. 즉, 피벗 테이블은 삽입되는 동시에 원본 데이터에서 따로 분리된 개체로 생성됩니다. 따라서 피벗 테이블을 삽입한 이후에 원본 데이터에 어떤 변화가 발생해도 피벗 테이블에는 곧바로 영향을 미치지 않습니다.

이 책에서는 같은 엑셀 파일에 있는 데이터만 다루지만, 실제로 피벗 테이블을 적용할 수 있는 범위는 그보다 큽니다. 피벗 테이블은 다른 엑셀 파일이나 CSV, XML, JSON 파일도 원본 데이터에 삽입할 수 있을 뿐만 아니라 데이터베이스 또는 웹 데이터에도 연결해 삽입할 수 있는데, 모두 똑같은 작동 방식을 사용합니다. 어떤 원본 데이터라도 피벗 캐시에 저장해 작동할 수 있고, 원본 데이터에 변화가 있어도 피벗 캐시에 저장된 데이터에는 아무런 영향을 미치지 않습니다.

05-6 더블클릭하면 데이터가 보인다! — 하위 수준 표시

• 실습 파일 5.6하위 수준 표시(실습).xlsx • 완성 파일 5.6하위 수준 표시(완성).xlsx

어느 날 이지스마트 영업팀 팀장님이 김 대리에게 지역별 매출액을 보고해 달라고 지시했습니다. 피벗 테이블을 배운 김 대리는 지역별 매출액 분석 보고서를 엑셀 파일로 쉽게 만들어 의기양양하게 팀장님에게 보냈습니다. 그런데 파일을 열어 살펴보던 팀장님이 김 대리를 불러 물었습니다.

"경상북도의 매출이 왜 이렇게 저조하죠? 좀 더 자세하게 분석해야겠어요. 경상북도의 판매 데이터를 보여 주세요."

이때 활용할 수 있는 기능이 바로 피벗 테이블의 하위 수준 데이터 표시입니다. 이 놀라운 기능은 피벗 테이블을 더블클릭하는 것만으로 쉽게 이용할 수 있습니다.

행 레이블 ▼	합계 : 결제금액
강원도	27395600
경기도	50233300
경상남도	21805700
경상북도	9359800
광주광역시	27255600
대구광역시	47513200
대전광역시	16432900
부산광역시	0
서울특별시	0
세종특별자치	0

경상북도의 판매 데이터만 보려면? 답은 더블클릭!

더블클릭으로 하위 수준 데이터 표시하기

실무에서 데이터 분석을 할 때 피벗 테이블을 활용하면 요약 계산된 값의 세부 사항을 확인할 수 있습니다. 즉, 결과로 나타난 값이 어떤 데이터로 구성돼 있는지 간단히 확인할 수 있는데, 이를 '하위 수준 데이터 표시'라고 합니다.

하면 된다! ⟩ 더블클릭 하나로 하위 수준 데이터 표시하기

[하위 수준 표시] 시트

1 실습 파일은 [행: 소재지역], [값: 결제금액]으로 구성된 피벗 테이블입니다. 경상북도의 결제금액인 [B7] 셀을 더블클릭합니다. 경상북도 결제금액의 원본 데이터가 담긴 새로운 [Sheet1] 시트가 추가됐습니다. [C] 열을 보면 [소재지역] 항목이 [경상북도]인 데이터만 남아 있습니다.

함께 보면 좋은
동영상 강의

❷ [Sheet1] 시트 추가 확인

❷ 이 표의 [J] 열인 [결제금액] 열을 모두 선택해 합계를 확인하면 바로 앞의 피벗 테이블에서 본 9359800인 것을 알 수 있습니다.

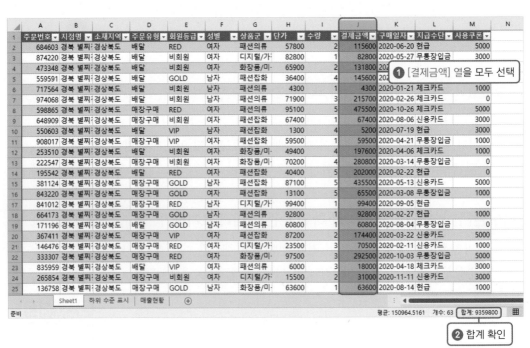

❷ 합계 확인

하위 수준 표시되지 않도록 설정하기

하위 수준 표시는 피벗 테이블 옵션에서 설정할 수 있습니다. 기본적으로 하위 수준이 표시되도록 설정돼 있지만, 옵션에서 설정을 변경하면 표시되지 않도록 할 수도 있습니다.

하면 된다! } 하위 수준 표시 설정 막기

[하위 수준 표시] 시트

1 [하위 수준 표시] 시트의 피벗 테이블을 선택한 후 [피벗 테이블 분석] 탭 → [피벗 테이블] 그룹 → [옵션]을 클릭합니다. [피벗 테이블 옵션] 대화상자가 나타나면 [데이터] 탭을 클릭합니다. [피벗 테이블 데이터] 항목 아래에서 [하위 수준 표시 사용]의 체크 표시를 해제하고 [확인]을 클릭합니다.

함께 보면 좋은
동영상 강의

2 [B7] 셀을 더블클릭하면 "피벗 테이블에서 이 부분을 변경할 수 없습니다."라는 메시지 창이 나타나면서 하위 수준이 표시되지 않는 것을 확인할 수 있습니다.

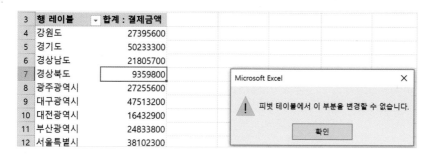

필드 요약 기준 변경하기

• 실습 파일 능력시험(5장).xlsx   • 완성 파일 능력시험(5장)_정답.xlsx

5장에서는 피벗 테이블의 고급 활용 방법인 값 요약 방식을 변경하는 방법과 값 표시 형식 그리고 계산 필드와 계산 항목에 대해서 배웠습니다.

아래 [원본 데이터]는 우리나라의 5대 수출 교역국에 대한 2021년 수출 교역량을 수출 상품의 성질별로 집계한 데이터입니다. 국가 및 성질별 수출금액을 분석한 피벗 테이블을 만들고, 수출금액(값)의 각 항목을 성질별로 차지하는 비율로 표시해 보세요.

합계 : 금액	열 레이블 ▼			
행 레이블 ▼	1.소비재	2.원자재	3.자본재	총합계
미국	57.38%	18.95%	21.96%	25.09%
베트남	6.20%	12.61%	17.27%	14.72%
일본	10.79%	15.00%	4.05%	7.88%
중국	21.98%	50.13%	42.78%	42.51%
홍콩	3.65%	3.30%	13.94%	9.80%
총합계	100.00%	100.00%	100.00%	100.00%

힌트

1단계 [행: 국가명], [열: 성질명], [값: 금액]인 피벗 테이블을 만듭니다.

2단계 [값: 금액]의 값 표시 형식을 변경합니다.

정답 및 풀이는
동영상을 참고하세요!

06

피벗 테이블을 활용한
보고서와 대시보드

"구슬이 서 말이라도 꿰어야 보배다."라는 속담이 있습니다. 아무리 훌륭하고 좋은 것이라도 모아서 정리하고, 쓸모 있는 뭔가로 만들어야 비로소 가치가 생긴다는 뜻입니다.

지금까지 실무에서 엑셀 피벗 테이블을 활용해 데이터를 분석하는 방법을 알아봤습니다. 현업에서 바로 적용할 수 있는 기능을 중요도에 따라 알아봤는데, 이 기능 하나하나가 구슬이라고 보면 됩니다. 제 아무리 다양한 기능을 안다고 하더라도 문제를 해결할 수 있는 정보를 찾아내거나 상대방에게 논리 정연하게 전달하는 것은 또 다른 영역이고, 이것이야말로 보배라고 할 수 있습니다.

회사 생활을 하다 보면 잘 꿰는 사람을 만나기가 쉽지 않습니다. 6장에서는 여러분이 거머쥔 구슬을 잘 꿰어 보석처럼 가치 있는 보고서를 만드는 방법을 알아보겠습니다. 현장에서 바로 써먹을 수 있는 실습을 따라 해 보면서 배운 기능을 다시 한번 복습하고 정리해 잘 꿰는 방법을 터득하기 바랍니다.

대시보드까지 만들면
나도 엑셀 능력자!

06-1 엑셀에서 인쇄용 보고서 만들기

• 실습 파일 6.1인쇄용 보고서(실습).xlsx   • 완성 파일 6.1인쇄용 보고서(완성).xlsx

엑셀은 문서나 프레젠테이션을 만들 때 사용하는 프로그램이 아닙니다. 따라서 문서는 워드, 프레젠테이션은 파워포인트로 작업할 때 훨씬 수준 높은 결과물을 기대할 수 있습니다. 하지만 엑셀로도 인쇄를 목적으로 한 문서 형식의 보고서를 만들 수 있습니다.

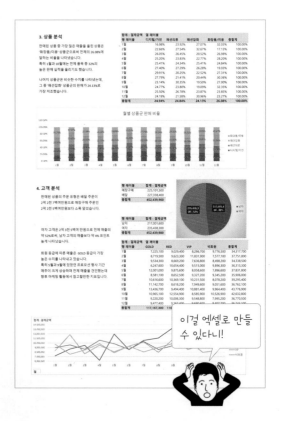

엑셀로 만든 문서 형식의 보고서

보고서의 주요 구성 요소는 텍스트와 표, 차트입니다. 표와 차트는 피벗 테이블과 피벗 차트를 이용하고, 텍스트는 [텍스트 상자] 기능으로 문서 형식의 엑셀 보고서를 쉽고 빠르게 만들 수 있습니다. 마치 파워포인트에서 슬라이드를 만드는 방법과도 비슷합니다.

지금까지 실습할 때 활용한 이지스마트의 주문 데이터로 인쇄용 매출 분석 보고서를 제작해 보겠습니다.

텍스트 상자로 보고서 제목과 본문 구성하기

보고서에 삽입할 제목과 본문은 셀에 직접 입력할 수도 있지만, [텍스트 상자]를 이용하면 독립된 개체로서 위치와 크기를 자유롭게 배치할 수 있습니다. 또한 같은 시트의 다른 개체(피벗 테이블이나 피벗 차트 등)에도 영향을 받지 않는다는 장점이 있습니다.

이번 실습에서는 [텍스트 상자]를 이용해 보고서에 제목과 본문을 삽입하는 방법을 알아보겠습니다.

하면 된다! } [텍스트 상자]로 제목과 본문 삽입하기

[보고서 제목] 시트

실습 파일은 원본 데이터가 있는 [매출현황] 시트와 앞으로 보고서를 만들 [보고서] 시트로 구성돼 있습니다. [보고서] 시트에는 피벗 테이블과 피벗 차트만 있으므로 나머지 공간에 제목과 본문을 삽입하겠습니다.

함께 보면 좋은
동영상 강의

1 [삽입] 탭 → [일러스트레이션] 그룹 → [도형] → [텍스트 상자 가]를 선택합니다.

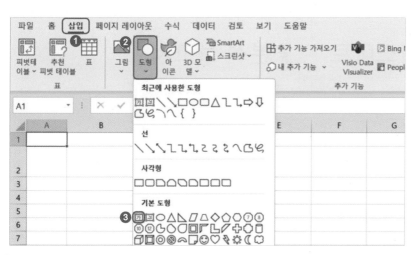

2 마우스 커서가 위가 긴 십자가 모양으로 바뀌면 아무 곳이나 클릭합니다. 여기에서는 [B2] 셀을 클릭하겠습니다. 이렇게 하면 텍스트 상자가 삽입되고 텍스트를 입력할 수 있는 상태가 됩니다. 텍스트 상자에 이지스마트 매출 분석 보고서를 입력하고 Esc 를 누릅니다.

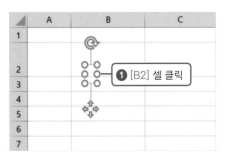

3 텍스트 상자를 선택한 채 [홈] 탭 → [글꼴] 그룹에서 글자 크기를 28로 선택합니다.

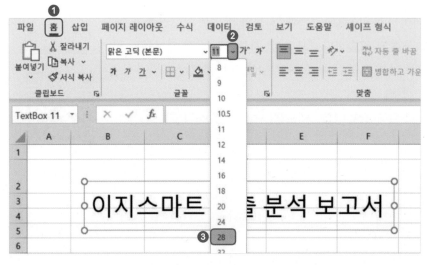

4 다시 [홈] 탭 → [글꼴] 그룹에서 [굵게 **가**]를 클릭해 제목을 굵은 글씨체로 설정합니다.

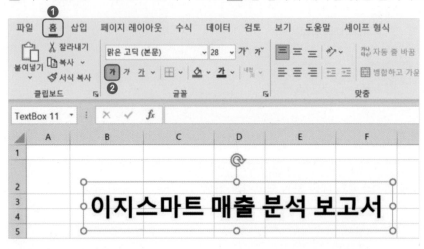

굵게의 단축키는
Ctrl + B!

5 이제 본문을 만들 차례이므로 텍스트 상자를 추가로 삽입합니다. [삽입] 탭 → [일러스트레이션] 그룹 → [도형] → [텍스트 상자 🔲]를 선택합니다. 새로 삽입한 텍스트 상자에 다음과 같이 1. 개요 이지스마트 월별 매출액과 판매 수량을 입력합니다.

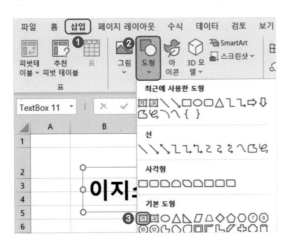
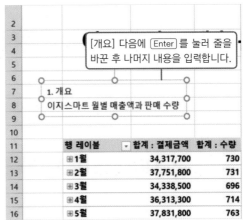

6 텍스트 상자 안에서는 일부만 선택해 글꼴 서식을 변경할 수 있습니다. 1. 개요 부분을 마우스로 드래그해 선택한 후 [홈] 탭 → [글꼴] 그룹에서 글자 크기를 18로 선택합니다.

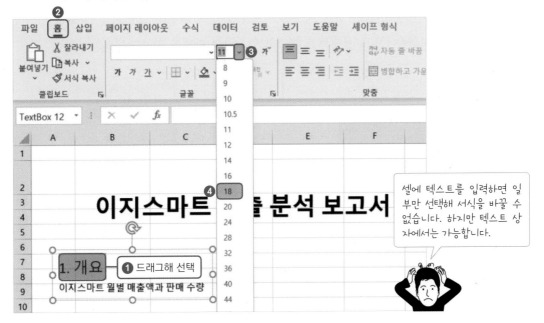

7 글꼴 크기를 변경했으면 [홈] 탭 → [글꼴 가] 그룹에서 [굵게]를 클릭해 굵은 글씨체로 설정한 후 Esc를 눌러 편집을 종료합니다.

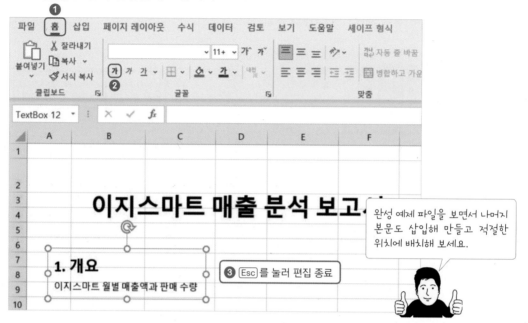

8 지금까지 배운 기능을 이용해 피벗 테이블과 피벗 차트를 만들어 넣으세요. 최종적으로 만들어야 할 보고서 모양은 [보고서]시트를 참조하거나 완성 파일을 참조하세요.

인쇄용 페이지 설정하기

엑셀에서 인쇄된 결과물을 얻으려면 인쇄되는 영역, 즉 페이지를 잘 설정해야 합니다. 페이지 설정은 [페이지 설정] 대화상자에서 [페이지], [여백], [머리글/바닥글], [시트]를 순서대로 정하는 과정이라고 할 수 있습니다. [페이지 설정] 대화상자는 리본 메뉴에서 [페이지 레이아웃] 탭 → [페이지 설정] 그룹의 [자세히 ⬚]를 클릭해 실행할 수 있습니다.

[페이지] 탭

[여백] 탭

[머리글/바닥글] 탭

[시트] 탭

이 4가지 탭에서 페이지 설정을 다양하게 할 수 있는데, 이번 실습에서는 인쇄할 때 꼭 필요한 '배율' 설정 방법을 알아보겠습니다.

하면 된다! ᐳ 배율 설정으로 인쇄 레이아웃 설정하기

[보고서] 시트

1 [페이지 레이아웃] 탭 → [페이지 설정] 그룹의 🖬 버튼을 클릭해 [페이지 설정] 대화상자를 실행합니다. [페이지] 탭이 열리고 [배율]이 [확대/축소 배율: 100%]로 기본 선택돼 있는데, [인쇄 미리 보기]를 클릭해 페이지 설정 상태를 확인합니다.

함께 보면 좋은
동영상 강의

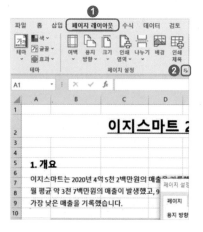

2 인쇄 페이지가 나타나고 화면 오른쪽에 인쇄할 출력물이 미리 보기로 표시돼 내용을 확인할 수 있습니다. 그런데 화면 하단에 인쇄할 페이지가 총 8페이지로 표시돼 있습니다. 현재 설정된 A4 용지의 크기에 시트의 내용을 축소 또는 확대하지 않은 100% 상태로 출력하면 총 8페이지에 나뉘어 출력되는 상황입니다.

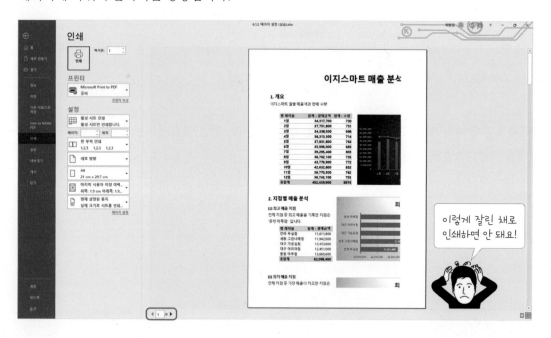

3 배율을 조정할 것이므로 다시 페이지 설정으로 이동하겠습니다. [인쇄] 대화상자에서 [설정] 아래에 있는 [페이지 설정]을 클릭해 [페이지 설정] 대화상자를 불러옵니다.

4 [페이지 설정] 대화상자의 [배율]에서 [자동 맞춤]을 선택한 후 [용지 높이]의 왼쪽에 입력돼 있는 1을 삭제하고 [확인]을 클릭합니다.

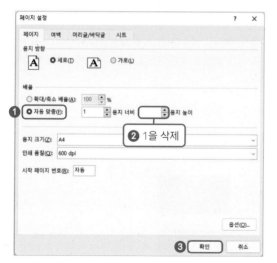

이 설정은 가로(너비)는 A4 용지에 맞추고, 세로(높이)는 내용만큼 용지를 사용하라는 의미입니다.

5 시트에 입력된 내용이 너비의 가로 크기에 맞춰졌고, 총 3페이지에 걸쳐 인쇄되도록 설정된 것을 확인할 수 있습니다.

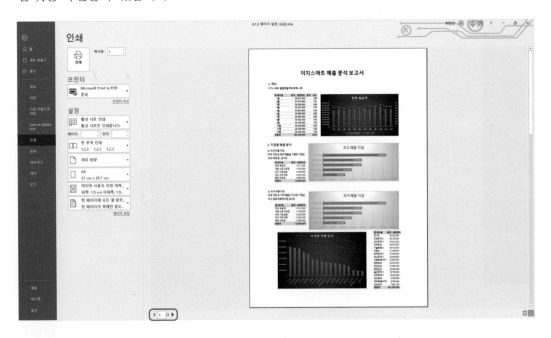

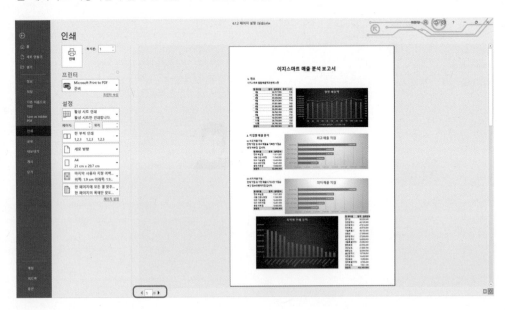

최반장의 꿀팁! 페이지 수와 페이지 순서를 꼭 확인하세요

[인쇄] 대화상자의 하단에는 전체 인쇄 페이지 수(8)와 현재 페이지 번호(1)가 1/8 형식으로 나타납니다. 또한 페이지 번호 좌우에는 미리 보기 페이지를 이동할 수 있는 화살표 버튼이 있으므로 이전 페이지와 다음 페이지로 이동하면서 인쇄 결과를 미리 확인할 수 있습니다.

설정한 용지의 크기를 넘어갈 때 페이지 순서는 [페이지 설정] → [시트]에서 설정할 수 있습니다. 기본적으로는 [행 우선]으로 설정 되는데, 필요에 따라 [열 우선]으로 바꿀 수도 있습니다.

개별 보고서를 만들기 위한 필터 활용법

원본 데이터 전체가 아니라 특정 조건에 해당하는 데이터만 심층적으로 분석할 때 필터 기능을 이용합니다. 즉, 전체 매출 데이터의 분석 결과가 아니라 특정 지점, 특정 지역의 매출을 분석하고자 할 때 피벗 테이블에 지점이나 지역으로 필터를 설정해 세부 분석을 할 수 있습니다.

다음 그림과 같이 원본 데이터 전체를 요약해 주문유형에 따라 상품군의 결제금액을 분석한 피벗 테이블을 회원등급별로 세부 분석을 할 때 필터 기능을 이용합니다.

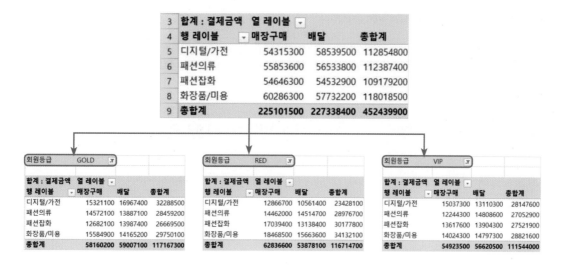

필터 항목이 적을 때는 피벗 테이블을 복사해 필터 항목을 다르게 선택하면 쉽게 만들 수 있습니다. 하지만 필터 항목이 많고 각 필터를 사용해 보고서를 만들어야 한다면 일일이 복사해야 하므로 비효율적입니다. 이럴 때 [보고서 필터 페이지 표시] 기능을 이용하면 몇 번 클릭하는 것만으로도 수십, 수백 개의 필터 항목을 각각 개별 보고서로 생성할 수 있습니다. 이 기능은 단순 반복 업무가 많은 실무에서 아주 유용하게 활용할 수 있습니다. 실습을 하면서 [보고서 필터 페이지 표시] 기능을 자세히 알아보겠습니다.

하면 된다! } 회원등급별 개별 보고서 만들기

[필터 페이지] 시트

1 실습 파일은 [행: 상품군], [열: 주문유형], [값: 결제금액]으로 구성된 피벗 테이블입니다. [회원등급] 필드를 [필터] 영역으로 드래그 앤 드롭해 필터로 설정하겠습니다.

함께 보면 좋은
동영상 강의

2 [피벗 테이블 분석] 탭 → [피벗 테이블] 그룹 → [옵션] 오른쪽에 있는 [드롭다운 ▾]을 클릭한 후 [보고서 필터 페이지 표시]를 선택합니다.

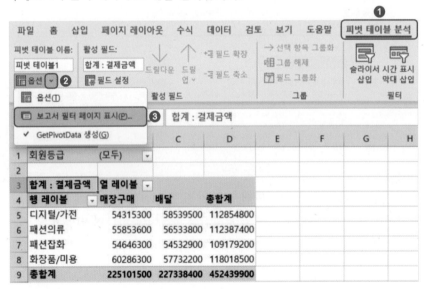

3 [보고서 필터 페이지 표시] 대화상자가 나타나면서 현재 피벗 테이블의 필터로 설정돼 있는 필드가 모두 나타납니다. 현재 피벗 테이블의 필터는 [회원등급]뿐이므로 현재 상태에서 [확인]을 클릭합니다.

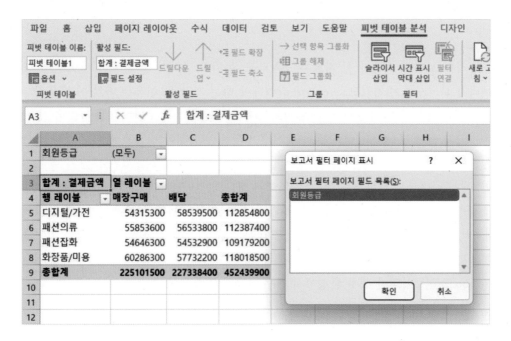

4 [회원등급] 필터의 항목인 [GOLD], [RED], [VIP], [비회원]이 각각 개별 시트로 생성됐습니다. 시트마다 같은 피벗 테이블에 4가지 필터를 설정한 상태로 표시된 것을 확인할 수 있습니다.

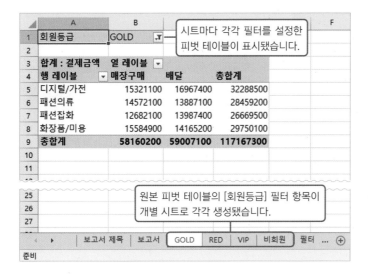

06-2 나만의 실시간 엑셀 대시보드 만들기

• 실습 파일 6.2대시보드(실습).xlsx   • 완성 파일 6.2대시보드(완성).xlsx

회사 생활을 하다 보면 관리해야 할 지표는 넘쳐나고, 놓치지 말아야 할 중요한 일도 매우 많습니다. 우리가 보고서를 주기적으로 반복해 작성해야 하는 가장 큰 이유는 바로 이 때문입니다. 지표의 변화와 중요한 일의 진행 상황을 지속적으로 확인해야 목표 달성률을 높일 수 있기 때문입니다. 또한 의사 결정권자 역시 변화와 진행 상황에 민감해야 하므로 빠르고 정확한 보고 체계가 필요합니다.

하지만 실무에서는 대부분 보고서를 만드는 것 역시 하나의 일이 됩니다. 일이 일을 만드는 셈이죠. 그래서 업무 체계에서 보고의 방식과 주기를 정하는 것은 매우 중요합니다. 원래 일의 능률을 해쳐서도 안 되지만, 지표가 나빠진 것을 너무 늦은 시점에 알아챈다면 보고의 기능을 다하지 못한 것이 되기 때문입니다.

대시보드(dashboard)는 이러한 업무 환경에서 매우 유용하게 사용할 수 있는 기능입니다. 대시보드는 목표나 지표를 다양한 도구를 이용해 만든 시각화 모음입니다. 대시보드의 장점은 하나의 화면에 전체 내용을 담아 추가로 설명하지 않아도 사용자가 쉽게 인식할 수 있다는 것입니다.

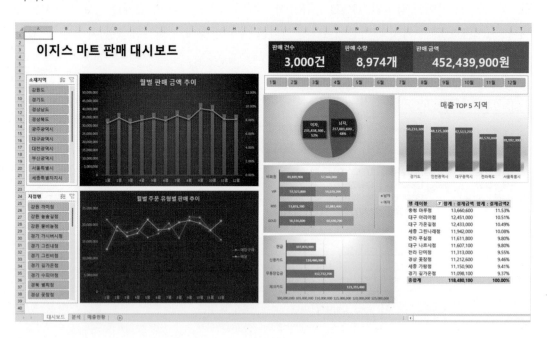

대시보드를 제작하는 전문 도구도 있지만, 우리가 지금까지 학습한 내용만 잘 응용해도 멋진 대시보드를 만들 수 있습니다.

대시보드 레이아웃 구성하기

엑셀 대시보드는 피벗 테이블과 피벗 차트로 구성합니다. 대시보드를 구성할 때 이용하는 피벗 테이블과 피벗 차트에는 2가지 중요한 특징이 있습니다. 하나는 피벗 테이블은 겹치지만 않는다면 하나의 시트 안에 무한에 가까울 정도로 많이 만들 수 있다는 점이고, 다른 하나는 피벗 테이블과 피벗 차트는 다른 시트에 위치해도 서로 연결된다는 점입니다.

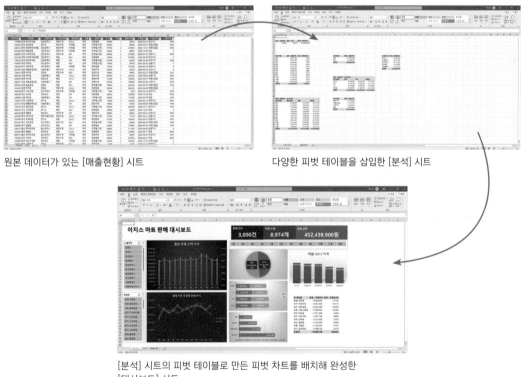

원본 데이터가 있는 [매출현황] 시트

다양한 피벗 테이블을 삽입한 [분석] 시트

[분석] 시트의 피벗 테이블로 만든 피벗 차트를 배치해 완성한 [대시보드] 시트

앞서 설명한 대시보드의 특징을 염두에 둔 채 나만의 대시보드를 본격적으로 만들어 보겠습니다.

하면 된다! } 피벗 테이블과 피벗 차트로 대시보드 구성하기

1 실습 파일은 [행: 월], [값: 결제금액, 결제금액2]로 구성된 피벗 테이블입니다. 피벗 차트를 삽입해 보겠습니다. 피벗 테이블을 선택한 후 [피벗 테이블 분석] 탭 → [도구] 그룹 → [피벗 차트]를 클릭합니다.

함께 보면 좋은
동영상 강의

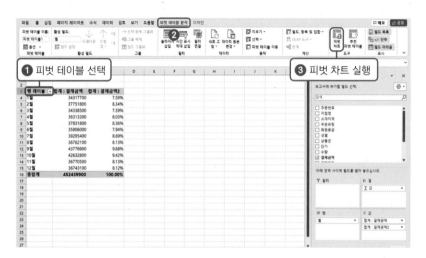

2 [차트 삽입] 대화상자에서 [혼합]을 선택한 후 오른쪽의 [차트 종류]에서 [결제금액]은 [묶은 세로 막대형], [결제금액2]는 [꺾은선형]으로 선택합니다. 그런 다음 [결제금액2] 계열은 [보조 축]을 선택하고 [확인]을 클릭합니다.

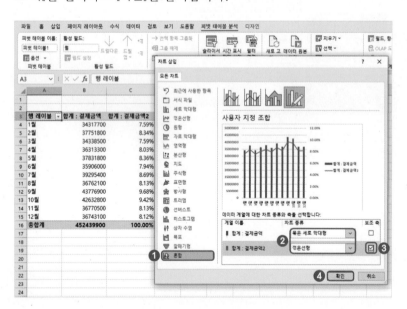

❸ 혼합 피벗 차트가 삽입됐습니다. 이 피벗 차트를 선택한 후 마우스 오른쪽 버튼을 누르고 [잘라내기]를 선택합니다.

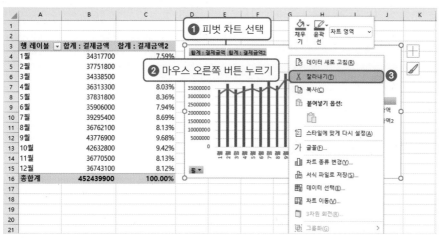

묶은 세로 막대형과 꺾은선형 차트를 분리하는 방법은 04-4절을 참고하세요.

❹ [대시보드] 시트로 이동해 [C7] 셀을 선택한 후 Ctrl + V 를 눌러 잘라낸 피벗 차트를 붙여 넣습니다. [차트] 시트의 피벗 테이블과 연동된 피벗 차트가 [대시보드] 시트에 배치됐습니다.

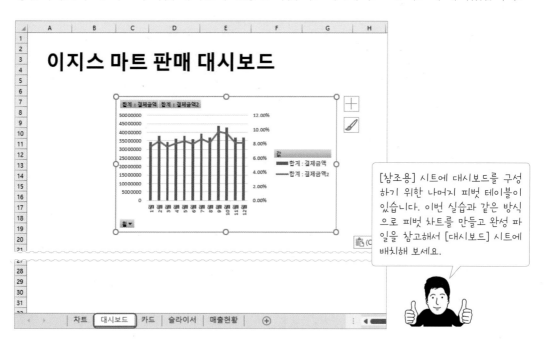

[참조용] 시트에 대시보드를 구성하기 위한 나머지 피벗 테이블이 있습니다. 이번 실습과 같은 방식으로 피벗 차트를 만들고 완성 파일을 참고해서 [대시보드] 시트에 배치해 보세요.

핵심 지표를 카드로 시각화하기

이번 달 매출, 오늘 생산량, 현재 홈페이지 접속자 수 등 중요한 지표를 숫자 그대로 표시하면 사용자가 내용을 더 직관적으로 파악할 수 있습니다. 이때 사용하는 방법을 카드 시각화라고 하는데, 엑셀에서는 간단한 도형을 이용해 실시간으로 지표 카드 시각화를 만들 수 있습니다.

하면 된다! } 도형을 이용해 단일 지표를 카드로 시각화하기

[카드] 시트

1 실습 파일은 [필터: 월], [열: 값], [값: 주문번호, 수량, 결제금액]으로 구성된 피벗 테이블입니다.

함께 보면 좋은
동영상 강의

2 지표 카드를 만들 도형을 삽입하겠습니다. 먼저 [삽입] 탭 → [일러스트레이션] 그룹 → [도형]을 클릭한 후 [직사각형 □]을 선택합니다.

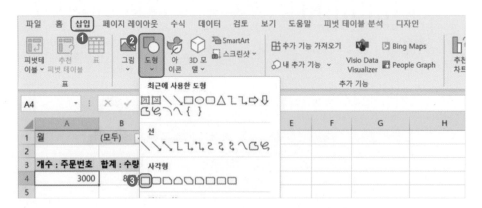

3 마우스 커서가 십자가 모양으로 바뀌면 적당한 위치로 드래그 앤 드롭해 직사각형을 삽입합니다.

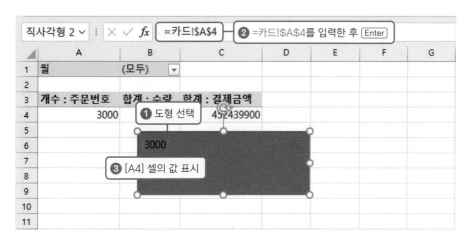

4 삽입된 직사각형 도형을 선택한 후 수식 입력줄에 =카드!$A$4를 입력하고 (Enter)를 누릅니다. [카드] 시트에서 [A4] 셀의 값을 가져와 직사각형 도형에 나타내라고 설정한 것입니다. 직사각형 도형에 [A4] 셀의 값인 [3000]이 나타납니다.

5 도형의 글꼴 서식을 변경하겠습니다. 도형을 선택한 채 [홈] 탭 → [글꼴] 그룹에서 글꼴 색은 [흰색], 글꼴 크기는 [30], 글꼴 굵기는 [진하게]를 선택합니다. 그리고 [맞춤] 그룹에서 글자의 위치를 [가운데 정렬 ≡]로 변경해 지표 카드를 완성합니다.

⑥ 완성한 지표 카드의 값은 피벗 테이블의 값이므로 만약 피벗 테이블의 값을 바꾸면 바뀐 값 그대로 나타납니다. 피벗 테이블에 필터로 설정된 [월]의 [필터 ▾]를 클릭한 후 [12월]을 선택하고 [확인]을 클릭합니다. 변경된 값이 도형에 곧바로 표시되는 것을 확인할 수 있습니다.

변경된 값이 나타납니다.

7 도형 역시 앞서 피벗 테이블과 피벗 차트로 대시보드 레이아웃을 구성할 때와 마찬가지로 다른 시트에 위치할 수 있습니다. 먼저 도형을 선택한 후 Ctrl + X를 눌러 잘라내기를 실행합니다. 그런 다음 [대시보드] 시트로 이동해 [J3] 셀을 선택하고 Ctrl + V를 눌러 도형을 붙여 넣습니다. [카드] 시트의 피벗 테이블과 연동된 카드형 시각화 지표를 완성했습니다.

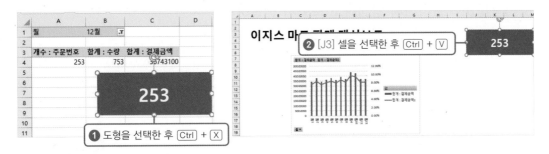

슬라이서를 활용한 대시보드 완성하기

3장에서 피벗 테이블에 필터를 추가해 필요한 데이터만 표시하는 필터링 방법을 알아봤습니다. 피벗 테이블 또는 피벗 차트를 필터링할 수 있는 버튼 형태의 도구를 '슬라이서'라고 합니다. 슬라이서는 필터와 같은 기능을 하지만, 일상에서 쉽게 볼 수 있는 버튼 형태이므로 직관적으로 사용할 수 있습니다. 필터는 하나의 피벗 테이블에서만 작용하지만, 슬라이서는 복수의 피벗 테이블과 피벗 차트를 연결해 필터링할 수 있다는 장점이 있습니다.

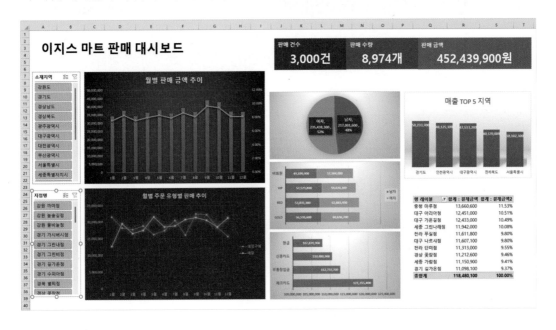

슬라이서를 삽입하거나 다루는 것은 쉽습니다. 중요한 것은 슬라이서를 어느 피벗 테이블과 피벗 차트에 연결할 것인지 판단하는 일입니다. 즉, 필터링하거나 필터링하지 않을 대상을 구분해 슬라이서를 만들고 관리하는 것이 핵심입니다.

하면 된다! } 슬라이서 삽입하고 보고서 연결하기

[슬라이서] 시트

1 실습 파일은 앞에서 설명한 과정을 반복해 만든 엑셀 대시보드입니다. 여기에 슬라이서를 추가해 대시보드를 완성해 보겠습니다. 화면 왼쪽 위에 있는 첫 번째 [월별 판매 금액 추이] 차트를 선택한 후 [피벗 차트 분석] 탭 → [필터] 그룹 → [슬라이서 삽입]을 클릭합니다.

함께 보면 좋은
동영상 강의

피벗 테이블과 피벗 차트는 연동된 개체이므로 어느 곳에 삽입해도 똑같이 적용됩니다.

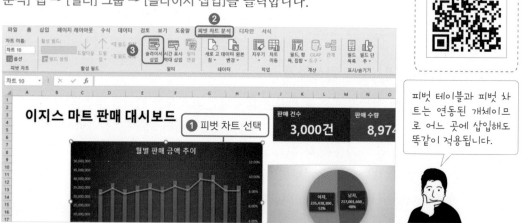

2 [슬라이서 삽입] 대화상자에서 [지점명], [소재지역]을 선택한 후 [확인]을 클릭합니다.

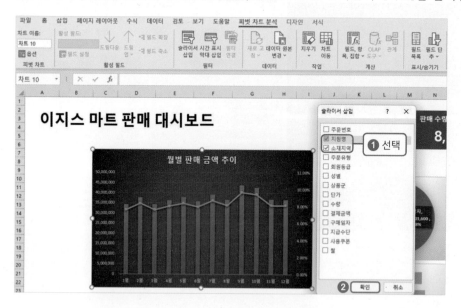

❸ 슬라이서 2개가 삽입됐습니다. 슬라이서는 도형과 비슷해서 엑셀 시트 어느 곳에나 위치할 수 있고, 크기도 조절할 수 있습니다. 화면 왼쪽 위에는 [소재지역] 슬라이서, 그 아래에는 [지점명] 슬라이서를 배치하고 크기도 보기 좋게 조절합니다.

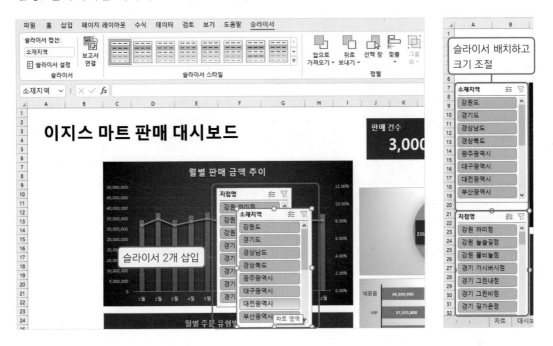

❹ 삽입한 슬라이서는 [월별 판매 금액 추이] 피벗 차트에만 연결돼 있습니다. 이 슬라이서를 다른 차트와 연결하겠습니다. [소재지역] 슬라이서를 선택한 후 [슬라이서] 탭 → [슬라이서] 그룹 → [보고서 연결]을 클릭합니다. 그리고 [보고서 연결] 대화상자에서 [차트], [참조용], [카드] 시트의 모든 피벗 테이블을 선택한 후 [확인]을 클릭합니다.

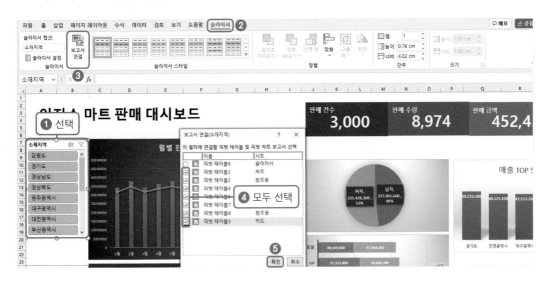

5 [소재지역] 슬라이서에서 [서울특별시] 항목을 선택하면 피벗 차트와 카드형 시각화 지표를 모두 필터링해 결과를 표시해 줍니다. [지점명] 슬라이서에서도 이와 똑같은 방법으로 보고서와 연결해 보세요.

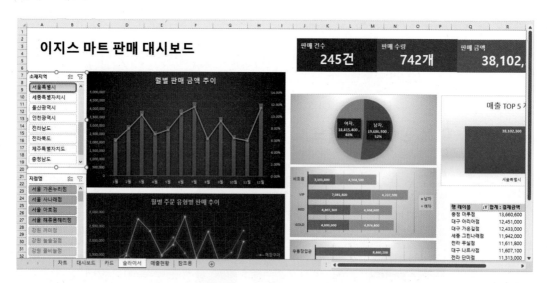

06-3 엑셀 데이터를 워드, 파워포인트에 활용하기

• 실습 파일 6.3엑셀 활용(실습).xlsx   • 완성 파일 6.3엑셀 활용(실습).docx

다른 프로그램에 연결하여 붙여넣기

엑셀의 원본 데이터를 워드나 파워포인트에 연결하여 붙여 넣으면 워드나 파워포인트는 원본
파일의 위치만 저장하고 연결된 데이터를 표시합니다. 즉, 보이는 데이터는 워드나 파워포인
트 파일이 아니라 엑셀 파일에 저장돼 있으므로 원본인 엑셀 파일을 수정하거나 업데이트하면
워드나 파워포인트에서도 자동으로 변경된 내용을 즉시 볼 수 있습니다.

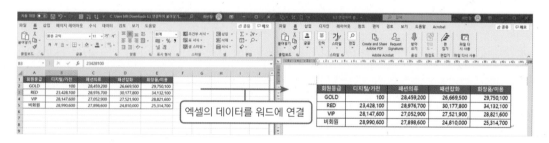

엑셀의 데이터를 워드에 연결

이와 같이 연결하여 붙여넣기 기능은 최신 데이터로 보고서를 유지해야 하거나 여러 부서의
데이터가 독립적으로 존재해 맡은 부서에서 데이터를 각각 관리해야 할 때 매우 유용합니다.

하면 된다! } 워드에 엑셀 데이터 연결해 붙여넣기

[연결하기] 시트

1 실습 파일에서 [A1:E5] 셀의 데이터를 선택한 후 Ctrl + C 를 눌러
복사합니다.

함께 보면 좋은
동영상 강의

전체를 선택한 후 Ctrl + C

2 실습용 워드 문서를 실행해 주세요. 워드에서 [홈] 탭 → [클립보드] 그룹 → [붙여넣기] 바로 아래에 있는 [자세히 ⌄]를 클릭한 후 [선택하여 붙여넣기]를 선택합니다.

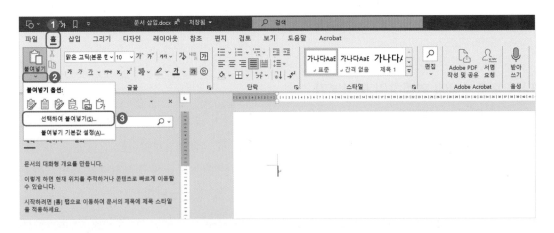

3 [선택하여 붙여넣기] 대화상자가 나타나면 [연결하여 붙여넣기]를 선택한 후 [형식] 항목에서 [Microsoft Excel 워크시트 개체]를 선택하고 [확인]을 클릭합니다.

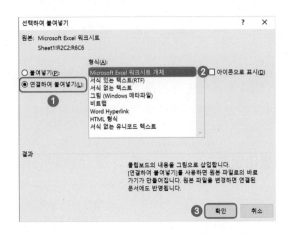

4 원본 데이터를 붙여 넣었습니다. 그런데 표 안쪽을 클릭해도 데이터를 편집할 수 없습니다. 이 표는 값을 붙여 넣은 게 아니라 엑셀 파일의 내용을 연결해 보여 줄 뿐이기 때문입니다. 데이터를 편집하려면 원본 데이터를 수정해야 합니다.

표를 선택한 후 마우스 오른쪽 버튼을 눌러 [연결된 Worksheet 개체] → [연결 편집]을 선택합니다.

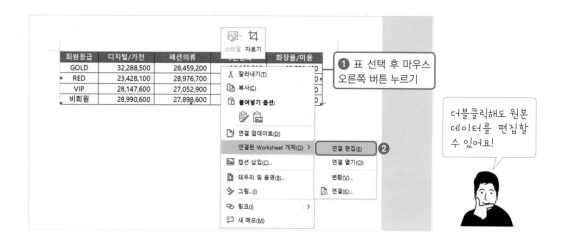

5 화면이 원본 데이터가 있는 엑셀 파일로 전환됩니다. 엑셀에서 [B2] 셀의 값을 100으로 바꾼 후 Ctrl + S 를 눌러 저장합니다. 그런 다음 다시 워드로 돌아와 표에서 마우스 오른쪽 버튼을 누르고 [연결 업데이트]를 클릭합니다.

6 파워포인트에서도 워드와 똑같은 방법으로 원본 데이터인 엑셀 데이터를 연결하여 붙여 넣을 수 있습니다.

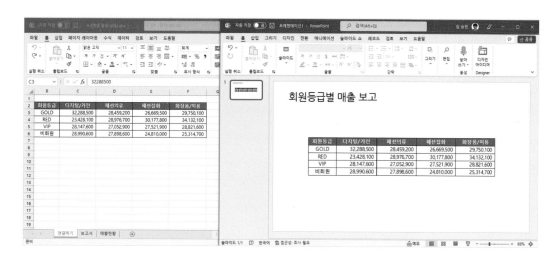

 **최반장의 꿀팁!** 데이터를 바로 보여 주고 싶지 않다면 '아이콘 표시'

[선택하여 붙여넣기] 대화상자에서 [연결하여 붙여넣기]의 오른쪽에 있는 [아이콘으로 표시]에 체크 표시를 하면 엑셀 표 전체의 모습이 아니라 엑셀 아이콘으로 붙여 넣을 수 있습니다. 보고서에서 엑셀 표 내용을 직접 보여 주지 않고 연결 표시만 나타내고 싶을 때 활용합니다.

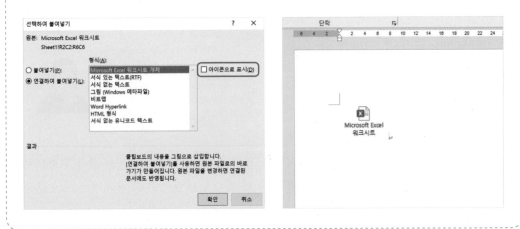

엑셀로 프레젠테이션할 때 유용한 기능 3가지

회사 생활을 하다 보면 발표해야 하는 순간이 찾아옵니다. 1명 앞에서 하는 작은 규모부터 수백, 수천, 수만 명 앞에서 하는 큰 규모에 이르기까지 여러 상황을 만날 수 있습니다. 자료를 만들 때는 마이크로소프트의 파워포인트(PowerPoint), 애플의 키노트(Keynote), 구글의 슬라이드(Slides) 등을 이용합니다.

그런데 엑셀도 프레젠테이션 자료 제작 도구로 많이 사용합니다. 물론 엑셀이 다른 도구보다 적합하다는 것이 아니라 형식이 중요하지 않거나 회사 내부에서 간단히 사용하는 자료라면 엑셀로도 만들 수 있다는 것입니다. 엑셀로 분석한 결과를 다른 도구를 사용해 발표용 자료로 다시 만드는 과정이 비효율적이기 때문입니다. 이처럼 엑셀로 분석한 결과 자료를 청중과 화면으로 공유하면서 발표할 때 유용한 기능을 알아보겠습니다.

하면 된다! ⫸ 리본 메뉴 축소하기

[보고서] 시트

같은 보고서이지만 리본 메뉴가 있을 때(왼쪽)와 없을 때(오른쪽) 화면에
표시되는 영역은 크게 차이가 납니다. 엑셀로 프레젠테이션할 때는 리본
메뉴를 숨기는 것이 좋습니다. 엑셀 화면의 위쪽에 위치한 리본 메뉴는
해상도에 따라 다르지만, 대부분 전체 화면의 10~15%를 차지합니다.

함께 보면 좋은
동영상 강의

리본 메뉴가 축소돼 더 많은 정보를 볼 수 있습니다.

리본 메뉴는 다음과 같이 화면 상단 오른쪽 아래 모서리에 있는 [위 방향 ∧]을 클릭하거나 단
축키인 Ctrl + F1을 눌러 이용해 축소하거나 표시할 수 있습니다.

사용하는 엑셀의 버전에 따라 아이콘의 모양이 다를 수도 있습니다. MICROSOFT365를 사용
하는 경우 리본 메뉴가 업데이트되면서 ⌄로 바뀌었고, [리본 표시] 메뉴가 추가됐습니다. 버
전이 업데이트돼도 Ctrl + F1을 누르면 리본 메뉴를 축소하고 표시할 수 있습니다.

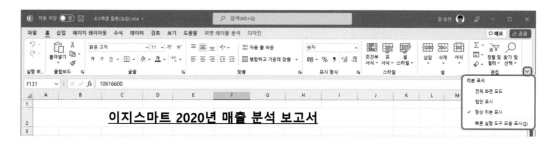

[전체 화면 모드]나 [탭만 표시]를 누르면 상단 리본 메뉴가 사라져서 당황할 수 있습니다. 이 때 [전체 화면 모드]에서는 엑셀 화면의 상단, [탭만 표시]에서는 탭 메뉴를 누르면 리본 메뉴가 나타납니다.

[전체 화면 모드]로 설정한 모습

하면 된다! } 눈금자, 눈금선 표시 해제하기

[보고서] 시트

리본 메뉴를 축소하는 것만으로도 화면이 넓어져 시원한 느낌이 들지만, 여기에 추가로 엑셀의 여러 기본 요소를 숨기면 엑셀 화면을 더욱 깔끔하게 연출할 수 있습니다.

[보기] 탭 → [표시] 그룹에서는 [눈금자], [수식 입력줄], [눈금선], [머리글]을 숨기거나 표시할 수 있습니다.

함께 보면 좋은
동영상 강의

눈금자, 수식 입력줄, 눈금선, 머리글 표시

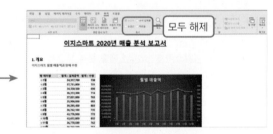

눈금자, 수식 입력줄, 눈금선, 머리글 표시 해제

하면 된다! } 화면 확대·축소하기

[보고서] 시트

공용 모니터나 스크린으로 화면을 공유하는 프레젠테이션에서는 필요한 순간에 화면을 확대·축소하는 기술이 매우 중요합니다. 아무리 규모가 작은 회의실이라 해도 화면이 잘 보이지 않는 위치는 반드시 있게 마련입니다. 또한 프레젠테이션하는 공간에서는 대표나 상급자가 가장 먼 곳에 자리할 수도 있으므로 화면을 적절하게 확대·축소하는 기능을 능숙하게 사용할 줄 알아야 합니다.

함께 보면 좋은
동영상 강의

1 슬라이더 이용해 확대·축소하기

엑셀 화면의 오른쪽 맨 아래에 있는 상태 표시줄 슬라이더를 왼쪽으로 이동하면 화면이 축소, 오른쪽으로 이동하면 확대됩니다. 양쪽 끝의 ─ 또는 ＋를 클릭하거나 오른쪽의 배율을 클릭해 원하는 배율로 확대·축소할 수 있습니다.

배율 기본값이 100%인 보고서

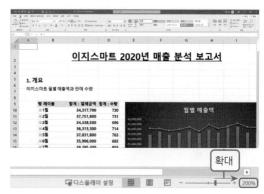
배율을 200%로 확대한 보고서

2 원하는 영역만 확대하기

프레젠테이션을 진행하다 보면 특정 영역만 확대해 청중이 시선을 집중하도록 해야 할 때가 있습니다. 자세히 살펴봐야 하는 표나 차트에서 선택 영역 확대 기능을 이용해 화면을 해당 영역으로 빠르고 정확하게 채우면 프레젠테이션 효과를 더욱 극대화할 수 있습니다.

확대할 영역을 선택한 후 [보기] 탭 → [확대/축소] 그룹 → [선택 영역 확대/축소]를 클릭하면 선택한 영역이 화면 전체에 꽉 차게 확대됩니다.

① 확대할 영역 선택

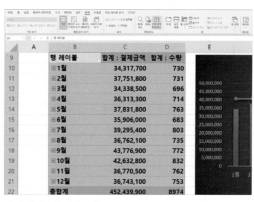
선택 영역이 확대된 모습

 **최반장의 꿀팁!** 메신저로 엑셀 데이터를 보낼 수 있어요!

회사에서는 엑셀로 작업한 표나 보고서를 파일로 보낼 때도 많지만, 일부 내용만을 발췌해 메신저로 보내야 하는 상황도 많이 발생합니다. 엑셀 데이터만 발췌해 메신저로 보내면 외근 중인 상사가 매출 분석 요약표를 빠르게 확인할 수 있고, 회의 중인 동료가 근거 자료 데이터를 쉽게 받아볼 수도 있습니다.

엑셀 표를 복사해 메신저에 붙여넣기만 하면 됩니다!

보고서에 차트와 슬라이서 삽입

• 실습 파일 능력시험(6장).xlsx   • 완성 파일 능력시험(6장)_정답.xlsx

6장에서는 1~5장에서 학습한 피벗 테이블의 기능을 모두 활용해 실무에서 응용하는 방법을 배웠습니다. 특히 엑셀 대시보드를 만드는 기본적인 방법을 배웠습니다.

[원본 데이터]는 서울시의 교통사고 통계 공공 데이터입니다. 이 데이터를 활용해 슬라이서가 포함된 교통사고 현황 대시보드를 만들어 보세요. 특히, 슬라이서는 모든 피벗 테이블과 피벗 차트를 제어할 수 있어야 합니다.

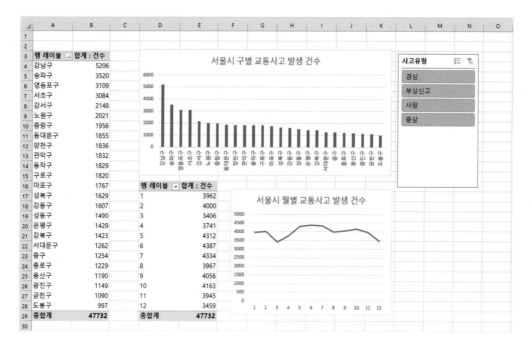

 힌트

1단계 [행: 시군구], [값: 건수]인 피벗 테이블 1을 만든 후 세로 막대형 피벗 차트를 삽입합니다.

2단계 [행: 발생월], [값: 건수]인 피벗 테이블 2를 만든 후 꺾은선형 피벗 차트를 삽입합니다.

3단계 [사고유형] 슬라이서를 삽입한 후 모든 피벗 테이블과 연결합니다.

정답 및 풀이는 동영상을 참고하세요!

엑셀 데이터 분석, 이제 시작입니다!

지금까지 학습하느라 정말 수고 많으셨습니다. 피벗 테이블은 우리와 같은 실무 현업자에게 엑셀의 다른 어떤 기능보다 강력하고 든든한 무기입니다. 그래서 '학습'보다는 '연습'이라는 표현이 더 적합할 것 같습니다. 힘들지만 연습에 연습을 반복해서 독자 여러분 모두 데이터를 좀 만질 줄 아는 '일잘러'가 되기를 바랍니다. 끝으로 실무에서 엑셀 데이터 분석의 적용 방법과 앞으로 이어나가야 할 학습 분야를 소개하며 마치고자 합니다.

실전은 더 복잡하고 어렵습니다

이 책에서 실습은 학습하기 쉽도록 정제된 데이터로 구성했습니다. 하지만 우리가 실무에서 맞닥뜨리는 데이터와 환경은 훨씬 복잡합니다. 2장에서 소개한 엑셀 데이터 전처리 필수 기법만으로는 부족할 것입니다. 데이터의 종류가 다양하기 때문입니다. 그래서 숙련된 데이터 분석가들도 데이터 분석 프로젝트에서 데이터 전처리의 중요성과 어려움을 강조합니다.

피벗 테이블은 쉽고 강력한 데이터 분석 도구라는 점은 분명하지만, 여기서 끝이 아니라 여기서부터 시작입니다. 피벗 테이블에 어느 정도 익숙해지면 금방 다시 벽에 부딪힐 것입니다. 업무 환경은 계속 고도화되고 있고, 그에 따라 더 강력한 분석, 더 쉬운 자동화가 필요해지기 때문입니다.

예를 들어 회사 서버에 있는 지점별 매출 데이터를 불러와 엑셀로 저장하고, 은행의 인터넷 홈페이지에서 제공하는 실시간 환율을 적용해 원화로 환산하여 처리한 본사 데이터와 해외 지사들이 CSV 형식으로 보내 주는 데이터를 결합해 날마다 매출 현황 대시보드를 만들어야 하는 상황과 같이 다양하고 복잡합니다.

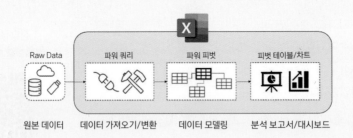

엑셀은 우리가 알고 있는 것보다 훨씬 강력한 기능을 제공합니다. 다양한 형식의 원본 데이터를 연결해 전처리하고 정제된 데이터를 모델링해 보고서와 대시보드를 만들 수 있습니다. 그리고 이 모든 과정을 자동으로 실행되도록 만들 수 있습니다.

실무에서 엑셀 데이터 분석은 앞쪽 그림과 같은 순서로 진행됩니다. 원본 데이터를 파워 쿼리(Power Query)를 이용해 불러오고 처리한 후 파워 피벗(Power Pivot)으로 모델링하고, 이 데이터 모델로 피벗 테이블과 차트를 이용해 분석 보고서나 대시보드를 만듭니다.

이 책으로 피벗 테이블 기능을 배웠다면 다음 3가지 분야를 더 공부해 보세요. 세 분야 모두 파워(Power)라는 단어가 들어가는데, 그만큼 강력한 기능이므로 실무에 잘 활용할 수 있을 거예요.

버전마다 조금씩 다르지만, 엑셀 2013부터는 거의 비슷한 기능을 활용할 수 있습니다.

파워 쿼리를 이용해 데이터 가져오기/변환하기

엑셀로 가져올 수 있는 데이터는 엑셀, CSV, XML 등의 파일을 비롯해 데이터베이스나 웹 페이지에서도 가져올 수 있습니다. 또한 2장에서 데이터 전처리를 설명하면서 잠깐 언급한 외부 데이터를 가져오고 변환할 수 있는 강력한 기능인 '파워 쿼리'도 엑셀에 탑재됐습니다.

파워 쿼리를 활용하면 가져온 데이터를 엑셀에서 분석할 수 있도록 '변환'시킬 수 있습니다. 2장에서 소개한 모든 전처리 방법을 포함해서 훨씬 강력하게 데이터 처리를 할 수 있고, 이 과정은 저장하여 자동으로 실행될 수 있도록 할 수 있습니다.

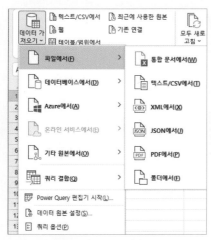

엑셀에서 가져올 수 있는 다양한 원본 데이터 유형

파워 피벗을 이용한 데이터 모델링

앞서 실습할 때는 효과적인 학습을 위해서 같은 엑셀 파일의 시트로 존재하는 하나의 원본 데이터를 이용했습니다. 하지만 실무에서는 하나의 분석을 하더라도 다양한 원본 데이터가 필요한 경우가 많습니다. 매출 데이터도 지점별, 지역별로 나눠지고 운송 현황 데이터, 마케팅 데이터 등과 함께 분석할 수도 있습니다.

이때 각 데이터를 연결해 관계를 설정해서 하나의 데이터 모델을 만드는 기술을 '데이터 모델링'이라고 합니다. 엑셀에서는 파워 피벗을 이용해 데이터 모델링을 만들 수 있고, 이후에는 원본 데이터로 피벗 테이블과 차트를 직접 만들지 않고 이 데이터 모델을 이용해 입체적으로 피벗 테이블과 차트를 만들 수 있습니다.

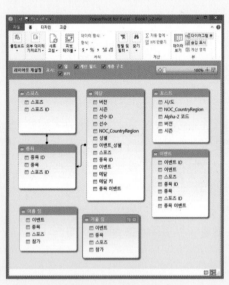

파워 피벗에서는 DAX(data analysis expressions)라는 수식 언어를 사용합니다.

데이터 모델링 최적화 도구인 파워 피벗

데이터 시각화 도구, 파워 비아이

앞서 소개한 엑셀 데이터 분석 절차도 제대로 설명하려면 양과 깊이 면에서 제법 방대합니다. 이 책에서 설명하는 것만으로는 기능 면에서 한계에 부딪히고 갈증을 느끼는 순간을 맞이할 것입니다. 그래서 마이크로소프트에서는 데이터의 분석 및 시각화 도구로 파워 비아이(Power BI)를 출시했습니다.

파워 비아이는 파워 쿼리와 피벗 기능을 그대로 내장해 사용하고 그 기반 위에 훨씬 강력한 시각화 도구들과 R, 파이썬 스크립트까지 활용할 수 있는 확장성을 갖고 있습니다. 개인적으로 또는 조직에서 데이터 활용 업무를 기획하고 있다면 파워 비아이는 학습해 볼 만한 가치가 있는 프로그램입니다.

엑셀뿐만 아니라 다양한 도구와 함께 사용할 수 있는 파워 비아이

엑셀이 데이터 분석을 위한 유일하면서도 최적인 프로그램은 아니지만, 전 세계의 많은 사용자에게 오랫동안 사랑받는 프로그램인 것은 분명합니다. 사용하기 쉽고 강력한 기능 때문입니다. 엑셀은 학습 대상이라기보다는 연습 대상 프로그램입니다. 부디 엑셀을 '학습'하지 말고 '연습'하기 바랍니다. 그리고 엑셀을 잘하지 말고 일을 잘할 수 있기를 바랍니다. 이 책이 독자 여러분께 많은 것을 시작할 수 있는 계기가 됐기를 바랍니다.

감사합니다!

한글